●図書館員選書・31

図書館の歴史
アメリカ編

増訂第2版

川崎良孝 著

日本図書館協会

The History of the Public Library Movement in America

図書館の歴史 : アメリカ編 ／ 川崎良孝著. ― 増訂第2版. ― 東京 : 日本図書館協会, 2003. ― 10, 291p ; 19cm. ― (図書館員選書 ; 31). ― ISBN4-8204-0311-7

t1. トショカン ノ レキシ　t2. トショカンイン センショ 31　a1. カワサキ, ヨシタカ
s1. 図書館―アメリカ合衆国―歴史　①010.253

はしがき

　1933年，シカゴ大学大学院図書館学部のピアス・バトラーは，図書館学や図書館員が「素朴な実用主義」「技術主義」に埋没してきたことを非難し，次のように指摘した。

　　　現代的な人間なら自分の仕事を，人間社会の主たる流れにかみ合わすよう何とかやってみようとする好奇心を持ち合わせているものだが，図書館の人はこうした事には超然としているかに見える[1]。

そしてバトラーは，哲学的，社会学的，心理学的，歴史学的な研究による図書館学の構築と，図書館界への貢献を訴えたのである。「素朴な実用主義」「技術主義」については，日本においても理論の不在として問題になってきたし，図書館史が重視されているとはみなしがたい。日本の公立図書館は，1960年代の後半以降に飛躍的な成長をとげた。この過程で，図書館員の責務や業務は増大した。仕事が多くなり，忙しくなったこと自体がさらに新しい問題を提起し，解決を迫られることとなった。この状況下で，歴史への関心や歴史的理解が脇におかれる一面があったと思われる。一方，現在の図書館や図書館史研究の状況を真摯に受けとめ，そこから歴史に取り組み，研究するという姿勢が，はっきり出ていたとも断言できない。

ここで筆者は，歴史を学ぶ一つの意義を指摘したい。無料でだれもが利用できる公立図書館を当然のことと考えている人は多いであろう。貸出にも同じことがいえる。若い図書館員や学生が貸出を自然なものとしていることは，公立図書館のありかたが社会に浸透しつつあることを示している。しかし，「自然なもの」として受容することが，結果として貸出の意義と重みを失わせることになってはならない。この種の意義と重みを知る一つの方法として，歴史的接近法は有力なものになる。また，学生に「図書館の自由宣言」を見せてもごく当然という顔つきをしていたりする。たとえば，アメリカの「図書館の権利宣言」は変化したり，解釈が補足されたりしている。この歴史的過程を追うことは，社会と図書館との関連，図書館における知的自由の意義と到達度，司書がもつべき姿勢，公立図書館の重みを学ぶ有力方法になる。この場合，アメリカについて学習することは，他国のことをたんに知識として吸収することでも，考えや方式を真似ることでもない。図書館員ならば，必ず自己の考え，実践，自館の方針，さらに日本の図書館界の長所や短所にはねかえるであろう。初学者ならば，公立図書館への認識を深めるであろうし，過去の図書館利用経験を思い出しつつ考えるかもしれない。

日本図書館史研究はいまだ初歩的段階にあるという[2]。日本におけるアメリカ図書館史研究も同様であり，この点を軽く考えてはならない。図書館の歴史は過去の事実としてたしかに存在したが，資料の発掘や選択をし，資料を検討して，それらを紹介したり解釈したり，さらに総合化するのは，われわれ自身である。ある時代の図書館状況とか，ある図書館の成立と発展などは，それに取り組んだ

学習者や研究者の論稿のなかに，その人の問題意識，方法，解釈を組みこんで描かれる。そうした諸文献の総体が，図書館史を構成している。その場合，諸文献を整理し，系譜をたどり，解釈の相違を指摘し，研究の方向を示唆したりするのが，研究史の大きな役割である。そうした研究史において現在の到達段階が初歩的ということは，図書館史研究の方法や技術は別にして，われわれに図書館の歴史の像がみえていないことを意味する。

　一方，アメリカでの公立図書館史研究の場合，研究の端緒的段階は過ぎ去ったといえるかもしれない。1970年代になっていくつかの大きな解釈が提出され，解釈の多様性と学派の形成，その結果としての研究史の発達，包括的解釈を視野にいれた精緻な各論の発表，あるいは現在の図書館状況を踏まえた論稿の発表といった傾向がでてきている。しかしながら，数冊の教科書をのぞいて，植民地時代から現代までをあつかった通史としての研究書は一冊もない。

　研究書，啓蒙書という区別に意味があるとは思われないが，本書は広く図書館員や学生を対象にする点では，まちがいなく啓蒙書である。本書によって，公立図書館の理解を深め，さらに図書館史を学習に足るもの，あるいは縦横に想像力を駆使できる興味ある分野であることを認識していただければ，本書の役割は十分に果たしたことになる。

　　　　　　　　　1988年10月　　　　川　崎　良　孝

増訂版に際して

　今回の改訂は3点に限定した。まず，初版の誤植を修正した。次に，第4章第4節「公立図書館における知的自由の歴史的展開」にあらたに新項目，4.4.5「1980年代以降の状況：図書館記録の秘密性を中心にして」，および第4章第5節「図書館における弱者の発見から現代へ」にあらたに新項目4.5.4「1980年代以降の状況：サービスの拡大と深化の一側面」をつけ加えた。最後に，「学習のために」の部分では新しい若干の文献を追加した。

　　　　　　　　　　　　　　1995年7月　　　川崎　良孝

増訂第2版に際して

　今回の改訂は3点に限定した。まず，増訂版の誤植を修正した。次に，第4章第4節「公立図書館における知的自由の歴史的展開」にあらたに新項目，4.4.6「1990年代以降の状況：利用者用インターネット端末の問題を中心にして」，および第4章第5節「図書館における弱者の発見から現代へ」にあらたに新項目，4.5.5「1990年代以降の状況：利用者用インターネット端末の登場」をつけ加えた。最後に，「学習のために」の部分では新しい若干の文献を追加した。

　　　　　　　　　　　　　　2003年7月　　　川崎　良孝

目　次

はしがき　*i*

序　論　目的と用語 ……………………………………………… *1*
 目　的 ……………………………………………………………… *1*
  ジョサイア・クウィンジーの歴史　*1*
  モウゼズ・テイラーの歴史　*3*
  ジェイムズ・ウェラードの歴史　*6*
 用　語 ……………………………………………………………… *9*
  パブリック・ライブラリー　*9*
  ソーシャル・ライブラリー　*13*
 構　成 ………………………………………………………………*16*

1. **図書館における近代の成立** …………………………………*18*
 1.1 トマス・ブレイの図書館思想とその発展 ……………*18*
  1.1.1 トマス・ブレイ　*18*
  1.1.2 南部植民地とパロキアル・ライブラリー　*19*
  1.1.3 学問論とプロヴィンシャル・ライブラリー：
     1700年カロライナ法　*23*
  1.1.4 プロヴィンシャル・ライブラリー：蔵書構成　*26*
  1.1.5 ディカーナル・ライブラリー　*29*

1.1.6　レイマンズ・ライブラリー　*32*

1.2　フランクリンとフィラデルフィア図書館会社 ………………*35*

　　1.2.1　フィラデルフィア図書館会社の成立　*35*

　　1.2.2　最初の役員　*39*

　　1.2.3　最初の図書注文リスト（1732年3月31日）　*45*

1.3　図書館における近代の成立 ………………………………………*53*

　　1.3.1　第一，第二の意味での「有用な知識」　*53*

　　1.3.2　ブレイの思想　*56*

　　1.3.3　図書館における近代の成立(1)　*58*

　　1.3.4　図書館における近代の成立(2)　*61*

2.　**公立図書館成立前史** ……………………………………………*65*

2.1　ソーシャル・ライブラリーの興隆と特徴　*65*

　　2.1.1　ソーシャル・ライブラリーの興隆：ニューイングランド　*65*

　　2.1.2　19世紀前半のソーシャル・ライブラリー：蔵書構成　*69*

　　2.1.3　19世紀前半のソーシャル・ライブラリー：設立意図　*75*

2.2　学校区図書館の興隆と特徴　……………………………………*84*

　　2.2.1　マンのコモン・スクール論と学校区図書館　*84*

　　2.2.2　当時の図書の入手状況（1839年）　*88*

　　2.2.3　学校区図書館の成立と発展　*91*

　　2.2.4　学校区図書館と図書選択　*93*

3.　**公立図書館の成立** ………………………………………………*96*

3.1　公立図書館の形成者とその思想 …………………………………*96*

      3.1.1　ジョン・ワイトの公立図書館論　*96*

      3.1.2　エドワード・エヴァレットの公立図書館論　*99*

      3.1.3　ジョージ・ティクナの公立図書館論　*101*

   3.2　公立図書館成立の思想（1）……………………………*106*

      3.2.1　以前の図書館の総括　*106*

      3.2.2　文化的指導力と公立図書館　*109*

      3.2.3　公立図書館の経済的役割　*112*

   3.3　公立図書館成立の思想（2）……………………………*112*

      3.3.1　公教育と公立図書館：序　*112*

      3.3.2　理想主義的な公立図書館思想　*114*

      3.3.3　現実主義的な公立図書館思想　*120*

4. **公立図書館史**……………………………………………………*134*

   4.1　図書館界の成立とメルヴィル・デュイ……………………*134*

      4.1.1　1853年の図書館員大会　*134*

      4.1.2　1876年の図書館員大会　*135*

      4.1.3　図書館史における1876年の意義　*140*

      4.1.4　デュイと公立図書館の使命　*145*

   4.2　サービス，図書館数の拡大とアンドリュー・カーネギー…*153*

      4.2.1　1900年前後のクリーヴランド公立図書館　*153*

      4.2.2　1900年前後の図書館：サービス　*157*

      4.2.3　1900年前後の図書館：図書館数　*159*

      4.2.4　アンドリュー・カーネギーの図書館思想　*162*

   4.3　両大戦と大恐慌の時代……………………………………*170*

4.3.1 アルヴィン・ジョンソンの報告と問題の所在（1915年） *170*

4.3.2 新しい取り組み *172*

4.3.3 両大戦と大恐慌下の図書館：クリーヴランドとデトロイト *179*

4.4 公立図書館における知的自由の歴史的展開 ……………………*189*

4.4.1 第一次大戦と図書館界 *189*

4.4.2 公立図書館における知的自由の歴史的展開(1) *194*

4.4.3 公立図書館における知的自由の歴史的展開(2) *201*

4.4.4 公立図書館における知的自由の歴史的展開(3) *207*

4.4.5 1980年代以降の状況：図書館記録の秘密性を中心にして *212*

4.4.6 1990年代以降の状況：利用者用インターネット端末の問題を中心にして *216*

4.5 図書館における弱者の発見から現代へ ……………………*221*

4.5.1 連邦による図書館立法とカーター演説 *221*

4.5.2 図書館思想の転換と弱者の発見 *226*

4.5.3 1970年代以降の図書館状況：図書館財政を中心にして *246*

4.5.4 1980年代以降の状況：サービスの拡大と深化の一側面 *250*

4.5.5 1990年代以降の状況：利用者用インターネット端末の登場 *255*

注 ………………………………………………………………*260*
学習のために …………………………………………………*281*
索　引 …………………………………………………………*287*

図表一覧

図一覧

　　＜図1＞　本書の構成　*16*

　　＜図2＞　デュイの教育についての枠組み　*148*

　　＜図3＞　公立図書館における知的自由の歴史的構図　*207*

　　＜図4＞　「すべての人」に向けての図書館界の認識の構図
　　　　　　　（～1960）　*227*

　　＜図5＞　「すべての人」に向けての図書館界の認識の構図　*228*

表一覧

　　＜表1＞　プロヴィンシャル・ライブラリーの蔵書構成：
　　　　　　　チャールストン（カロライナ）　*27*

　　＜表2＞　ディカーナル・ライブラリーの蔵書構成　*30*

　　＜表3＞　レイマンズ・ライブラリーの蔵書構成　*33*

　　＜表4＞　レイマンズ・ライブラリーの蔵書構成の詳細　*33*

　　＜表5＞　フィラデルフィア図書館会社：
　　　　　　　最初の図書注文リストの構成　*49*

　　＜表6＞　植民地時代のカレッジの蔵書構成　*50*

　　＜表7＞　ニューイングランドのソーシャル・ライブラリー：
　　　　　　　設立年別　*67*

　　＜表8＞　ソーシャル・ライブラリーの分布：関心分野別　*70*

　　＜表9＞　ソーシャル・ライブラリーの蔵書構成：全般型　*71*

　　＜表10＞　ソーシャル・ライブラリーの蔵書構成：分化型　*72*

<表11>　1839年当時のソーシャル・ライブラリー：
　　　　　マサチューセッツ　*88*
<表12>　1839年当時のソーシャル・ライブラリー：
　　　　　各郡の詳細　*89*
<表13>　1850年当時の学校区図書館　*108*
<表14>　ボストンへ港から到着した人数　*129*
<表15>　ボストンおよび周辺の貧民数とボストンの貧民救
　　　　　済資金総額　*130*
<表16>　カーネギーの寄付と図書館建設　*161*
<表17>　クリーヴランド公立図書館の貸出冊数の変化　*230*
<表18>　大都市のその周辺の郡との貸出冊数の比較　*232*
<表19>　白人，非白人地域における図書館設置率と平均蔵
　　　　　書冊数　*235*
<表20>　所得の高低による図書館設置率と平均蔵書冊数　*236*
<表21>　人種，学歴，所得による分館の平均蔵書冊数　*238*
<表22>　大都市の歳出と図書館費の変化　*246*
<表23>　ハードカバーの本の価格の変化　*247*
<表24>　インターネットの利用：場所と人種　*258*

序　論
（目的と用語）

目　的

　図書館史といっても漠然とした話である。地域と館種を限定しても，思想史，制度史，サービス史，人物史，一館史，図書選択史など多くの歴史が考えられる。しかし，図書館史一般が意味するものは，案外はっきりしない。そこで，どのような図書館史が記されてきたかを検討し，あわせて本書の視点を示しておく。

ジョサイア・クウィンジーの歴史

　アメリカで最初の図書館史の単行書は，ボストン市長を歴任し，1807年に成立したボストン・アセニアムの株主でもあるクウィンジーの『ボストン・アセニアムの歴史』[1]（1851年）である。この本はアセニアムの初期半世紀をあつかい，1)起源，進展，成功，2)貢献者，3)重要な出来事を記している。1)と3)については，建物の変遷，蔵書の拡大や寄贈書，規則の推移，財産の増大などを年を追って客観的に記述している。末尾では半世紀の発展を具体的数字をあげて結論とした。同書の特徴は以下にある。

（1）記念誌型：アセニアムは1847年に新館定礎式を実施し，クウィンジーは講演を依頼された。彼は定礎式で，「新館建設のときには，図書館の起源，進展，成功をおのずと振り返りたくなる。設立者や偉大な寄贈者を記憶に浮かべて深く回想したり，現在の繁栄に貢献

した出来事を列挙したくなる。以上のことは，広く将来の支援をえるためにも繰り返すべきである」[2]とした。しかし，定礎式では略史にとどめ，アセニアムの求めもあって同書を執筆した。この経緯からわかるように，この本は典型的な記念誌型である。

（2）回想型：記念は回想を引き出す。クウィンジーの場合は，アセニアムと創立者への回想からなる。後者については，「設立者への回想を加えるが，彼らは早い時期に他界したりして，いまだに公の讃辞を得ていない」[3]と述べた。

（3）アイデンティティの形成：(1)での引用は，記念，回想に加えて，図書館にたいする会員のアイデンティティの形成と，そのことによる将来の支援とも結びついている。

（4）客観的事実史：同書は年代順に出来事を並べ，事実としての過去を再現する方式をとっている。クウィンジーは，「本書のこの部分〔アセニアムの歴史を記す本文〕の場合，筆者の主な作業は，アセニアム自身が歴史を語れるように，要点をまとめたり凝縮したりすることにある」[4]と述べた。執筆者は考えや解釈を出さず，たんに資料を「まとめ」たり，「凝縮」するにすぎない。

（5）年代記，網羅性：(4)の方法は年代記的な記述となる。時系列に忠実にしたがうことが，歴史の再現にほかならないからである。同時に，記述の内容については網羅性が特徴であり，建物，蔵書，人物，規則，財政，寄贈といった全側面をあつかっている。

（6）発展史：同書は典型的な発展史であり，困難は克服され，新たな止揚された段階や，より強い団結に収斂していく。過去の総括は本文の末尾にみられる。アセニアムは，指導者や株主の努力，市

民の理解と支持で発展を遂げた。借金はなく,資産は増大し,知的欠乏を埋める立派な機関となった。総資産は32万ドルを越え,蔵書も5万冊に達し,アメリカ屈指の図書館に成長した。建物も高級地ビーコン街に素晴らしいものができるまでになった。同書は発展史であるとともに,成功物語である。

『ボストン・アセニアムの歴史』を取りあげたのは,アメリカ最初の図書館史にかんする単行書といった,史学上での位置のためではない。州や市の図書館史をあつかった文献でも,クウィンジー流の一館史を寄せ集めたものが多い。本書ではこの種の記述を脇におくものの,クウィンジー流の業績が無意味なのではない。総合化や解釈をめざすとき,この種の文献や,文献につけられた詳細な注や原資料が,前提となる個別実証的な事実を提供する場合が多い。また,一館史の追求で,図書館界の動きや,社会と図書館との繋がりが明瞭になるときもある。たとえば,ボストン公立図書館は,思想面,制度面,サービス面で館界を指導してきた。こうした図書館の場合,問題意識と取りあげ方によって,クウィンジー流の歴史記述を乗り越えることは大いに可能である。

モウゼズ・テイラーの歴史

ミシガン州ウエスト・ベイ・シティのセイジ図書館は1884年に開館したが,コーネル大学の有名な文学史家テイラーが開館記念講演を行った。テイラーはアメリカ図書館史を概観し[5],植民地時代の図書館からボストン公立図書館にいたる過程を,個人文庫,大学図書館,ソーシャル・ライブラリー,学校区図書館,エンダウド・ライブラリー,公立図書館の六段階で把握した。

第一段階は個人文庫であり，ヴァージニアの大農園主ウイリアム・バード，ボストンの牧師コットン・メイザー，フィラデルフィアの学者ジェイムズ・ローガンは，18世紀前半に数千冊の蔵書をもっていた。たしかに個人文庫の存在は好ましいものの，地域全体の知的欠乏に対処できないし，文庫の所有は少数者に限られる。

　第二段階は大学図書館で，1638年にはハーヴァード・カレッジ，1693年にはウイリアム・アンド・メリー・カレッジの図書館が成立した。利用対象は個人文庫より広く，カレッジの構成員が利用できる意味で「公共的」であった。しかし，決して民衆の図書館ではない。民衆の図書館であるためには，「各人の手の届く範囲内によい本がおかれ」ねばならない。

　第三段階のソーシャル・ライブラリーは，「個人では不可能なことを力を合わせて実行する」方式の採用である。ここでは1731年に成立したフィラデルフィア図書館会社を重視し，特徴を四点にまとめている。まず，知識面での特権階級をなくしたこと。次に，担い手が豊かな人ではなかったこと。第三に，居酒屋での討論会が図書館設立の契機になったこと。最後に，同館を起点にソーシャル・ライブラリーが普及したという事実であった。フィラデルフィア図書館会社は，「民主的精神の発露」「平等化への試み」「知的機会の拡大」を実現したのである。とはいえ，第三段階の図書館は，会員だけが特権を享受した点で限界を持っていた。

　したがって，第四と第五の段階に進まねばならない。前者の学校区図書館は，学校区を単位にした公立の図書館で，全住民が利用できる。マサチューセッツ州では1837年に州法が採択され，しだいに

中西部に波及していった。学校区図書館は失敗に終わるものの，三つの重要な意味を持つ。まず，図書館を公教育制度の一環として明確に位置づけたこと。次に，この位置づけによって公費充当の道を開いたこと。最後に，多くの住民の手の届く範囲内に，知的向上の機会をおいたことである。

　後者のエンダウド・ライブラリーとは，個人が図書館を寄付し，寄贈者の付帯条件を尊重しつつ，一般の人びとに無料で開放したものをいう。たとえば，大富豪ジョン・アスターの遺贈をもとに，1854年に開館したアスター図書館がある。この種の図書館は私的な富を崇高に使用したものではあるが，二つの欠点を持つ。第一に，寄贈者が全市町村に出現するわけではない。次に，恩恵を得る側が何もしない点，すなわち自助の観点からみて問題が残るのである。

　以上の段階を経て公立図書館が成立する。公立図書館は第三段階を思想的起源に，第四，第五段階を直接的な源として成立した。つまり，第四は公の関与であり，第五は私的な努力である。19世紀中葉に出現した公立図書館は公私が結合したものであり，「図書館の進化過程における最も完全で最終的な段階」にほかならない。

　クウィンジー流の記述から脱皮を図り，図書館史の構想を具体的な解釈の形で提出した初期の論稿として，テイラー論文は大きな意義をもつ。その特徴は以下の二点にある。

（1）テイラーは六段階を提出したが，その目的は民衆の図書館にいたる歴史的変遷を示すことにあった。図書館の進展を民主化の過程と把握し，その発展図式を示したのである。この「発展」がクウィンジー流の「発展」と異なるのはいうまでもない。

（2）テイラーは，公立図書館を終局段階とする漸進的過程を記述しており，ここには進化論の影響がみられる。漸進的な移行自体が望ましく，自然に理想的な終局段階，すなわちあらゆる観点において民衆的な図書館としての公立図書館に達すると考えるのである。

以上の特徴をもつテイラー論文ではあるが，1884年の解釈だと簡単に肯けない内容をもつ。現在でもこの種の枠組みと解釈は多く使われている。しかし，テイラー論文は図書館史の業績であるが，非歴史的性格や危険な面さえ持ちあわせている。同論文は，第一段階の個人文庫と最終段階である公立図書館を両端におき，各段階は一つ前の段階および一つ後の段階，あるいは最終段階である公立図書館の制度的要件との遠近の度合いではかる手法を取っている。ここでは，フィラデルフィア図書館会社や学校区図書館の内実について，何ら説明をしていない。もし歴史というものが，一定の時間と空間を取りあげ，そうした環境における人間の思想や行動の意味を問うものであるなら，テイラー論文は非歴史的な歴史といわざるをえない。この方法は図書館史研究を浅くし，表面的な類似性や相違を本質と取り違える恐れがある。

ジェイムズ・ウェラードの歴史

シカゴ大学大学院図書館学部に学んだウェラードは，1937年になって『図書選択』[6]を発表した。同書は「歴史的背景」「図書選択の理論」「図書選択の実際」の三章からなる。この本は図書選択の理論と実際をあつかう研究書であるが，図書館史の意義，図書館史記述の視点，提出された解釈でも注目すべき点が多い。図書館史からみた特徴は，1)図書選択論と図書館史との関連，2)英国図書館史に

ついての新解釈, 3)英米比較図書館史にある。

　第一章「歴史的背景：公立図書館の社会的目的」に全体の3分の1をあてているように，この章はたんなる概史ではない。ウェラード自身が指摘するように，図書選択と図書館史とは無関係と思われるかもしれない。しかし，図書選択は決して「真空の中」で行なわれるのではなく，図書館の社会的目的によって規定され，さらにこの目的は歴史的に形成される。たとえば，専門図書館の目的は単一であり，したがって選択も容易である。一方，公立図書館の場合，「専門図書館の大きな特徴といえる目的と機能との単一性は，公立図書館の歴史や現状では，それほど明瞭ではない」[7]のである。要するに，ウェラードは図書選択を考察する前提として，歴史的に形成される図書館の社会的目的を明らかにする必要があると論じたのである。この点で第一章は他の章と結びつきをもつ。その場合，ウェラードは図書館史を記すについて，次のように指摘した。

　　こうした概括化は，特定の地域や各自治体での相違があるとしても，パブリック・ライブラリーによって意味される，いっそう広範で包括的な動向があるという前提にもとづく[8]。

　「広範で包括的な動向」が図書館の社会的目的にほかならず，ウェラードは19世紀後半から20世紀初頭にかけての英米公立図書館史を巨視的に描くことになる。

　2)「英国図書館史についての新解釈」は，1850年公立図書館・博物館法の成立を下からの要求や運動によるとする通説を批判している。ウェラードは1850年法を，民衆の要求と無縁な，富裕者階級の意図によるものと考えたのである。

最後に3)「英米比較図書館史」をみると,両国の相違が明確になる。簡略に述べれば,1870年の初等教育法に先行した英国の公立図書館法は,富裕者や社会改良家による改良的目的が期待され,公立図書館は社会維持機能を果たすことが求められた。一方,初等教育が浸透していたアメリカにあって,公立図書館は公教育制度の延長として教育的役割を果たすこと,すなわち「民衆の大学」になることが求められたのである。ウェラードは結果的に,英国との比較によって,アメリカ公立図書館の民主的側面を強調したことになる。

　本書はウェラードの考えを重視したい。彼の解釈ではなく,図書館史と図書選択の関係,および図書館史についての見方を重視するのである。まず,本書で描く歴史は,年代記や主要な図書館の史的紹介ではなく,個別的研究や各論を解釈し意味づけるための枠を描いていく。その場合,図書館思想を中心におくが,たんなる抽象的思想はあつかわない。図書館思想は,個人の頭や小さな集団のなかで思想自体として存在でき,先駆的思想をたどれば大いに歴史を遡らざるをえない。しかし,本書は思想を重視するが,決して図書館思想史の本ではない。思想が力を持ち,現実社会で機能するには,思想を受容する場としての社会環境がなければならず,さらに図書館独自の発展や状況も見逃せない。それゆえ,図書館思想と,社会思想を含む社会環境,さらに図書館状況の三者を視野に入れつつ,図書館思想を軸に記述していくことになる。誤解を避けるため二点を記しておく。本書は先駆的思想を切り捨てるのではない。ある図書館思想が出され,それが実体としての図書館にあらわれ,以後の図書館史を規定していくものは,率先して重点的に取りあげる。ま

た，図書館思想を重視するといっても，思想が第一義的に重要だということでもない。実践が図書館思想を創りだす場合も多いのは，あらためて指摘するまでもない。

用 語

用語の子細な検討は不必要であろうが，便宜的な定義であれ示しておかないと，内容の理解が困難となる。また，本書の場合，用語は章立てと密接に関連している。そこで，パブリック・ライブラリーとソーシャル・ライブラリーという語に限定して説明する。

パブリック・ライブラリー

1935年にシカゴ大学のカールトン・ジョッケルは，「『パブリック・ライブラリー』という語を，正確にはっきりと定義するのは驚くほど難しい」[9]と書いた。この指摘は，歴史的にパブリック・ライブラリーと呼ばれてきた図書館の種類に多様性と変化がある事実，ジョッケルの時代にあっても定義に相違がある事実を示している。そこで断片的な事例を挙げ，用法をみておくことにする。

植民地時代初期の1645年に，ハーヴァード・カレッジの学長ヘンリー・ダンスターは，「いまだに当カレッジのパブリック・ライブラリーは，あらゆる本が不足している」[10]と嘆いている。ここでは大学図書館にパブリック・ライブラリーという語をあてている。時代は下るが，1850年にスミソニアン・インスティチューションの図書館部長チャールズ・ジューエットは，連邦議会に包括的な図書館統計を提出した。同書はパブリック・ライブラリーを七つに類型化している[11]。

（1）州立図書館など：州立図書館をはじめとして，州政府の管轄下にある図書館。議会図書館も含む。

（2）ソーシャル・ライブラリー：アセニアム，ライシアム，青年会，職工学校，商事図書館などを含む。

（3）カレッジ・ライブラリー（学生図書館を除く）

（4）学生図書館（students' libraries）：カレッジ，専門学校などにあり，学生団体が相互向上を意図して組織した図書館。

（5）専門学校（professional schools）やアカデミーの図書館：神学校，法律学校，医学校，アカデミーなどの図書館。

（6）学術団体の図書館：科学協会，歴史協会などの図書館。

（7）学校区図書館（public school libraries）：タウンシップや学校区を区域に，当該区域に住む全住民を対象にした図書館。

ジューエットの分類は，1876年にアメリカ合衆国教育局が刊行した『特別報告』[12]につながっていく。『特別報告』はパブリック・ライブラリーとして，大学図書館，ソーシャル・ライブラリー，専門図書館などをあつかっている。このようにパブリック・ライブラリーという語は，多くの種類の図書館を含んでいた。

1943年のアメリカ図書館協会『図書館用語集』は，この語に二つの定義を示しているが，二番目の定義は次のようになっている。

> 定義2)：初期の時代では，コミュニティの全住民が利用できる図書館をいい，必ずしも無料である必要はない。個人文庫と区別して，この語が使われてきた。したがって，諸団体の図書館（society library）や会員制図書館（subscription library）も，パブリック・ライブラリーであった[13]。

要するに、パブリック・ライブラリーという語の内容は広範で、歴史協会に付属する図書館やフィラデルフィア図書館会社もパブリック・ライブラリーに入ることになる。ただ『図書館用語集』の定義は大学図書館などを除いており、ジューエットや『特別報告』のあつかいよりは限定的になっている。

ところで、引用文冒頭に「初期の時代では」とあり、その時期が問題となる。ボストン・パブリック・ライブラリーの開館を公立図書館という意味でのパブリック・ライブラリーの成立とすれば、それは1854年である。しかし、この時点で『図書館用語集』(2)の意味での用法がなくなったわけではなく、それは既述の1876年『特別報告』で明らかである。1885年にサンフランシスコ公立図書館長フレデリック・パーキンスは、当時の状況について言及し、300冊以上の蔵書をもつパブリック・ライブラリーを約5千館とし、蔵書1,300万冊、利用1千万冊とした。そして、「かなりの館は、あらゆる人の利用のために税や寄付で支えられている『フリー・パブリック・ライブラリー』である」[14]とまとめている。すなわち、パブリック・ライブラリーを公立図書館と特定するには、「フリー」をつけて限定する必要があった。同時に、エンダウド・ライブラリーもパブリック・ライブラリーに含めている。18年後の1903年にはニューヨーク・パブリック・ライブラリー初代館長ジョン・ビリングズが図書館状況にふれ、「現在の大多数のパブリック・ライブラリーは、市政府から充当される資金で大部分あるいはすべてを賄っている」[15]とした。19世紀末から20世紀初頭にかけて、パブリック・ライブラリーの主流は明確に公立図書館に移り、語も次第に公立図書館を意識し

て使用されるようになった。1904年にメルヴィル・デュイは,慈善的な意味をもつ「フリー」を取り去るように提言したが[16],この主張はパブリック・ライブラリーを公立図書館に限定する方向を象徴するものである。

既述のアメリカ図書館協会『図書館用語集』(1943年)では,第一番目の説明は次のようになっている。

> 定義1):無料でコミュニティ,地区(district),または地方(region)の全住民の利用に供し,財政的に,全額または一部が公費で維持されている図書館[17]。

また1977年にL・ハロッドが編纂した用語集では,「〔経費の〕全額または一部が公費によって負担され,利用がコミュニティの特定の階層の人びとに限られることなく,すべての人が無料で利用できる図書館」[18]とある。二つの用語集によると,パブリック・ライブラリーには,「公開性」「公費負担」「無料制」の三要件が不可欠となる。さらに,三要件について補足が必要であろう。1955年に国際図書館連盟が示した覚え書では,各国(アメリカでは州)は自治体に公費充当の権限をさずける図書館法を採択すべきとなっている[19]。アメリカ図書館協会『用語集』では「コミュニティ,地区,または地方」とあり,国だけを排除するように思われるが,基本的には自治体が基礎単位である。したがって,他自治体の住民の利用には有料でよく,この場合は恩恵としてサービスを提供していることになる。次に,二つの用語集では公費負担にかんして,「全額または一部」となっていた。これには,1949年の「ユネスコ・パブリック・ライブラリー宣言」を援用したい。「宣言」は「全部または大

部分」と明記している[20]。

1943年のアメリカ図書館協会『図書館用語集』定義1)に，上述の制限を加えたパブリック・ライブラリー，すなわち公立図書館は1854年開館のボストン公立図書館が大都市としては最初である[21]。それ以前のパブリック・ライブラリーは，定義2)の意味である。一方，1854年から20世紀初頭は両者が混在したため，公立図書館に限定するには「フリー」といった形容詞をつける必要があった。本書では，パブリック・ライブラリーのうち最も限定的な意味での「公開性」「公費負担」「無料制」「明確な法的根拠」を満たした図書館を公立図書館と呼ぶ。パブリック・ライブラリーという語は，固有名詞などを除いて以後できるだけ使用せず，必要な場合は説明を加えておく。また，公共図書館という語は使用しない。

ソーシャル・ライブラリー

マサチューセッツ植民地の港町セイラムに，文学や哲学の促進のため，1750年頃「ソーシャル・イヴニング・クラブ」が成立した。1760年，会員は居酒屋で会合をして175ギニーを持ち寄り，セイラム・ソーシャル・ライブラリーを設立した[22]。設立には，大商人ベンジャミン・ピックマン，35隻の船主ティモシー・オーン，判事ベンジャミン・リンド，牧師トマス・バーナードなど，セイラムの有力者が参加した。発足当初，所有者は11ドルの株を購入し，さらに年会費を払わねばならなかった。のちには非所有者も恩恵的に図書を利用できるようになった。この図書館は，図書館自体にソーシャル・ライブラリーの名称を用いた例である。

ベンジャミン・フランクリンは，1727年に相互向上を目指すクラ

ブを結成した。会員は，印刷屋，ガラス職人，測量師などである。彼らが中心となり，1731年には有用な知識を増進する目的でフィラデルフィア図書館会社が成立した。発足当初，会員は40シリングの株を購入し，さらに年会費10シリングを払わねばならなかった。しかし発足後まもなく，非会員も恩恵的に図書を利用できるようになった。1804年にはボストンの知識人が，文芸クラブを結成した。このクラブを母体に，1807年にボストン・アセニアムが成立する。アセニアムは新着雑誌をそなえる閲覧室と，文学やアメリカ史の蔵書からなる図書館でできていた。発足当初の株価は300ドルで，150株はまたたくまに知識人や商人の手におちた。彼らは年会費を払う必要はなく，アセニアムの所有者となる。100ドルで生涯会員になれるが，経営には参加できない。また，1808年には年会費10ドルで一般の利用に便宜を与えている。フィラデルフィア図書館会社やボストン・アセニアムは，館名に「ソーシャル」を用いていない。しかし，いずれも知識を得るために自発的団体を結成し，資金を出し合って成立したのである。この種の図書館は影響力を強め，包括的に説明する語としてソーシャル・ライブラリーが用いられるようになった。

　ここでも重要なのはジューエットである。彼は1850年に「パブリック・ライブラリー」を七つに類型化していたが，第二番目のソーシャル・ライブラリーの定義は次のようになっており，この定義は1876年の『特別報告』につながっていく。

　　（2）ソーシャル・ライブラリー：アセニアム，ライシアム，
　　青年会，職工学校，商事図書館などを含む。一般にこの種の図
　　書館は，研究書よりも通俗書で構成されているが，わが国で最

良の蔵書の図書館も含まれている。ソーシャル・ライブラリーの目録をみると, 全般的にみて非常に賢明な図書選択であることに驚かされ, また喜びを感じると思う。

　州によっては, 名称はともかく大部分の町にソーシャル・ライブラリーがある。大多数は1千冊以下である[23]。

1935年にジョッケルはこの語に本格的考察を加え, 所有者図書館 (proprietary library) と会員制図書館 (subscription library) に大別した。そして法制面での相違に注目して説明した[24]。所有者図書館はコモンロー上のパートナーシップ, 会員制図書館はコモンロー上の法人である。後者は年会費を払ってサービスを買うのであり, 前者と相違して財産への権利はなかった。これは理念型的な類型である。ボストン・アセニアムは典型的な所有者図書館であるが, 発足後すぐに年会費を払う会員にもサービスを提供した。1949年にジェシー・シェラが指摘したように, 「両者の境界は必ずしも明確ではないし, 多くの折衷型があった」[25]と考えてよい。

　シェラは図書館の担い手に注目した。所有者図書館は富裕な人に働きかけ, 株価は会員制図書館の会費よりも高く, 所有者の投票権はしばしば持ち株数に比例していた。一方, 会員制図書館は広範な支持を求めて組織化された。会費は安く図書館の運営や投票権は民主的であった。こうした観点から, ソーシャル・ライブラリーは担い手によって, 創設時のフィラデルフィア図書館会社型の会員制図書館と, ボストン・アセニアム型の所有者図書館に大別できる。

構 成

　アメリカ図書館史を通覧し，図書館思想および実践が大転換した時期が二つある。一つはフィラデルフィア図書館会社が成立した1731年，いま一つはボストン公立図書館が開館した1854年である。本書では＜図１＞のように，この二つの転換点を境目として時代区分した。

　第一章では，図書館における近代の成立をあつかう。ここではまず，前近代の図書館思想とその実践の終局点として，トマス・ブレイの図書館思想と発展を追ってみた。次に，わずか30年を隔てて出現したフィラデルフィア図書館会社の思想と実践を略述する。最後に，両者を比較しつつ図書館における近代の成立を論じるが，これは公立図書館成立への思想的起源を探ることでもある。

　第二章は，フィラデルフィア図書館会社が成立した1731年から，ボストン公立図書館が開館する120年間である。この時期はしばしばソーシャル・ライブラリーの時代といわれるが，本書では公立図書館成立前史となづけてみた。公立図書館成立に直接寄与した二つ

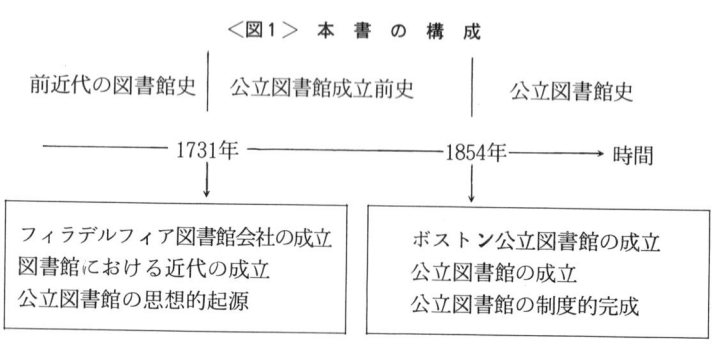

＜図１＞　本　書　の　構　成

の種類の図書館,すなわちソーシャル・ライブラリーと学校区図書館の発展と特徴を示していく。

　第三章は公立図書館の成立である。公立図書館成立の思想を取りあげて分析し,公立図書館に期待された社会的役割や公立図書館を成立させた要因を探っていく。

　第四章は公立図書館史で,五つの節をもうけて現在までを概観する。ここでは紙面の制約もあって,各節ともに十分に論じてはいない。しかし,重要な事柄にはたとえ簡略であっても,言及することに力を注ぐとともに,そうした事柄を全体的な公立図書館史の流れのなかで位置づけ,意味づけることに努力した。

1. 図書館における近代の成立

1.1 トマス・ブレイの図書館思想とその発展

1.1.1 トマス・ブレイ

　ブレイは英国シュロープシャの貧しい家庭で生まれ,苦学しつつオックスフォードで神学を学んだ。1681年に下位聖職者になり,ブレイの強力な擁護者になる主教ウイリアム・ロイド,自己の教区に公開図書館を設立した大主教トマス・テニソン,植民地の国教会活動を統轄するロンドン主教ヘンリー・コンプトンなど,次第に高位聖職者の知遇を得ていく。ブレイの生涯は,コンプトンと知り合ったことで一変する。1695年,メリーランド植民地は国教会活動を統轄する主教代理の派遣を求めてきた。コンプトンはこの任をブレイに期待し,ブレイは1695年秋から主教代理の活動を始めている。しかし,実際に植民地へ赴いたのは1700年であり,わずか数か月の滞在であった。1695～99年末までブレイは多くの活動をするが,重要なのは1699年成立のキリスト教理普及協会の創設である。また,植民地から戻った1701年には,海外福音伝導協会を設立した。二つの団体の活動は,慈善学校設立,牧師の植民地への派遣,クウェーカー対策,図書館設立,本の配布などである。ブレイは卓越した牧師として1730年に72歳で生涯を閉じた[1]。

1.1.2 南部植民地とパロキアル・ライブラリー

アメリカ南部はプランテーション植民地とよばれる。自然条件は煙草などの商品作物の栽培に適し、人頭権制と土地売却制は大土地所有を進め、労働力は年季奉公人や黒人奴隷を基盤としていた。農園は川に面し、大農園主がもつ埠頭は輸出港であるとともに、必需品や奢侈品の輸入港でもあった。この状態は本国への政治経済的な隷属を生じる一方、本国の文化の浸透を容易にした。水路を利用する交易は町を発達させず、商業的な分散や農園の孤立を招くことになる。

南部は経済中心の地域と考えられがちであるが、17世紀末から18世紀初頭の南北両地域で文化に大きな差異はないとされる。歴史家ジェイムズ・アダムズは、「南北両植民地の読書傾向に大きな相違はなかった。宗教書は両地域で多数を占めていた」[2]という。しかし、北部ピューリタニズムは生活そのものであり、南部アングリカニズムは、町の欠如、陸上交通の不備、国教会の力量不足から、北部ほど強力な役割を果たせなかった。広大な教区に農園が点在する状況は、宗教活動を困難にした。1703年当時のノースカロライナの教区を例にとると[3]、教区は川に挟まれ、両河川の距離は20マイルを越え、二つの川を結ぶ道には家がない。入植者は川岸に住み、しかも各住居は両河川に沿って20マイルにわたり点在していた。ここでは、安息日に教区民が教会に集うのは困難であった。

南部の知識層や指導層は、牧師、大農園主、総督、政府関係者である。大農園主は貿易に直接従事している点で商人であったし、植民地議会の議員でもあった。牧師はたんなる宗教人や知識人ではな

かった。国教会に公費を充てたり,教区が選挙区であったように,植民地の政治や経済に深く関与していた。しかし,国教会が強力なヴァージニアでさえ,牧師数は少なく,質的にも劣っていた。1672年当時,同植民地では5分の4の教区に牧師がいなかった[4]。また,1671年にヴァージニア総督は「他の物品と同様,牧師についてももっとも低劣な者が,本国から送られてきます」[5]と報じている。この状態を打破するため,1689年にはヴァージニアに主教代理がおかれたのである。

1695年,メリーランド議会と総督は主教代理派遣の要請をする。当時メリーランドでは国教会が公立教会として一応確立され,公費による援助と立法による強化がはかられていた。しかし,元来カトリックの避難地として成立したことから,旧教徒の力も強く,さらにクウェーカーも浸透していた。また,ヴァージニアに劣らず牧師が不足し,1694年にはカトリックの牧師6名にたいし,国教会牧師は3名にすぎなかった[6]。一方,植民地の国教会活動を統轄するロンドン主教は,事実上その役割を果たせなかった。ブレイが1695年秋に主教代理に選ばれたときの状況は,以上のようである。

ブレイは当地の状況を調べ,「遠く離れた環境の悪い植民地へ赴任を希望する牧師はいない」「植民地へ行く牧師の大多数は,今後とも自力で必要な本を購入できない」との事実を知った。一方,多くの優秀な牧師が必要であった。牧師数の増大は牧師の管轄範囲を狭め,実りある宗教活動を可能にする。また,優秀な牧師は他宗派との論争にも不可欠なのである。優れた牧師を赴任させる手段として,またすでに植民地にいる牧師の向上を目的として,パロキアル・

ライブラリーの構想が生まれる。1695年発表の『提言』は，パロキアル・ライブラリーの必要性，図書選択，管理や運営を記し，最後に図書館への支持を訴えている。

　牧師自身の向上と教区民の善導をめざして，図書は慎重に選択する。選択方針は「最も緊急に必要で不可欠の本」となっている。1697年の『教区図書館』では具体的に図書選定をするとともに，「従来の目録は学識者が特定主題にかんする全論文や著作を網羅する方針で作られてきた」[7]と指摘した。この種の目録はキリスト教義の深い理解や高度の教義論争に有効であっても，教区民相手の活動に効果があるか疑問である。ブレイはキリスト教の基本的理解に欠かせない本，安価で入手しやすい本，布教に必要な本など，牧師の日常的な宗教活動に密着した図書を重視する。このように重要な図書選択は主教代理とロンドン主教が担当するとし，続いて図書館の管理や運営に言及するが，そこでは蔵書の永続を重視している。

　目録は四部作成し，ロンドン主教，主教代理，図書館，教区事務室におく。前二者が図書選択をするため，目録が必要であった。教区事務室の目録は，教区委員が使用したと考えられる。教区委員は教会の会計や事務を担当する信徒で，牧師の死亡や転任の際には蔵書点検をし，後任の牧師に引き渡す役割を担っていた。蔵書は牧師館におかれ，牧師が管理をするため，牧師の手元に目録をおく必要があった。次に，蔵書の使用は牧師に限られる。これはパロキアル・ライブラリーの直接の目的が，牧師の資質の向上と牧師の植民地への派遣にあったことから理解できる。パロキアル・ライブラリーは牧師のための永続する個人文庫である。さらに，蔵書点検の目的は

本の紛失や横領の防止にあり，主教代理は3年毎の教区巡察のときに，教区委員は年ごとに点検をする。最後に，各植民地議会が図書館管理を目的に，図書館法を採択することを期待した。この期待はメリーランドで実行されることになる。

『提言』の後半は図書館への協力を訴えている。貴族，牧師，紳士，商人には資金援助を，著述家には著作の寄贈を求めている。この訴えに応じて，コンプトン，テニソン，慈善学校に関心をもつ主教サイモン・パトリック，精力的な著述家の主教エドワード・スティリングフリートなど，7名の高位聖職者は次のように述べた。

> 本計画〔パロキアル・ライブラリー〕はキリスト教義の普及に非常に役立ち，大学を卒業した学問好きで徳をそなえた牧師を，植民地へ赴任させるのに大いに貢献すると思う。．．．．したがって，パロキアル・ライブラリー設立に貢献したい。この図書館によって多くの敬虔な人があらわれ，宗教と学識への愛でもって，植民地へ赴任することを期待する[8]。

このような努力の結果，1698年にはメリーランドの16の教区に牧師が赴任し，16の図書館が設置される。そして，1702年には全教区に図書館ができるのである。パロキアル・ライブラリーは「牧師のための永続する個人文庫」である。しかし，下層牧師を対象にしたこと，日常的な宗教活動を中心にしたこと，教区民の善導に役立つ実践的な蔵書構成を意図したことは注目に値する。

1.1.3 学問論とプロヴィンシャル・ライブラリー：1700年カロライナ法

　パロキアル・ライブラリーは80〜90％が神学書や宗教書であったが，ブレイは他分野を無視したのではない。1662年の王立協会の成立とともに，日常的重要性を帯びる事柄が科学的精神で探究されていく。「われわれは非常に興味の多様化した時代にいる」「全分野の学問が進展しつつある」とのブレイの見解[9]は，経験科学の発展を意識したものである。この現状にたいしブレイは，「牧師はもはや神学や宗教の枠内だけに留まるべきではない」と述べ，「広い学習，広範な学識の習得にむかうべし」と断言した[9]。

　ブレイは1697年の『論考』で諸学を分け，簡略に説明している。「富や地位の保有者は表面的な尊敬しか得られないが，真正の学識を有する人は心底から尊敬される」[10]と述べ，学問を人間の精神生活の最重要事項とした。神学や宗教は最高位にある。神学からは人生の最大目標である神および自己にたいする理解が得られる。神学は幸福な社会を築く唯一の学問であり，また最も確固たる学問体系をもつ。次に重要なのは，歴史，旅行紀，古典，道徳書，自然科学である。歴史は最善の人間生活を探究する手段として重要であるし，現在の社会の理解を深める。旅行記は歴史の現代版である。ギリシア語やラテン語を習得し，古典に精通することは，紳士の教養として，また法律家，牧師，医者にとって欠かせなかった。自然科学は生活の改良に有用である。第三グループは，数学，法律，医学を含む。法律は実生活上の義務を示しており，その理解によって牧師は教区民を適切に指導できる。数学は生活環境の改善に役立つだけで

なく，無神論者との論争にも必要なのである。

以上の認識から，広範な学識の獲得をめざしたプロヴィンシャル・ライブラリーが構想され，実践されることになる。この図書館はボストンやニューヨークなど各植民地の中心地にあり，メリーランドのアナポリスでは17世紀末に1千冊を越える大きな図書館が出現した。また，カロライナのチャールストンの図書館は，植民地政府から最も好意的なあつかいをうけている。

ブレイの勧めで赴任したサミュエル・マーシャル牧師は，1698年春に225種の本をたずさえてチャールストンに到着した。カロライナ議会の対応は迅速で，3月28日と9月20日の議会議事録に図書館の記録がみられる。10月8日にはロンドン主教とブレイに，牧師の派遣と「良質のパロキアル・ライブラリー」の基礎を据えたことに謝意を表明している。さらに11月25日には，カロライナ領主団による図書館への寄付30ポンドについて感謝の意を示すとともに，ブレイへの謝辞がみられる[11]。こうした経過で1700年カロライナ法が成立するが，同法の組み立ては次のようになっている[12]。

前文　立法趣旨
1) 設置場所，責任者，罰則
2) 牧師の死亡，転任と図書館管理
3) 牧師の死亡，転任と蔵書点検
4) 利用規定
5) 目録
6) 図書の価値基準の選定
7) 蔵書の定期点検
8) 理事会
9) 罰則
10) 利用規定

1)の罰則は，現場責任者である牧師の不注意によって，本が紛失した場合の措置を示している。3)は牧師の死亡や転任に際し教区委

員が蔵書点検をし，紛失があったときの措置を含んでいる。4)は利用者による紛失の処置を規定し，9)の罰則は，7)の定期的点検で紛失や汚損が発見されたときの処置を示している。同法は図書の保全を願っての立法であるが，後にみるように利用も重視している。

　理事会の構成をみると，議会が9名の理事を任命する。理事会は5名の同意で決定するため，総督は理事が5名以上になるように留意し，適宜に理事を補充せねばならない。補充された理事の任期は次回の議会開催時までであり，議会で承認されれば職務を継続できる。法成立時の理事は，総督をはじめ有力議員など9名であった。理事会の主たる役割は，蔵書の点検や統轄にある。

　図書館は牧師の家におき，牧師が現場責任者である。牧師の死亡や転任の場合は教区委員が管理し，後任牧師に引き継ぐ。そのときに，教区委員は蔵書点検を実施し，牧師の不注意による本の紛失にたいしては，理事会に報告し適切な措置をとる。また，図書館の定期点検は毎年11月に少なくとも5人の理事で実施する。

　七つの目録作成も理事会の仕事である。目録は，図書選択をするロンドン主教とブレイ，それに理事会，カロライナ領主，教区委員会，植民地書記局，図書館におかれる。領主への目録の送付は，既述の寄付金への感謝であろう。教区委員会や理事会は図書館の管理運営者であり，目録が必要であった。書記局の目録は議員や官吏が利用したと推察できるし，図書館が公的機関として位置づけられていたとも考えられる。この考えは，カロライナ植民地が225ポンドを図書館に拠出している事実からも肯ける。最後に，図書館におかれる目録の目的は，「だれもが図書館の蔵書を知る」ことにあり，

住民の利用を重視する姿勢が窺われる。

この姿勢は4)の利用規定でいっそう明確になり、「カロライナ住民は、プロヴィンシャル・ライブラリーからあらゆる本を自由に借りてよい」と定めている。貸出期間は、フォリオ4か月、クウォート2か月で、貸出に際し牧師は返却を約束する証書を受け取る。本の横領には、まず牧師が2名以上の理事に報告し、理事は最低5名の連名で、植民地主席判事か2名の治安判事に訴える。そして、治安官の令状をもとに、図書の価値の3倍額を罰金としてとる。さらに、最悪の場合は収監すると規定した。なお、6)の規定、すなわち図書の価値選定は罰則と関連する。罰金は図書の価値相当額を基準に、倍額や3倍額と決められる。それゆえ、理事会はその時々の図書の価値を決めておかねばならない。1700年カロライナ法は、地域住民の利用、貸出、理事会などを規定したアメリカ最初の図書館法と考えられている。

1.1.4 プロヴィンシャル・ライブラリー：蔵書構成

マーシャル牧師が、1698年春に携えてきた蔵書が＜表1＞である[13]。これはブレイ自身の分類で、Aは12に下位分類され、「道徳とキリスト教徒の義務」が最も多く28種、次は「キリスト教の信仰を要約した信経」26種である。なお、Aすなわち神学関係の比率は70％であり、17世紀最高の聖職者ジョン・ティロットソン、博学な著述家スティリングフリートなどの本が多い。また、アウグスティヌスなど教父の作品も多く入っている。28種の道徳書では、南部で聖書に次いで読まれた『人間の義務』をはじめ、ブレイを援助した

1 図書館における近代の成立 *27*

<表1> プロヴィンシャル・ライブラリーの蔵書構成：チャールストン（カロライナ）

		タイトル数	比 率
〔A〕	神学・宗教・道徳	159	70
〔B〕	神学・宗教・道徳以外	69	30
Ⅰ	古典	3	1.5
Ⅱ	政治・法律	0	0
Ⅲ	歴史（地理・航海・旅行を含む）	37	16
Ⅳ	医学・生理（農学・薬学を含む）	14	6
Ⅴ	数学・貿易	5	2
Ⅵ	文法・辞書	7	3
Ⅶ	修辞学	0	0
Ⅷ	論理学	0	0
Ⅸ	詩	2	1
Ⅹ	その他	1	0.5
	計	228	100％

高位聖職者パトリックなどの著作がある。要するに，当時の代表的な宗教書や道徳書を網羅し，さらに高度な神学書，他宗派の教義の本，聖職者の伝記，教区民善導の指導書，勉学の手引が揃えられたのである。

Ⅲの歴史関係では，科学的方法にもとづくギルバート・バーネットの『英国宗教改革史』，ウォルター・ローリーの『世界史』といった人気のある本が入れられた。さらに，ウイリアム・ホウェルやジェイムズ・ティレルの英国史をはじめ，イタリア史やフランス史の本がみられ，多くのキリスト教史もある。旅行書はウイリアム・ダンピアの『世界旅行記』を筆頭に，イタリア，インド，西インド諸島などの旅行書があり，ルイス・ヘネピンの『アメリカ発見』も備えられた。この項は好評な著作を中心に，質と量を伴って選択されて

いる。

Ⅰの古典は，プルターク，ヴェルギリウスの作品，それにイソップ物語が入っている。文学は分類項目さえない。Ⅳの医学は，医学と薬学書7種，農学書4種を含み，Ⅴの数学は，エドマンド・ウィンゲイトなどの数学書3種，商人向きの手引書，築城術の本で構成されている。

既述のように，ブレイは神学書と宗教書を最高位におき，第二グループに歴史書，旅行記，古典，道徳書，自然科学書，第三グループに数学書，医学書，法律書をおいていた。一方＜表1＞では，神学・宗教・道徳書が70％，次に歴史・地理・地図・旅行記が16％，医学・農学・薬学が6％，文法・辞書類，数学・貿易書，古典の順になっている。このことは，ブレイの意図がチャールストンの図書館に反映するとともに，植民地の状況を加味したと考えてよい。植民地で有益だと思える，数学，医学，薬学，農学などの本が19種，さらに地図や年表，それに旅行記が添えられたからである。

ブレイが主張する広範な蔵書とは，非宗教書の比率が30％程度のものである。1700年当時のチャールストンには，出版活動も組織的な教育もなかった。こうした状況下で228種の蔵書は立派な図書館であったし，すべての人に公開したことや，植民地の事情を考慮した69種の非宗教書を含めたことは注目に値する。

当時のある歴史家は，1708年当時のチャールストンを描いているなかで，同館を「パブリック・ライブラリー」と記している[14]。また，1712年当時の主教代理は蔵書の3分の1が紛失していると報告し，原因として無条件の貸出を指摘した[15]。その結果，議会は

1712年に修正図書館法を採択する。その第25条が以下である。

> 第25条：1700年法でサウスカロライナの全住民は、返却を約束する証書を図書館に残し、プロヴィンシャル・ライブラリーからあらゆる本を自由に借りてよいと定められた。この措置は非常に悪影響を与え、紛失、損傷が生じた。．．．．本を粗雑にするとおぼしき人、期限を守らないと思われる人にたいしては、図書館員の裁量で貸出を拒否することができる[16]。

蔵書管理の強化は点検規定にもみられ、1700年法では年1回であったが、1712年法は2回になっている。1712年法は過去12年間にわたり図書館が活動していたことを示している。しかし、1712年法も効果をあげず、1724年には6冊を残して図書館は消滅した。

1.1.5 ディカーナル・ライブラリー

植民地に重点をおいたため、慈善は本国からという非難が高まってくる。ブレイが「牧師の3分の1が必要な本の4分の1も買えない」[17]というように、本国の下級牧師も不遇であった。しかし、住民を直接指導する下級牧師や田舎紳士の役割は大きく、経験科学が興隆する時代にあって、彼らには広範な学識が求められた。ブレイは1697年の『論考』でディカーナル・ライブラリーを提唱した。『論考』は学問の重要性を訴えた序論、図書館構想を示した本論、それに蔵書目録からなる。序論の学問論は蔵書構成論でもあり、その考えはプロヴィンシャル・ライブラリーと同一である。末尾では模範となる蔵書目録を示し、そのまとめが＜表2＞である。

<表2> ディカーナル・ライブラリーの蔵書構成

タイトル数　比率(%)

分類	細目	タイトル数	比率(%)
歴　　史	宗教史	4	14
	一般歴史	4	
地理・旅行		10	19
神　　学	Ⅰ～Ⅴ：宗教・神学	33	61
	Ⅵ　　：古典	1	2
	Ⅶ　　：応用科学	2	4
計		54	100

　「古典」や「応用科学」が「神学」に入っているが、たとえば応用科学は、神の偉大さを示す各論と考えたのかもしれない。ちなみに、「古典」はヴェルギリウスなどの作品集1種、「応用科学」は解剖書と園芸書である。「宗教・神学」にはティロットソン、スティリングフリート、パトリックなど、国教会指導者の作品が多い。「地理・旅行」にはペルシア、西インド諸島、世界一周の本が、また「一般歴史」にはヨーロッパ史、フランス史、英国史の本などがある。この蔵書構成はプロヴィンシャル・ライブラリーと軌を一にしているが、チャールストンでは医学書や薬学書が多いなど、地域の相違も考慮されている。また、ディカーナル・ライブラリーにおける非宗教書の比率は約40%（宗教史を除くと約32%）であり、チャールストンでは30%であった。ブレイが主張する広範な蔵書構成とは、非宗教書の比率が30～40%と結論できる。

　次に『論考』の本論、すなわち図書館構想を示した部分は、基本資金、資金調達、図書館管理の三部からなる。基本資金では30ポンドを主張した。まず牧師や紳士の寄付（会費）で10ポンドを集める

と，30ポンド相当の蔵書が各ディーナリーに送られる。図書館所在地は牧師の投票で決定するが，ブレイはディーナリーの中心地を重視した。残りの20ポンドも寄付（会費）を募り，不足分は牧師が埋め，余ったときには蔵書を購入する。図書館管理では蔵書点検や利用方法に言及した。図書館が移動するために書箱には施錠し，牧師や教師が鍵を持って貸出や返却にたずさわる。貸出に際して利用者は証書を残す。貸出期間は寄付者（会員）の協議で決定するが，ブレイはフォリオ1か月，クウォート2週間を提言した。年に一度の蔵書点検に加え，図書館管理のための立法を期待している。

ディカーナル・ライブラリーの特徴は，会員制図書館の萌芽にある。図書館の成否は寄付金（会費）にかかっていた。「寄付が集まらず実践は困難」との反論をブレイは予測し，「この反論自体が，本計画を実施するにあたっての最も合理的な解答を示している」と断言する[18]。資金不足を補いつつ図書館を設立する唯一の方式が「力の結集」にあると考えるのである。したがって，「この公共的な企てに向けて少額の寄付を募る」とし，次のように述べた。

　　　大部分の人は貧しいので，自力では勉学に必要な本を買えない。となれば，すべての人が力を結集すべきである。そのことで，一人の力では不可能なことも容易に実現できる[18]。

なお設立資金30ポンドは基礎にすぎず，図書館の維持と拡大は人びとの支持に期待している。

第二の特徴は貸出の重視にある。ブレイは蔵書の回転を意識して貸出を1か月に制限し，短期間の貸出を大きな利点とした。「図書の利用が頻繁で，自分の求める本が入手できない」との非難を予想

し，ブレイは「蔵書が十分に活用され人びとが頻繁に図書を借りていく。これこそ私が強く望むところである」と主張した[19]。この言は，ディカーナル・ライブラリーの基本方針を表明している。

第三の特徴は図書館の移動にあり，「動かない図書館は地方では意味がない」[20]とする。既存の館の利用には時間と金を必要とするが，ディカーナル・ライブラリーはディーナリー内の中心地を移動するので，利用者は周期的に図書館が近づくのを待てばよい。

ブレイは植民地にもこの図書館を意図したが，結局は放棄している。「植民地の教区には本国の郡よりも大きなもの」[21]があり，広大な教区を五つ統合して，そこに図書館を移動させても効果はなかったであろう。植民地の状況が実践を拒んだのである。

1.1.6 レイマンズ・ライブラリー

ブレイは1700年に数か月メリーランドに滞在したが，帰国後の1701年に植民地に送った『回状』で二点を強調している。まず「クウェーカーやカトリックの教義の浸透」を指摘し，「悪書や道徳律廃止論者の本〔クウェーカーの著作〕が非常に多くメリーランドに出回り，多くの人が毒されている」と現状を分析した[22]。第二にブレイは次のように述べている。

> 牧師の管轄区域は途方もなく広く，30,40,50マイルに，最低20マイルに達している。遠くの家族や，馬を持たない貧しい者は教会に来れない。子どもや奉公人も出席できない[23]。

この状況下でブレイが意図したのは，牧師数の増大とレイマンズ・ライブラリーである。前者は牧師の管轄範囲を狭め，活動を効果的

にする。後者は本の貸出や分配で牧師の活動の不備を補ない,教区民を善導する試みであった。図書館構想は1701年の『回状』で明確になる。図書館は各教区に設け,蔵書は牧師の管理のもと教会事務室におく。また,短期間の貸出による蔵書の回転を強調した。『回状』が示す蔵書目録をまとめたのが＜表3＞である。

　＜表3＞はレイマンズ・ライブラリーの目的と同時に,ブレイが意図する終局の目標もあらわしている。すなわち,正しいキリスト

＜表3＞　レイマンズ・ライブラリーの蔵書構成

		タイトル数	冊数	平均冊数
(1)	キリスト教義付与・魂の救済	22	231	10.5
(2)	礼儀の改良・道徳の向上	7	256	36.5
(3)	異教対策・教会の統一と発展	10	31	3.0
	計	39	518	13.3

＜表4＞　レイマンズ・ライブラリーの蔵書構成の詳細
(2)　罪 (sin) や邪悪な行為を礼儀改良で防ぐ蔵書：7タイトル

対象	書名	冊数
① 行政官,判事,教区の役人	1.『国教会の規範,規律,および教会で読まれるべき議会の法律集』 2.『礼儀改良協会の記録』など2種	1 50, 5
② 醜聞と悪名高い罪人 (Sinners)	1.『安息日の遵守』 2.『飲酒の罪』など3種	50 各50
	計7種	256

注　①−1　*A Bishop's collection of articles, canons, and injunctions, and of acts of parliament to be read in churches.*
　　　①−2　*Accounts of the Society for Reformation of Manners.*
　　　②−1　*Earnest exhotrations to a religious observation of the Lord's Day.*
　　　②−2　*Disswasivess from the sin of drunkness.*

教義の付与,教区民の善導,さらに宗派闘争に勝利をおさめ社会を安定させるということである。ところで,(2)「礼儀の改良・道徳の向上」の詳細をまとめたのが＜表4＞である。

表が示す特徴の一つは,大部数と少部数の図書の混在にある。＜表3＞—(1)「キリスト教義付与・魂の救済」は100冊の『教書』を含み,また＜表4＞—(2)—②「醜聞と悪名高い罪人」は各々50冊を用意していた。しかし,＜表4＞—(2)—①や,＜表3＞—(3)「異教対策・教会の統一と発展」は複本数が少ない。複本が多いのは内容が容易な本や,日常道徳の本であり,基本的なテキストとして貸出すと同時に,遠方の家庭に分配されたのである。複本が少ないのは程度が高く,指導層を対象としていた。ここでは,利用者の能力や関心ではなく,利用者の属性や身分で図書を選別している。

次に,レイマンズ・ライブラリーがすべて宗教書からなるのも大きな特徴である。プロヴィンシャル・ライブラリー,ディカーナル・ライブラリーの場合,ブレイは指導層に広範な学識を求め,広い蔵書構成を主張した。一方,一般教区民を主たる対象とするレイマンズ・ライブラリーでは,簡単な歴史書や旅行記も皆無である。すなわち,一般教区民には国教会教義だけを付与し,その枠内に押しとどめることで社会の安定をはかる意図が窺われる。指導層は異教対策をあつかう本や他宗派の教義を示す本も読まねばならないが,一般教区民は道徳や礼儀の遵守を説いた本,および国教会教義を簡明に伝える本に限定して読むべきであった。

1701年以降,ブレイの図書館思想に進展はない。それはブレイが実践とのかかわりで考えられる全構想を完成したためである。ブレ

イは教区民への正しいキリスト教義および道徳の付与を掲げる。これは社会の安定と密接に結びついている。この目的を遂げるには，まず牧師の資質の向上から着手せねばならなかった。まず主教代理の地位をえたメリーランドを中心に，有能な牧師を赴任させたり，牧師の資質を向上させる目的で，パロキアル・ライブラリーを構想した。その蔵書は実際の布教に役立つ宗教書が中心である。自然科学や経験科学が興隆する時代にあって，牧師や指導層には広範な学識が要求された。プロヴィンシャル・ライブラリーやディカーナル・ライブラリーは，地理的対象を異にしながらも，時代背景を視野に入れた構想であった。そこでは広範な蔵書構成を主張したのである。続く短期間のメリーランド滞在で，パロキアル・ライブラリーやプロヴィンシャル・ライブラリーでは，決して効果的な宗教活動がおこなえないことを実感した。実体験にもとづくレイマンズ・ライブラリーは実践的で動的な構想であり，直接に教区民を対象とするレイマンズ・ライブラリーで，ブレイの図書館構想は終局を迎えることになる。ブレイにおける図書館思想の発展過程とは，教区民への正しいキリスト教義の付与，道徳改善，さらには社会安定といった目的にむかって，より効果的な図書館を，実践とのかかわりで模索し構想していった過程と結論できる。

1.2　フランクリンとフィラデルフィア図書館会社

1.2.1　フィラデルフィア図書館会社の成立

　チャールズ・ビアードは植民地社会について，「最初の拓殖が始められるとまもなく，どの植民地でも個人や家庭の（社会的）地位

の平等化ということが急速に進められてきた」[24]と述べる。広大な土地，豊かな資源，弱い束縛，労働力不足が，本国のような階級を生じさせず，下層から上昇する機会が開かれていた。都市部についてみれば，ギルド制度が伝わらなかったため，進取の気性に富み立身出世欲に燃えた職工や職人，それに店員は社会の階段をのぼるために実用的で有用な知識を求めた。この傾向は，経済や社会の発展，世俗化とともに顕著になっていく。もちろん，彼らが知識を求めたのは，社会的，経済的な理由からだけではない。1733年にフィラデルフィア図書館会社（以下，本節と次節にかぎり LCP. と略す）はペンシルヴァニア植民地の領主トマス・ペンに請願を出し，「植民地初期の時代，生活の洗練に注目することは不可能でした。農業を起こし，商業を促進し，法律を制定することが重要でした」[25]と記している。植民地が成立して半世紀を経過して，生活防衛を抜け出し，文化に着目するようになったのである。これらの要因と，日々激化する本国との対立を考慮すると，知識の獲得を目的とした図書館設立の下地はできていたと考えてよい。

　LCP. の前史はジャントーにある。フランクリンは1724年末から1年半ほど英国で過ごし，クラブが知的生活に大きな役割を果たしているのを知った。そして，帰国後1727年に相互向上を目指してジャントーを結成した。このクラブは，各自が倫理，政治，自然科学の課題を提出し，全体で討論する場所であった。会員は入会に際し，人類全体を愛し，たんなる思想上の対立で他人を傷つけず，さらに真理を愛すことを約束する義務があった。クラブの性格は多岐にわたるが，道徳教育実践の場，高等教育機関および学術機関，社会改

良の政策検討機関という側面が目立っている。

　まず，会の進め方では独断的発言や全面的反対を禁止した[26]。また，ジャントー会則には「節制，分別，中庸，そのほかの美徳により，幸福になった例は〔ありませんか〕」[27]との課題がある。これらは相互修養と人間完成を目指しており，道徳教育実践の場としての側面を示している。次に，当時のカレッジは，宗派と結びついた牧師養成機関の性格を保っていた。一方，ジャントー会則は24課題を挙げているが，宗教や神学の題目はなかった。会員の興味は多分に宗教と離れており，彼らにとって高等教育機関は存在しないも同然であった。会員は3か月ごとに論文を書き，フランクリン自身はジャントーを，植民地で最良の哲学，道徳，政治の学校と自負している[28]。さらに，1744年成立のアメリカ学術協会の要職をジャントー会員が担っている点からも，高等教育機関や学術機関の側面が窺われる。最後に，政策検討機関の側面は，時々の社会状況を踏まえた議論が行われたことに関連する。紙幣増発，消防組合，夜警団などの事業が実施されるとき，ジャントーで事前に検討されており，この側面はフランクリンが力を増すにつれ顕在化する。

　以上の性格をもつジャントーに図書は不可欠であった。各自が発表する論文に多くの引用があらわれ，それらを討論中に調べる必要が出てきたのである。そこでフランクリンの提案により，会員は本を持ち寄り共同文庫をつくった。この文庫は管理の不備で1年で解散するものの，フランクリンは文庫の利益を知り，「初めての公共の性質」[29]をもつ事業に着手することになる。これがLCP.にほかならない。

1731年7月1日付のLCP.定款は，図書館の目的と組織を正式に表明している[30]。設立目的は冒頭にみられ，フィラデルフィアにおける知識や学芸の促進のために，力を結集して図書館を創設するとなっている。1732年11月のLCP.から英国の植物学者ピーター・コリンソンへの手紙には，図書館は「必要であり，十分に役立つことを願っています。なぜなら，．．．．公の教育も，．．．．よい書店もないからです」[31]と記されている。同じ趣旨は1733年5月の領主トマス・ペンへの請願書にも窺われ，公教育の欠如を補うLCP.に支援を求めている[32]。なお定款に規定はないが，初期の蔵書印[33]は2行で，下段では「人びとに知識を普及し促進するために」と基本姿勢を明示した。LCP.設立の目的は，教育の機会を広く提供することによって知識の普及や促進をはかり，そのことで地域の向上に役立つことにあった。

　次に組織面に触れると，最初の50人は図書購入資金（株）40シリングと年会費10シリングを払えばよく，付帯条件は一切ない。この種の平等主義は持株数にもみられ，一人1株と規定している。しばしばソーシャル・ライブラリーの議決権は持株数と比例しており，LCP.のあつかいは平等主義を体現している。定款は理事，会計，書記，理事会を規定しているが，平等主義は役員の改選にもみられ，改選時には一人が一票を行使するとある。また，総会の規定は「特に重要な事項には全会員からなる総会を開き，8分の7以上の賛成で議決する」と民主的運営を示している。このように平等主義や民主的運営が，定款にみられる基本姿勢である。

　定款によるとLCP.は会員50人が集まったときに発足するとされ，

1 図書館における近代の成立　39

これが達成されたのは定款作成から4か月以上を経過した11月であった。そして，第一回理事会の開催は1731年11月8日である。

　ところで，利用規定は理事会と図書館員との契約書に書かれている[34]。最初の図書館員ルイス・ティモシーとの契約書は1732年11月に交され，それによると開館は水曜2〜3時，土曜10〜4時までで，「図書館員は全市民に閲覧室での読書を許すべし」となっている。次に，会員への貸出は1回1冊を原則とし，所定の保証金と貸出期間を証書に記入する。この証書は，図書を汚損せずに期限内に返却した時点で効力を失う。なお，非会員への貸出は許可していない。ティモシーは1733年12月に辞し，フランクリンが約3か月図書館員をつとめ，1734年3月に理事ウイリアム・パーソンズが引き継いでいる。1732年契約書と34年契約書の相違は二点ある。まず，開館が土曜4〜8時と変更になった。いま一つは，非会員への貸出の導入であり，会員が貸出に際し証書に記入する保証金額と同額を金で担保として取り，さらに延滞や汚損についての処置を記入した証書を取るとなっている。また，非会員は1週間につきフォリオ8ペニー，クウォート6ペニーを謝礼として払わねばならなかった。1741年目録の末尾にも利用規定が書かれているが，1734年契約書の内容と変わりはない。以上のように，非会員への貸出は，設立後早期に実現し継続していったのである。

1.2.2　最初の役員[35]

　1731年7月の定款は，理事10名および会計と書記を各々1名指名している。11月8日，書記ジョゼフ・ブライントナルは，「当館へ

の会員手続きは完了した。定款にしたがい，各理事は....図書館について検討するため，今夕5時ニコラス・スカルの店に集合されたい」[36]という通知をだした。スカルの居酒屋に集合したのは，フランクリン，パーソンズ，ゴドフリー，キャドワラダー，ホプキンソン，グレイス，シング，ニコラス，ジョーンズという理事9名，それに会計コールマンと書記ブライントナルである。郊外にすむペニングトンは参加できなかった。居酒屋の卓を囲んで，第一回理事会が開かれたのである。

書記ブライントナル（1746年没）はジャントー創設会員12名の一人で，LCP. 書記を終生続けた。『フランクリン自伝』は「性質の素直な友達思いの中年」と評し，乱読家とも書いている[37]。ブライントナルはクウェーカーで，代書家，商人，詩人，素人科学者，園芸家，地主であり，公職にもついている。公職については，たとえばフィラデルフィア郡の保安官を1735年から3年間続けるが，この職は公選職で司法権と警察権をもつものであった。素人科学者でもあり，1738年のオーロラの研究は，王立協会の論文集に掲載されたりもした。しかし，最も重要なのはLCP. 書記であり，図書館の様子が詳細にわかるのも彼の功績である。そして，たんに図書館業務を勤めただけではなく，素人園芸家として広い世界と結びついた。クウェーカーの友人で植物学者のジョン・バートラムを，王立協会研究員で世界的に有名な植物学者コリンソンに結びつけ，ブライントナル自身も国際的な園芸サークルの一翼を担ったのである。

ウイリアム・パーソンズ（1701-57）もジャントー創設会員で，LCP. 図書館員（1734-46）を勤めている。『フランクリン自伝』は

読書好きで数学の知識も相当あったと評している[38]。パーソンズはクウェーカー商人で，数学と地理学を独学し，公職にもつき，社会活動にも積極的であった。英国で靴職人としての腕を磨き，青年期にフィラデルフィアに移住した。読書をつうじて次第に著名人の知己を獲得し，測量監督総監（1741-48）になり，1752年には領主トマス・ペンの発案になるイーストンの町づくりをしている。社会活動としては，フランクリンを中心として1736年に成立した消防組合の創設会員10名の一人となり，1744年に成立したアメリカ学術協会では地理学研究員になっている。

トマス・ゴドフリー（1704-1749）もジャントー創設会員で『フランクリン自伝』は数学の天才と認めながらも，専門以外には無知で，あつかいにくい人物と辛辣な評価を下している[39]。ゴドフリーはガラス屋で，独学の数学者，天文学者である。ガラス屋としては1732年に議事堂の窓を作成し，すでに立派な腕前であった。しかし，彼の才能は数学にある。1728年に学者で行政官であるジェイムズ・ローガンの邸宅でガラス仕事をしていたとき，書斎にニュートンの本を見つけ，利用を申し入れた。ローガンはゴドフリーの才能を見抜き，書斎の利用と図書の貸出を許している。ゴドフリーはニュートンを読む目的でラテン語を独習し，1730年に四分儀を発明して航海術に多大の貢献をした。しかしながら，発明の名誉は王立協会研究員ジョン・ハードリーに奪われ，ハードリー四分儀として定着した。また，1744年に成立したアメリカ学術協会では，数学研究者の地位にあった。

トマス・キャドワラダー（c1707-79）はクウェーカーの有名な

医者で，公職や社会活動でも活躍し，フィラデルフィアの名門の開祖になった。父はフィラデルフィアの議員（1718-33）をつとめ1734年に死去したが，トマスはヨーロッパに医学留学し，1730年頃フィラデルフィアに戻っている。引き続き大規模に医業を営み，解剖学の権威として活躍した。1738〜50年まではニュージャージーのトレントンに住み，総督の侍医や議員として活動している。また，1750年にはトレントン図書館会社の創設会員となり，この図書館は1776年に英国軍に破壊されるまで存続した。フィラデルフィアに戻った直後の1751年には，フランクリンを中心とするペンシルヴァニア病院の設立に寄与し，相談役の地位にあった。1765年にはフィラデルフィア医学会の創設に加わり，1768年にはアメリカ学術協会の副会長となった。また，植民地議会議員（1751-74）として活躍し，印紙条例には反対している。

ロバート・グレイス（1709-66）もジャントー創設会員で，『フランクリン自伝』は多少財産のある青年紳士で，快活な人物と評している[40]。LCP. は当初グレイスの家に入っていた。グレイスは英国の貴族を祖先にもつクウェーカーの事業家で，1729年頃にフランクリンが印刷業で独立を目指したとき，援助を申し出て50ポンドを貸しており，フランクリンはグレイスを「信実の友人」[41]と長く記憶している。また，鉄工所の所有者で，1742年にはこの工場で，いわゆるフランクリン・ストーブがつくられたのである。

トマス・ホプキンソン（1709-51）もジャントー会員で，商人，法律家であり，多くの公職につき，社会活動も活発だった。オックスフォードを卒業し，LCP. が成立した1731年にフィラデルフィア

1　図書館における近代の成立　*43*

に移住した。公職ではフィラデルフィアや植民地議会の議員をつとめている。社会活動をみると，消防組合の創設会員になり，アメリカ学術協会では初代会長，さらにフィラデルフィア・カレッジの理事も歴任した。また，フランクリンと電気の研究を進めるなど，幅広い興味をもつ学者であった。

フィリップ・シング・ジュニア（1703-89）もジャントー会員であった。銀細工師で，公職にもつき，社会活動も活発である。1714年にアメリカに移住し，1720年からフィラデルフィアに店を構えている。定評ある銀細工師で，1752年に作成したインク壺は，独立宣言や憲法の署名に使用され現存している。公職ではフィラデルフィア収入役（1759-69）の地位を得た。社会活動では，消防組合の創設会員，1750年成立のフィラデルフィア・カレッジ理事，アメリカ学術協会会計（1769-71）をつとめている。科学にも関心をもち，1742年には摩擦を利用した簡便な発電器を作成した。

アンソニー・ニコラス（1751年没）の詳細は不明である。鍛冶屋で1735年には消火器を自力で作成し，フィラデルフィア当局に売却を試みたが失敗している[42]。

ジョン・ジョーンズ・ジュニアも革職人とだけ判明している。

会計ウイリアム・コールマン（1704-69）もジャントー創設会員で，『フランクリン自伝』は商店の番頭と紹介し，「冷静明晰な頭脳と，善良な心情と，厳粛な品行の持主」と絶賛している[43]。1729年にフランクリンが印刷業で独立を目指したとき援助を申し出て50ポンドを貸しており，フランクリンはコールマンとの親交を終生にわたり持続している。コールマンは商人として大成するとともに，

公職としては，議員，保安官，さらに1758年にはペンシルヴァニア最高裁判事となった。社会活動としては，フィラデルフィア・カレッジの理事やアメリカ学術協会の会計をつとめている。

以上の10名にフランクリンを加えた11名が，第一回理事会に参集した役員である。欠席のアイザック・ペニングトン（1700-1742）は間接的にペン家と結びつく大地主で，保安官，判事でもある。ペンとの結びつきを意識して，LCP.理事に選ばれたのかもしれない。

ところで，12名の役員には共通する特徴があり，この特徴がLCP.の性格を決定した。第一の特徴は年齢が若いことにある。1731年当時，ブライントナル，ニコラス，ジョーンズという年齢不詳の3名を除いて，最高齢がペニングトンの31歳，次がパーソンズの30歳であった。残りは20歳代であり，最も若いグレイスとホプキンソンは22歳，フランクリンは25歳である。

第二に，ヨーロッパに医学留学をしたホプキンソンやオックスフォードを卒業したキャドワラダーを例外として，大部分は正規の教育，とくに大学教育を経験しなかった。フランクリンが正規の教育を受けず，独学によったことは，よく知られている。

第三に知的興味が高かった。読書好きに加え，とくに科学的な知識や実験に関心を持っていた。電気の研究はたんにフランクリンの天才によるのではなく，素人とはいえ集団として研究に打ちこんだのである。そして，彼らは神学や思弁的知識を重視しなかった。

第四に，職業が未分化の時代にあって，多くの仕事を営むのは驚くに値しない。むしろ彼らの特徴は，社会的活動や公職に積極的に参加したことにある。フランクリンの多面的な生涯はよく知られて

いるが，他の役員も同じような生涯を送ったのである。また，役員に牧師がいないことも大きな特徴である。

最後に役員の階層である。LCP.役員が官吏，大商人，大地主で構成される上流階級に属さないことは明白である。上流階級はジャントーを「まえかけクラブ」と呼んでいた。これは身体を使って労働に励む者のクラブを意味しており，ジャントーやLCP.設立者の特徴を象徴している。一方，LCP.の担い手を下層階級に位置づけるのも疑問である[44]。たんなる職工や職人ではなく，各自の技術で一人立ちした人びとであり，独力で自分の道を切り開くことのできる人びとであった。これに関連して，LCP.の性格決定に重要なのは株価や会費である。LCP.は会員50名を満たすのに，ジャントー会員が協力しても4か月を要している。このことから，当初の払い込み額50シリングは，かなり高かったとも推測できる。参考までに，1730年にフィラデルフィアで刊行された週刊新聞の年間購読料は10シリングである。以上の点から判断すると，LCP.の担い手は典型的な中産階級，それも進取の気性に富んだ中産階級と結論できる。

1.2.3 最初の図書注文リスト（1732年3月31日）

1732年3月29日の理事会の議題は第一回図書注文リストの作成であり，31日には47種の図書を決定している。そして，同年10月末に図書が到着し，図書館は現実のものとなった。注文リストは，会員の興味の所在を示すものとして興味深い[45]。

まず歴史をみると，サミュエル・プッフェンドルフは有名なドイツの法律家，政治学者で，人間の自然権や国際法の必要性を主張し

た。『ヨーロッパ史概説』は第9版のドイツ語からの英訳本（1728年刊）であった。ポール・ラピンは代表的なホイッグ史家で，『英国史』は宗教史と世俗史を網羅し，フランス語からの英訳書（1728～31年刊）である。もともと，フランス人を対象に書かれたが，当時は最良の歴史書といわれた。当時，ルネ・ベルトーの本は広く読まれた。自由主義的な歴史観をもち，王権への疑問が出ている時期にあって読者を引きつけたという。『ローマ革命史』は第4版のフランス語からの英訳書（1732年刊），『スウェーデン革命史』（1729年刊），『スペイン革命史』『ポルトガル革命史』（以上1724年刊）もフランス語からの英訳書である。古代史にはトマス・ゴードンが英訳（1728～31年刊）した，『タキトゥス作品集』がある。ゴードンの序文はホイッグ史観を鮮明にしており，歴史書を政治的に使う意図がみられる。プルタークの『英雄伝』はフランクリンの愛読書で，ジョン・ドライデンによる英訳書（1727年刊）が入っている。

　社会科学では，トマス・ウッドの『英国法』がある。これは初学者向きの入門書で，第4版（1728年）である。さらに，プッフェンドルフの『自然の法と国家の法』は，ドイツ語からの英訳本（1729年刊）である。この書は平和の維持に国際法の必要性を強調し，グロチウスの系統の本である。アルガノン・シドニーの『政府論』は，第2版（1704年刊）が取りあげられた。この書は共和主義を主張して，アメリカ独立革命の拠りどころとなった。カトーの『作品集』もゴードンの英訳であるが，副題は「世俗および宗教の自由をはじめとする重要な主題についての論集」であり，代表政体を主張しホイッグの思想を展開している。

1 図書館における近代の成立 47

　古典には，アレクサンダー・ポープが英訳した，ホメロスの『イリアッド』『オデッセイ』があり，各々1732年，1725〜26年に刊行された。また，『ヴェルギリウス作品集』はドライデンによる英訳本で1730年刊行である。

　哲学では，ギリシア語の権威トマス・スタンリーの『哲学史』がある。これは多くの哲学者の思想や行動を集めた本で，第3版（1701年刊）である。クセノホンの『ソクラテス追想録』は英訳本（1722年刊）が入っている。フランクリンは少年時代にこの本に魅了され，「謙遜な態度で物を尋ね，物を疑うといった風を装うことにきめた」(46)と記している。ポート・ロイヤル学派の『道徳論集』は英訳本4巻（1724年刊）であるが，フランクリンは同学派の論理学の著作『思考の方法』を少年時代に読んでいる(46)。ジーン・クルーザの『新しい思考の方式』は，フランス語からの英訳本3巻（1724年刊）である。クルーザは哲学者，数学者で，デカルトやロックを重視し，ライプニッツを批判した。

　当時の文芸的な定期刊行物『スペクテイター』『ガーディアン』『タトラー』が入っているが，フランクリンは『自伝』で，『スペクテイター』に多く言及している(47)。少年時代，フランクリンはジョゼフ・アディソンの論の運びや文体を真似ている。アディソンやヘンリー・スティールは，中産階級の価値観や思考方式を機知を混ぜて描いたホイッグであり，その政治的立場も魅力であった。

　娯楽的な本や日常生活に直接関係する本もある。『ターキッシュ・スパイ』は，1637〜82年までパリに潜伏したトルコのスパイによる手紙集で，45年間の外交や風習を綴っている。事実とフィクション

の中間的作品である。アラビア語からイタリア語，さらに英語に訳された8巻本（1730年刊）である。ダニエル・デフォーの『商人論』は2巻本（1732年刊）で，小商人の生活をたたえ，実際的な道徳を教えている。フランクリンの人生心得と通ずる点が多い。

自然科学では，クロード・シャルの『ユークリッド幾何学』がある。フランス語からの英訳本（1726年刊）で，最も新しく容易な説明法をとっている。ジャック・オザナムの『数学』も，フランス語からの英訳本5巻（1725年刊）である。この2冊は基礎的な数学書であるが，ギョーム・ロスピタルの『立体幾何学』は高度である。フランス語からの英訳本（1723年刊）であるが，数学は純粋数学だけでなく測量にも関係した。ジョン・キールの『天文学入門』は第2版（1730年刊）である。キールはニュートン主義者で，同書は最も優れた手引書とされていた。ウイリアム・グレイヴサンドの『自然哲学』は第4版2巻本（1731年刊）であり，副題は「ニュートン哲学への入門」となっている。

建築書の場合，アンドリア・パラーディオの『建築学』がある。同書は英訳書2巻本（1721年刊）で，建築全般をあつかった古典である。フリアートの『建築』の訳者は，旅行家ジョン・イーヴリンであるが，同書も古典であった。園芸には，たとえばリチャード・ブラッドリーの『園芸学』がある。この本は第6版（1731年刊）であり，園芸と農学についての定評ある実用書である。また，ジェイムズ・ドレイクの『解剖学』は第3版2巻本で1727〜28年に刊行された。偉大なライデンの医者ヘルマン・ボエルヘイヴの『化学』は，ドイツ語からの英訳本（1727年刊）である。化学が重視されたのは，

1 図書館における近代の成立 49

医学や薬学との関連による。最後に,自然科学を網羅する王立協会の『紀要』が入れられた。

辞書類をみると,ジェイムズ・グリーンウッドの『英文法』第3版（1729年刊）がある。フランクリンは少年時代にこの本を入手しているが[48],広く利用された文法書である。ジョン・ブライトランドの『英文法』は1721年の刊行で,論理や修辞の技法,文章作法を論じている。ナサニエル・ベイリーの『英語辞典』（1730年刊）は,語源を重視した当時最良の辞書であり,ジョンソン博士の辞書につながっていく。ピエール・ベイルの『歴史批評事典』は6巻本で,学術的な百科辞典であった。寛容と合理主義を貫き,百科全書派にいたる。パトリック・ゴードンの『地理辞典』は第12版（1730年刊）であり,地理の分析とともに多くの地図も加えている。

＜表5＞ フィラデルフィア図書館会社：
最初の図書注文リストの構成

分 類	タイトル数	比率（％）
総記	2	—
哲学	3	—
宗教	0	—
社会科学	5	11
言語	4	9
科学	11	23
産業	2	—
芸術	2	—
文学	9	19
歴史	9	19
計	47	（100）

以上の内容をもつ第一回図書注文リストを，デュイ十進分類法で整理したのが＜表5＞である[49]。＜表5＞が前節で説明したブレイの蔵書構成と相違しているのはいうまでもない。また，植民地時代の図書館や個人文庫の分析によると[50]，ニューイングランドでは60％が神学書であり，第二位の歴史書は11％であった。中部植民地では，歴史が33％，神学24％，文学13％となっている。中部の場合は LCP. を含んでおり，LCP. を除くと神学書の比率は高まると考えてよい。さらに，植民地時代の五つのカレッジ図書館の蔵書構成が＜表6＞である[51]。なお，ウイリアム・アンド・メリーとハーヴァードの第五位は政治関係で，各々8タイトル（5％），397タイトル（4％）であった。イエールとロードアイランドの第五位は哲学で，各々71タイトル（4％），48タイトル（4％）となっている。＜表6＞から植民地時代のカレッジの蔵書は，神学，文学，歴史，科学で4分の3以上を占め，とくに神学は3分の1以上を占めてい

＜表6＞ 植民地時代のカレッジの蔵書構成

		神学	文学	歴史	科学	
ウイリアム・アンド・メリー	1695	66 (42)	10 (6)	27 (17)	12 (8)	以下略
ハーヴァード	1790	4,520 (49)	974 (10)	1,144 (12)	813 (9)	
イエール	1791	852 (56)	175 (11)	183 (12)	179 (11)	
ロードアイランド（ブラウン）	1793	420 (34)	202 (17)	141 (12)	126 (10)	

注 各欄の上はタイトル数，括弧内は全蔵書に対する比率（％）

1 図書館における近代の成立　*51*

たと考えてよい。また，ウイリアム・アンド・メリーを除いて，いずれも1790年代の蔵書を分析しており，初期には神学書の比率がより高かったと考えるのが妥当である。ブレイの図書館，植民地時代の個人文庫や図書館，それにカレッジの蔵書構成と比較した場合，1732年注文リストは特異であり，その特徴は以下にある。

　まず，宗教や神学書が皆無である。これは興隆する中産階級の関心を示している。もっとも，LCP. 会員の意識だけでリストが出現したのではなく，前提として自然科学の興隆，人間と社会についての新たな理論が必要である。同時に，フィラデルフィアの地も無視できない。フランクリンがボストンを脱出したのは，神政政治に反発してであった。一方，クウェーカーの植民地ペンシルヴァニアは，宗教的寛容，経済の興隆，友愛精神による社会の建設を目指していた。フィラデルフィアとは「友愛の町」との意味であり，この植民地はあらゆる出自の移民を受け入れ，住民は自己の良心にしたがって行動し，各自の宗教を信じたのである。フィラデルフィアには自由な空気が漂っていたとされ，独立宣言がこの地で発せられたのもうなずける。もちろん，クウェーカー・アリストクラシーと呼ばれる上流階級ができてはいたが，各自の努力によって社会の階段を昇ることは大いに可能であった。これを体現したのがフランクリンにほかならない。この社会にあって，宗教，神学書よりも，歴史書，自然科学書，旅行記，社会科学書が重視されたのはうなずける。

　次に，歴史書，社会科学書，文学書には，ホイッグに属する著作が多い。他の図書館や個人文庫の場合，歴史といっても宗教史や教会史が多かったが，LCP. のリストは圧倒的に世俗史である。小倉

親雄は1741年目録の分析を通して、「歴史書には英国史が多く、政治に関与する権利の拡張や維持を主義とする立場をもって書かれたもの、革命や君主政体の崩壊を取り扱ったものが絶対的多数を占めている」[(52)]とまとめている。この結論はすでに1732年リストにみられる。これはまた、自分たちの社会のあり方を、歴史書や社会科学書を通して考察していこうとする姿勢でもある。

第三に、自然科学書ではニュートン哲学を積極的に取り入れており、歴史書や社会科学書のあつかいと軌を一にしている。

第四に、たしかに自然科学書が多いものの、自然、人文、社会科学を網羅した全般的な蔵書構成といってよい。そして、会員が図書選択に真摯に取り組んだことは、書名をみれば一目瞭然である。

第五に、定評ある英語本に限定している。当時のカレッジの図書館や学者の個人文庫に、ラテン語の本が多いことを知るとき、これも大きな特徴である。と同時に、最新版の図書を選んでおり、好事家的な趣味は微塵もない。注文リストをみる限りでは、職工や徒弟の関心よりも、世俗的な学者や研究者の関心を反映しており、程度の高い定評ある図書の選択は注目に値する。

最後に、注文リストは有用な知識の獲得を目的としているが、この場合、有用という語の内容が問題となる。自己の経済的利益だけを目指す本は皆無といってよい。デフォーの『商人論』は、富にいたる道、すなわち勤勉、真面目、誠実といった道徳的価値を重視する点で、たんに金銭欲を追求する本とは根本的に相違する。

以上の特徴をもつリストは、たんなる小商人や職人の蔵書とはみなしがたい。カレッジの蔵書、大商人の貴族趣味的な蔵書でもない

し,知識の獲得自体を目的とした知識人の蔵書でもない。また,ブレイの蔵書とも大いに違っている。さらには図書一冊一冊の持つ意味と価値が,たとえばブレイの場合とは異なっているのである。そして,LCP.第一回図書注文リストの特異さこそが,図書館における近代の成立にかかわるのである。

1.3 図書館における近代の成立

1.3.1 第一,第二の意味での「有用な知識」

1958年に文芸批評家ヴァン・ウイック・ブルックスは,フランクリンとジョナサン・エドワーズをアメリカ人の典型とした[53]。ピューリタンの敬虔を源とするエドワーズの哲学は,ラルフ・ウォルドー・エマソンの超越主義を経て主要作家の超然たる作風を導き,アメリカ文化の非現実主義にいたる。一方,ピューリタンの実生活を源とするフランクリンの哲学は,ユーモア作家を経て実業家の生活に浸透する。「高級な人」としてのエドワーズの系譜は「高い理想」「学者臭い言動」を特徴とし,「低級な人」としてのフランクリンの系譜は「低級な現実」「実業倫理」「街頭での言動」を特徴とする。ブルックスの二元論は広く受け入れられている。「時は金なり」「信用は金である」といったフランクリンの諺は,彼を機転のきく楽天的現実主義者に,さらに拝金主義者にさえしている。

フランクリンの政治論は「政治的プラグマティズム」「協同と妥協」「言論の自由」「連邦主義」「経済的個人主義」を重視し,これらはアメリカ民主主義の根幹をなす[54]。この場合「政治的プラグマティズム」が首位であり,他の要素は派生的である。原理とか過

程よりも結果を重視するが、この姿勢は政治にとどまらない。鍵になる言葉は「それは役に立つのか」であり、夜警団、病院などは役立つのである。フランクリンには理神論が真理に思えた時期があった[55]が、理神論は役立たないため不要であった。重視されるのは、実用や効率といった語であり、原理よりも結果である。これはまた、現代アメリカの技術的経済構造を支える考えでもある。

　社会学者マックス・ウェーバーは、強い反営利性と隣人愛とを伴う禁欲的プロテスタンティズムが中産的生産者層と結びつき、一つのエトスを生み出したとする。神に選ばれているか否かが問題であり、自分が選ばれているか否かは知りえないとしても、選ばれていることの主要な徴候は、神の栄光を増し、隣人愛を実践することによってあらわれるとする。中産的生産者層にとって、神の栄光を増し隣人愛を実践する唯一の方法は、仕事に尽力し隣人が求めるものを安価に供給することであった。勤勉は賞賛に値し、仕事に成功すること、すなわち適正利潤を積み上げることは、勤勉さをはかる、したがって隣人に尽くし神の栄光を増したことを示す最も有力な指標となる。ここでは、各々の行為ではなく生活全体が問題であり、「前日よりも少しでも徳を増し勤勉であれ、そしてそれを積み重ねよ」と考えるのである。これはフランクリンの掲げる13徳と、その実践に明確に窺われる。一言でいえば「勤勉は利潤を導き、逆も真である。そしてこの考えを聖とする」のである。ここにおいて「時は金なり」という諺は聖なる意味をもち、節制、勤勉、倹約で生活を律し、適正利潤で他人の欲するものを懸命に供給する人間、そして公共心に富んだ、社会に役立つ人間を好ましい人物とする。これ

1 図書館における近代の成立 55

は同時に,アメリカにおける人間像であり,また近代の人間像でもある[56]。

図書館史におけるあつかいをみると,簡略にアメリカ図書館史をまとめたチャールズ・ボルトンは,次のように指摘した。

> アメリカの図書館運動における偉大な社会的,科学的推進者であるフランクリンは,図書館を強調した。それは熟練工を助けるための図書館であった[57]。

さらに,チャールズ・トンプソンは,以下のように LCP. の基本的性格をまとめている。

> LCP. は,ここから利益を求める人びとが設立,維持,運営した。それ以前の多くの図書館は,愛書家や学識のため,あるいは宗教的,道徳的意図で設立された。一方,図書館会社は実際的性格を有し,自己教育のためのものであった[58]。

上述のようなフランクリン像や LCP. のとらえ方からは,まず第一に,「自分の技能を伸ばす,自己の経済生活を豊かにする」という意味での「有用な知識」が考えられる。ジャントーの質問課題でいえば「最近,当地またはほかの場所で現在富裕な者が,いかにして財を得たかを耳にしたか」[59]といった課題に代表される。しかしながら,この意味での「有用な知識」をあつかう図書は非常に少なかった。「実用的」とか「有用な」という語を,個人レベルでの生活や職業と関連づけるのは適切でない。

第二に,「隣人に役立つ,あるいは直接社会の役に立つ」という意味での「有用な知識」である。「それは役に立つのか」とか「何のために」といった言葉は,この第二の意味での「有用な知識」に

かかわると考えてよい。この種の知識はジャントーや LCP. で重視され，具体的な結果がでている。ジャントーの議論をとおして，消防組合，夜警団，病院など多くの社会事業が具体化し，この種の社会事業の最初が LCP. にほかならない。これらはすべて，隣人や社会に役立つのである。この場合，LCP. は社会改良や社会事業を企てる際の情報蓄積の場としての役割を果たしたのである。

第一，第二の意味での「有用な知識」をあつかったのが LCP. であると考えられてきた。ボルトンは「熟練工を助ける図書館」としたが，ここでは第一の意味での「有用な知識」を考えるのが妥当である。トンプソンは，愛書，学識，宗教ではなく「実際的性格」を有するとの観点から，以前の図書館と LCP. を区別した。この場合「実際的性格」とは，第一，第二の意味での「有用な知識」と考えられよう。しかし，これらの把握は十分とはみなしがたい。

1.3.2 ブレイの思想

ブレイはクウェーカーへ強い敵意を持っていた。また，神学は学問的に最強の基盤をもち，他の諸学は神学の侍女と考えていた。さらに，スティリングフリートといった神学者の重視は，彼の神学観を示すに留まらず，世界観や図書館思想にも直接関係している。

クウェーカー対策はキリスト教理普及協会の主な活動の一つであったし，ブレイのメリーランド滞在はクウェーカーとの闘いであった。文化史家マール・カーチはクウェーカーについて，「牧師以外の人びとの宗教感情と直観とが神の真理の源であり，聖書の意義を明らかにする道である，という主張は，伝統と訓練された牧師と，教会

の権威とを重んずる教会の威信を傷つけるものであった」[60]と述べる。クウェーカーは内的光明に教義の核心があり、人は聖霊によって内的光明を与えられ、初めて聖書の真理を体得できる。信仰によって義とされる国教会の教義とは異なり、各人が霊に感じ、キリストと心の中で結びつくことで祈るのである。クウェーカーは教会での洗礼や聖餐を必要とせず、礼拝での儀式や手続きも重視しない。クウェーカーの教義と宗教活動は、ブレイと根本的に相反していた。たとえば聖職者を認めないことは、高位聖職者が順次下位聖職者を規定する国教会の組織を認めないことでもある。ブレイが激しい敵意をクウェーカーにいだいた理由は、クウェーカーの考えが既存の社会的な枠組みを根底から否定するからであった。さらに、クウェーカーは原則的に聖書以外の本を必要としない。国教会やカトリックが使用する聖書の解説や注釈書、祈祷書は、クウェーカーにとっては百害あって一利なしである。当時のクウェーカーの指導者ジョゼフ・ワイスは、次のようにブレイの活動を非難した。

> 十二使徒は布教に図書館員を必要とはしなかった。....神が送る宣教師 (Ministry) と、ブレイが求めている伝道師 (Missionaries) は大違いである。前者は本を使わず霊の助けで、後者は霊をもたず本の助けで説教する[61]。

次に、スティリングフリートといった神学者の重視である。ブレイを支持した高位聖職者の一人がスティリングフリートであり、ブレイは彼の著作を重要視している。スティリングフリートが主張する素朴な生得論はブレイの考えでもあり、彼らは「生得観念の存在を肯定し、神によって私たちの心に観念が文字通り記され、それが信仰と

道徳の根底であると,確信する人々」[62]であった。生得論の主張は,超越的真理を認め,既成秩序への服従を強いる。ブレイが求めたのは,各人が社会秩序をあるがままに理解し,出生時の位置で最善を尽くすことにあった。こうした社会秩序は神学をつうじて理解できる。他の諸学が神学に従属するのは当然であった。神学は唯一絶対な学問であり,神,自然,人間,さらにこの三者の相互関連を全体的,系統的,合理的に説明するものであった。

　ディカーナル・ライブラリーとレイマンズ・ライブラリーの比較は,ブレイの意図を明瞭に示している。前者の神学書や宗教書の比率は60～70％であり，後者は100％であった。ディカーナル・ライブラリーは，田舎紳士や田舎牧師に広範な学識をつけようとするものであった。教区民を指導する彼らには，自然科学や他宗派の教義を理解することが求められた。しかし，一般教区民にとって，この種の知識は害になる。それゆえ，レイマンズ・ライブラリーには，国教会の教義を簡明に示した本だけを備えたのである。レイマンズ・ライブラリーは「すべての人に無料」であった。この点を重視するならば，ブレイの図書館のなかで，レイマンズ・ライブラリーが最も進んでいることになる。しかし，図書館における近代の成立という観点からすれば，乗り越えられねばならなかった。

1.3.3　図書館における近代の成立(1)

　ブレイの時代は同時にジョン・ロックの時代でもある。ロックの『人間知性論』は討論クラブを踏み台として完成し，ロックはクラブの規則を1720年刊の著作集で示している。また，フランクリン自

1 図書館における近代の成立　*59*

身はこの著作を1732年に LCP. に寄贈している。ロックが示した会則によれば，入会希望者は以下の三点に同意し，かつ出席会員の3分の2の賛成を得て認められる[63]。

（1）職業や宗派にとらわれず，人類全体を愛する精神をもつ
（2）宗教や議論で，他人の肉体や名誉，所持品を傷つけない
（3）真理のための真理を愛し，それを公平に発見し，相手に伝える

一方，1727年に成立したジャントーの入会規則では，以下の四点に入会希望者は答える必要がある[64]。

（1）現メンバーの誰かに，何か不敬の念を抱くということがありや　答え——なし
（2）その職業，信仰を問わず，すべての人間を愛すると心より誓うや　答え——誓う
（3）たんなる思弁的推論，または形式的な礼拝方法のゆえに，人の体，名声，あるいは財産を損うべしと思うや　答え——否
（4）真理のために真理を愛し，自らそれを取り入れ，またそれを他人に伝えんがために，陰，日向なく努めるや　答え—しかり

ロックの会則とジャントーの規則との類似性は明らかである。ロックは近代自然科学の方法を人間の探究に用いていく。その場合，ロックが反対したのはスティリングフリートなどの素朴な生得論であった。生得論は「自分自身の理知と判断力とを使わなくさせ，教説をさらに検討せずに信じ，言われるままに信用」[65]させるのである。生得論の肯定は権威への服従を導き，否定は「自分自身で考え，知る」[66]こと，すなわち自立と探究を前面に出す。経験論の主張には，まず生得論の否定が必要であった。スティリングフリートとロック

の相違は、ブレイとフランクリンの相違でもある。

フランクリンは「全植民地の住民がその権益を擁護するために、あのようにこぞって抗争〔独立革命〕に立ち上がったのも、幾分かはこれ〔LCP.〕が影響によるものであろう」[67]と自負している。この言は、会員制図書館の普及と影響力との観点から重視されてきた。しかし、この言の重要性は従来の図書館思想との断絶にある。ブレイにとって、政治学や経済学は「神学の侍女」であった。神学は固定的な宇宙像と世界観を理解し、自己の位置を明確にとらえ、自分に与えられた位置で本分を尽くすこと、すなわち「理性的な人間」[68]であることを理解するのに不可欠であった。旅行記は他国を知るのに役立つ。ブレイによれば他国は野蛮な国、正しいキリスト教義の広まっていない国である。そのような国の現状を知ることは、いかに英国が神の恩寵をえて、よい状態にあるかを知るのに役立つ。換言すれば、旅行記に社会秩序の維持を求めたのである。LCP.の場合、旅行記は他国と自国とを比較し、自国の改良が期待された。ブレイの場合、歴史書は英国の現状を肯定する手段として重要になる。LCP.の場合、歴史書や政治書は、自国の方向や人類の方向を決定する重要な判断材料となる。すなわち、図書は判断や行動に積極的に関与し、過去はたんなる過去ではなく、未来と関連を有してくる。ブレイは知識自体を栄光としたが、LCP.では知識は人類の進歩を支える手段として重要になる。革命、独立、人間の自立は、ブレイの図書館思想とは無縁であった。そうしたことは、図書館に期待された役割を果たせなかったことを示している。LCP.の場合は全く逆であった。ここでは、知識を静的、受け身的に吸収すると

いう考えとは訣別している。経験は実験的になり，よりよい経験を導く手段となる。それゆえ，経験にもとづく観察や実験を組織的，体系的に記した知識は重要となる。この第三の意味での「有用な知識」を含む図書は，人類の進歩に不可欠であり，この種の知識を得ることを，LCP. は重要な目的としたのである。わずか30年を隔てて，当時の代表的な図書館思想であるブレイと LCP. とのあいだには，決定的な断層が存在したと結論できる。

1.3.4　図書館における近代の成立(2)

ブルックスはアメリカ人を「高級な人」と「低級な人」に分け，エドワーズとフランクリンを各々の典型とした。しかし，両者は相反する哲学から出発したのではなく，ともにニュートン哲学を重視している。エドワーズはニュートン哲学を予定説の補強に使った。一方，フランクリンはフランシス・ベーコンからニュートンにいたる近代自然科学の考えを受け継いでいく。帰納的方法，仮説の設定と検証，実証的観察が重視される。この研究方法は1662年の王立協会の設立によって制度的に確立するが，アメリカではジャントーを経てアメリカ学術協会によって結晶化される。しかし，近代科学の精神を最初に具体化したのは，アメリカでは LCP. であった。

蔵書をみると，第一回注文リスト47種のうち11種は科学書で，神学書や宗教書は皆無だった。1741年目録でも科学は18％を占め，神学・宗教は9％でしかない[69]。これらは LCP. の特徴である。ここで重要なのは，LCP. がもつ実験室や博物館としての役割である。LCP. の目的を理解したペンシルヴァニア領主は，望遠鏡，顕微鏡，

空気ポンプを寄贈した。領主トマス・ペンは電気を起こす器具を寄贈するが，これはコリンソンから贈られた電気管とともに，電気の研究を進めていった。この電気管への感謝の念，および実験結果を示す書簡が，フランクリンからコリンソンに送られている。そこでは「私たちは電気管で実験を試み，新しいと思える現象を観察しました」[70]と記されている。「私たち」という語が示すように，LCP. のホプキンソンやシングなどは，フランクリンとともに電気の研究を強力に推進した。また，1729年にフランクリンとブライントナルは，布の色と光線の反射との関係について実験をしている。ブライントナルと親しい植物学者バートラムなどは，世界的な植物学者コリンソンと連絡しつつ，植物学の研究に従事していた。さらに，ゴドフリーは数学の研究から四分儀の発明に進んでいった。フランクリンが「現代は実験の時代」[71]と述べるように，LCP. 会員は近代自然科学への道を歩みだし，LCP. は科学研究所，情報交換の場としての側面を有することになった。

1739年，バートラムは王立協会に対応する学術協会をフィラデルフィアに設立すべく，その意図をコリンソンに伝えている。コリンソンは時期尚早と指摘するとともに，「LCP. はそうした協会に向けての企てであるように思える」[72]とロンドンから返答した。この協会は，フランクリンが1743年に発表した『有用な知識を増進せしめるための提案』をうけ，翌年アメリカ学術協会として成立する。『提案』は学術協会の設立意図を，思想の交換所をつくることによって，全人類に役立ちたいとした。そして自然科学を重視し，さらに情報蓄積の場であるLCP. があるために，フィラデルフィアを本拠

にしたいとした(73)。学術協会の研究員は LCP. 会員が多く，研究員の業績は王立協会の論文集に掲載され，逆に LCP. は論文集を購入すること，さらに広範に自然科学書を購入することで進展していく。LCP. は近代自然科学を進展させる武器庫であった。この側面は，図書館における近代の成立を体現したものとして重視せねばならない。

さらに，LCP. は科学的知識を独占する意図をまったくもたなかった。フランクリンはコリンソンに次のように報告している。

　　電気の研究は私を魅了しました。一人の時はつねに実験し，そして友人や知人に実験を繰り返すのです。新奇なため，つねに多くの人が実験を見にきます。そのために，過去数か月，他のことは何もできないくらいでした(74)。

実験器具や博物標本は週に一度無料で公開され，科学的才能のある人は研究の機会を獲得し，地域住民は文化的な視野を拡大したのである。

ところで，電気の研究自体は実用的というより理論的であり，避雷針，すなわちたんなる直接的な社会的有用性のみで把握するのは間違いである。滞仏中の1783年，フランクリンは水素気球の実験をみた。それは非常な人気を得ていたが，「いったい気球が何の役に立つのだろうか」と有用性が疑問にされた。フランクリンは「出産直後の赤ん坊がいったい何の役に立つのか」(75)と反論した。フランクリンは基礎的な研究の重要性を認識し，この種の研究が将来大いに役立つことを理解していた。前述のように，経験をとおして観察し，そこでの現象を実証的に秩序だてて記した知識を「有用な知識」

としたのである。この第三の意味での「有用な知識」は，第二の意味での「有用な知識」に劣らず重視され，人類の進歩と福祉に目標が合わされていたのである。

　結論を急げば，ブレイと LCP. の世界観がまったく相違し，この相違が図書館の目的や蔵書構成，さらに一冊一冊の図書の意味にまで影響を及ぼしたのである。ブレイの思想は公立図書館の制度的要件からすれば，考慮すべき要素がでていた。しかし，図書館における近代の成立という観点からすれば，否定されねばならなかった。従来から，LCP. は公立図書館の思想的起源と位置づけられてきた。下層中産階級が金を出し合ったとか，非会員にも図書の利用を許可していたとか，第一，第二の意味での「有用な知識」を重視していた図書館として評価されてきた。しかし，会員制図書館の思想，すなわち貧しい人が金を出し合って力を結集するとの考えは，何らフランクリンを起点とするのではない。この考えはブレイのディカーナル・ライブラリーのなかに明確にあらわれていた。また，地域住民全体を対象にする無料の図書館も，レイマンズ・ライブラリーで構想され実践されていた。以上のことは，表面的な制度的要件を重視する図書館史では，ブレイと LCP. とが連続的に把握されることを示している。しかしながら，本書が示した観点にもとづけば，両者のあいだに決定的な相違があり，それが図書館における近代の成立である。

2. 公立図書館成立前史

2.1 ソーシャル・ライブラリーの興隆と特徴

2.1.1 ソーシャル・ライブラリーの興隆:ニューイングランド

　1733年にコネティカットの小さな農村ダラムで,ニューイングランド最初のソーシャル・ライブラリーが8名を発起人として,さらに12名の会員を獲得して成立した。ダラム図書館会社定款は,設立目的を次のように記している。

> 　本会員は,読書を通して有益かつ実りある知識で精神を豊かにすべく,余暇の利用を改善せんと望みつつも,適切かつ適正な図書の不足のため実行が不可能であることを認めるものである。従い,かかる目的達成のため,....われら一同結束し,本を共同購入するためにダラム図書館会社の名で,会社を共同経営することに同意する[1]。

この目的を達成するため,会員は各々20シリングを出し合った。貸出は1回1か月,延滞には2シリングの罰金,紛失や汚損にも罰金や弁償を払わねばならない。非会員への又貸しには,一件につき10シリングの罰金をとった。役員は年毎の総会で決定する。株はまず会社に通知せねば売却できず,株の買取りを会社が拒んだときに限り,ダラムの住民一人に限定して売却できる。現存する蔵書から

判断すると，蔵書は神学や歴史が中心であった。もっとも，ジョン・ミルトンやロックの著作，それに『スペクテイター』も入っていた。この図書館は，会員が15名に減じたため1856年に解散した。

　ダラム図書館会社を起点に1730年代のコネティカットでは，他に三つの図書館が成立し，次第に他の植民地にも波及していく。既述のように，ソーシャル・ライブラリーは会員制図書館と所有者図書館に大別できる。後者の最初の例は，1747年にロードアイランドの港町ニューポートで，大商人エイブラハム・レッドウッドの寄付を契機として成立したレッドウッド図書館である。この系列の図書館の典型が，1807年成立のボストン・アセニアムである。この種の富裕者型の図書館，さらに法律図書館や歴史協会などの図書館も含めて，ソーシャル・ライブラリーはニューイングランド沿岸から次第に内陸に拡大していく。シェラの驚異的分析によると，ソーシャル・ライブラリーの設立数の変遷は＜表7＞のようになる[2]。

　＜表7＞は，コネティカットとマサチューセッツがソーシャル・ライブラリー設立の牽引車になったことを示している。シェラは＜表7＞をもとにして，ニューイングランドにおけるソーシャル・ライブラリーの発展過程を，三つの時代に区分した[3]。第Ⅰ期は1733〜90年であり，ダラム図書館会社の設立を起点に，ソーシャル・ライブラリーが広く受容される1790年までである。「広く受容される」とは，たんに館数の増加だけでなく，ソーシャル・ライブラリー設立についての一般的任意法[4]が，各州で採択されたことも含んでいる。この時期をみると，独立革命期には設立数が少ない。独立革命前後の1771〜75年の設立数は14館，1786〜90年は44館であるが，

<表7> ニューイングランドのソーシャル・ライブラリー：設立年別

	Conn.	Mass.	RI.	Me.	NH.	Vt.	計
1733—1780	26	16	4	3	1	1	51
1776—1780	3	5	0	0	0	0	8
1781—1790	33	21	0	2	1	2	59
1791—1800	90*	69*	9	12	72	14*	266
1801—1810	40	53	8	10	74*	10	195
1811—1820	28	55	5	22*	33	5	148
1821—1830	33	65	14	9	50	8	179
1831—1840	20	47	6	10	20	6	109
1841—1850	6	40	23*	14	16	1	100
計	253	355	65	79	266	64	1,064

注　Conn. コネティカット；Mass. マサチューセッツ；RI. ロードアイランド；Me. メイン；NH. ニューハンプシャー；Vt. ヴァーモント
たとえば、コネティカットの253館とは、1776年から1850年までの合計である。シェラの表は5年ごとであるが、ここでは10年を単位にした。＊印は最も設立数が多い年代である。

1776〜80年は8館、1781〜85年は15館にすぎない。なお、南北戦争期のペンシルヴァニア州をみると、1861年1、1862年0、1863年2、1864年0、1865年3と計6館にすぎず、戦後1866〜70年には17館が設立されている[5]。このことは、ソーシャル・ライブラリーが政治や経済に影響されやすいことを示している。

　第Ⅱ期1790〜1840年は、ソーシャル・ライブラリーの黄金時代であり、大きく二分できる。1790〜1815年までは、1790年代を中心にして館数が飛躍的に増加している。しかし、表では明らかではないが、第二次英米戦争（1812年）の直前と戦中は伸びが減じている。1802年版『マサチューセッツ・レジスター』は、「たんなる推量で

みても今やマサチューセッツのソーシャル・ライブラリーは100館に達するだろう」と推測した[6]。＜表7＞によると，この100館という数字は的を射ている。ちなみに，1800年国勢調査では同州の人口は約42万人であり，4,200人に一つの図書館があったことになる。これはソーシャル・ライブラリーの黄金時代と呼ぶに相応しい数字である。一方，ペンシルヴァニア州のフィラデルフィアとその近郊をみると，1776～1810年には2館しか設立されていない。この2館はいずれも1790年代の設立であるが，一つはドイツ語の図書に限定し，いま一つは郊外に開設された図書館である。ニューイングランドの黄金時代は，ペンシルヴァニアでは低迷期であった。

　黄金時代の後半は1815～40年である。第二次英米戦争終結後の文化的な高揚期に設立数は増加した。同時に，この時代は実験と交替の時代でもある。交替とは，新しい図書館が古い図書館に取って代わることをいう。実験とは，ソーシャル・ライブラリーという形態を，特定の読書関心や特定の集団に適用することを示し，図書館の分化を意味する。具体的には，徒弟図書館，商事図書館，青年会図書館などを示している。一方，ペンシルヴァニア州の場合，ニューイングランドとは対照的に，1830年代から設立数が目立って多くなる。しかし，1820年のフィラデルフィア徒弟図書館の成立を起点に分化が始まる点では，ニューイングランドと軌を一にしている。そして，1840年代に成立した16館をみると，職工，青年，外国語の本という具合に，対象を限定したものが12館を占めていた。

　最後の第Ⅲ期1840～90年は，ソーシャル・ライブラリーの衰退期である。一方，ペンシルヴァニア州では黄金時代といえ，1851～60

年に30館,設立数が少ない南北戦争期を含む1861年〜70年が23館,1871〜75年の5年間は27館である。ニューイングランドでの衰退期は,ペンシルヴァニアでは黄金時代となった。ソーシャル・ライブラリーの発展はニューイングランドの方が早く,頂点を極めたのも早かった。これには,公立図書館の発展が大きく関係している。

ニューイングランドとペンシルヴァニアを比較すると,以下の共通点がある。まず,都市部を起点に図書館が波及している。ペンシルヴァニアでは,フィラデルフィアからその近郊,そして南東部全域,さらに西部へと展開していった。ニューイングランドでも,マサチューセッツやコネティカットが起点となっている。第二に,独立革命期や南北戦争期の設立数は少なく,社会状況が影響することを示している。第三に,ソーシャル・ライブラリーの衰退は,公立図書館の興隆と表裏の関係にある。最後に,図書館の分化は1820年代に始まっている。徒弟図書館,商事図書館,青年会の図書館などは,公立図書館と結びつくだけに,この分化は興味深い。

2.1.2 19世紀前半のソーシャル・ライブラリー:蔵書構成

ソーシャル・ライブラリーの全史を通じて,この種の図書館は,利用者を階層や職業で限定せず,かつ蔵書が幅広い図書館,すなわち全般的な性格の図書館が圧倒的であった。シェラは1733〜1850年に設立されたニューイングランドのソーシャル・ライブラリー1,085館を分析し,<表8>のようにまとめている[7]。

<表8>はあいまいな点も多いが,図書館の分化は相互に関連する二つの方向で生じている。一つは,歴史や医学といった主題によ

<表8> ソーシャル・ライブラリーの分布：関心分野別

全般的	906	科学（博物を含む）	4
職工および職工徒弟	30[1]	法律	3
青少年	21[1]	フリーメーソンの支部	3[2]
婦人の図書館	20[2]	医学	3
ライシアムの図書館	20[3]	軍事	3
青年会の図書館	16	雑誌クラブ	3
神学	16	商事	2
歴史	14[1]	反奴隷制	1
農学	12[1]	消防	1
製造業者および工場労働者	6	音楽	1

1) 一つの事例は1800年以前； 2) 二つの事例は1800年以前，裁縫クラブの図書館を含む； 3) 1800年以前に事例なし

る分化で，歴史協会や医学会などの図書館である。いま一つは，職工，工場労働者，青年，商店員といった利用対象による分化で，この種の図書館は，商工業の発達，都市化，徒弟制度の崩壊に付随して出現してきた。＜表8＞では，この二つの系列の館数は179であり，全体の16％にすぎない。しかし，とくに利用対象によって分化した図書館は，館数の多寡にかかわらず，時代に規定され，後の図書館史に影響を与える意味で重要となる。いま，ソーシャル・ライブラリーの蔵書構成をいくつか示したのが＜表9＞である[8]。

＜表9＞は全般的性格の図書館で，主題を限定せず，会費を払う人に制限を設けず公開している。ただし，富裕者型の図書館ではない。＜表9＞をみると，蔵書構成は，神学，歴史（伝記），文学が中心で，蔵書の3分の2以上を占めている。ただ，神学の比率の下降と，フィクション[9]の上昇という全般的傾向がみられる。アメリ

<表9> ソーシャル・ライブラリーの蔵書構成:全般型

図書館 場所 年	主題別の蔵書構成比率	点数
セイブルック Conn. 1760	①神学 ②歴史* (69) (14)	232
植民地時代の中部植民地の個人文庫,ソーシャール・ライブラリー	①歴史 ②神学 ③文学 ④応用科学 (33) (24) (9) (9)	2,620
植民地時代の北部植民地の個人文庫	①神学 ②歴史 ③応用科学 ④文学 (60) (11) (6) (5)	8,184
ファーミントン Conn. 1785	①文学 ②歴史* ③神学 ④旅行 ⑤小説 (27) (27) (22) (10) (5)	197
ブルックフィールド Vt. 1791	①歴史* ②神学 ③小説 ④旅行 ⑤文学 (29) (28) (12) (11) (9)	248
フランクリン図書館,ノーリッジ Conn. 1798	①神学 ②文学 ③歴史* ④小説 (32) (24) (16) (10)	194
ノージントン Conn. 1794	①神学 ②文学 ③小説 ④歴史 ⑤旅行 (38) (18) (15) (13) (13)	118
ハートフォード図書館会社 Conn. 1818	①歴史* ②文学 ③神学 ④小説 (36) (23) (22) (10)	1,170
ロックスベリー Mass. 1832	①文学 ②歴史* ③小説 ④旅行 ⑤神学 (30) (25) (24) (13) (8)	699

注 括弧内は全タイトル数にたいする比率である。*印は伝記を含んでいる。小説とはフィクションのことである。

カへのフィクション導入は1780年代後半であり，とくに1794年に刊行されたスザンナ・ロウソンの『シャーロット・テンプル』は，発売後すぐに2万5千冊を売り，19世紀中葉には100版に達してい

た[10]。ソーシャル・ライブラリーがすみやかにフィクションを受け入れたことは，＜表9＞から明らかである。

次に 利用者で分化した図書館の蔵書構成が＜表10＞である。

<表10> ソーシャル・ライブラリーの蔵書構成：分化型

図書館 場所 年	主題別の蔵書構成比率					点数
ニューヘイヴン職工図書館 Conn. 1793	①歴史* (25)	②小説 (22)	③文学 (20)	④旅行 (17)	⑤神学 (9)	204
ニューポート職工図書館 RI. 1835	①歴史* (28)	②文学 (20)	③神学 (18)	④科学 (17)	⑤旅行 (8)	307
ニューポート職工図書館 RI. 1841	①歴史* (27)	②文学 (21)	③神学 (15)	④旅行 (14)	⑤小説 (10)	459
ハートフォード青年会図書館 Conn. 1839	①歴史* (24)	②文学 (22)	③神学 (16)	④旅行 (12)	⑤小説 (11)	2,222
ニューロンドン青年会図書館 Conn. 1841	①歴史* (36)	②文学 (18)	③科学 (12)	④小説 (11)	⑤神学 (11)	810

＜表10＞は＜表9＞と比べて大きな相違はない。職工図書館に技術や科学の本が目立って多いことはなく，歴史や文学を中心に，旅行，科学，フィクションがおかれたのである。1820年代から図書館の分化が進むものの，それが蔵書構成に大きく反映しなかったと考えられる。

利用との関連では，貸出の主題別比率が重要となる。1789～90年度のニューヨーク・ソサエティ・ライブラリーの場合，蔵書818点に占めるフィクションの比率は138点17％であるが，貸出では9,025

冊のうち3,133冊を占め、35%になっていた。一方、科学や宗教の場合、蔵書では各々約8%であるが、貸出は各々3%にすぎない[11]。メリーランド州のボルティモア図書館会社の場合、1797年目録では神学20%、フィクション12%であった。一方、1800〜03年の貸出統計をみると、神学は6%、フィクションは25%を占めていた[12]。このように、蔵書構成におけるフィクションの上昇と神学の下降よりも、貸出統計はこの傾向を、より明瞭に示している。

貸出統計はフィクションの台頭を示しているが、18世紀末から19世紀前半の図書館にあって、たんなる娯楽やフィクションの読書を主たる目的にした館はなかった。1808年、コネティカット州のニューヘイヴン・ソーシャル・ライブラリーは、「小説、ロマンス、物語、劇」は「各会議における出席会員の3分の2の賛成」を必要とすると定めていた。ロードアイランド州ユニオンにある図書館は、1820年当時「歴史、伝記、哲学、神学、化学、詩」に限定して購入していた。また、コネティカット州のディープリヴァ青年会図書館は、1831年当時「歴史、伝記、航海、旅行、道徳」に限定し、マサチューセッツ州のウォバーン青年会図書館は、1835年に「事実をあつかった本」だけを購入していた。このように、フィクションの購入を拒否したり、制限を設けている館も多かったのである[13]。

しかしながら、フィクションをおいた館では、蔵書構成上の比率をはるかに越えて利用され、各館はこの動きに対応せざるをえなかった。たとえば＜表10＞のニューポート職工図書館をみると、1835年目録にフィクションはないが、1841年目録では46点が入り、蔵書にたいする比率は10%となっている。一方、技術書や科学書は、1835

年目録では52点で17%を占めるが, 1841年目録では64点で, 比率は14%に下降している。要するに, この6年間にフィクションは46点増加したものの, 科学書や技術書は12点の増加にとどまった。ボルティモア図書館会社は1796年に開館し, 開館と同時に, 年会費を払う会員にも広く利用に供している。同館の選択方針は崇高で, 道徳や宗教の向上, 歴史や科学の知識の獲得にあった。1797年目録に占めるフィクションの比率は12%であるが, 貸出統計では1800〜03年の時点で25%に達している。蔵書中のフィクションの比率も, 1816年の13%, 1823年17%, 1841年28%と上昇している。同館の設立目的は価値ある図書の収集にあったが, すでに初期の段階で, この目的は実際の利用によって破綻していたのである[14]。

とはいえ, ソーシャル・ライブラリーは, 二つの理由でフィクションの購入を断念できなかった。まず, 利用者の関心がフィクションにあるという厳然たる事実である。次に, 財政基盤との関連であり, この二つの要因は相互に結合していたのである。自発的な財政基盤の脆弱さ, 会費を最大限の収入源にする構造は, ボストン・アセニアムといった最強の所有者図書館でさえ, 財政危機を招いたのである。所有者図書館が年会費を払う会員に便宜を提供したのは, サービスの浸透という立派な考え以上に, 収入の増大を意図したからである。会員のささやかな会費を財政基盤とする図書館の場合, 会員の好みを無視してフィクションをおかないことは, 図書館自体の崩壊を意味した。そのため, 価値ある図書を中核とし, その周辺にフィクションをおくという現実的施策を講じることになる。しかし, 一たびこの措置を導入すると, フィクションの比率は蔵書構成上でも

貸出統計上でも上昇の一途をたどったのである。

2.1.3　19世紀前半のソーシャル・ライブラリー：設立意図

　利用対象を限定した図書館に限っても，この時代のソーシャル・ライブラリーの整理は容易でない。工場付設の図書館，青年会の図書館，徒弟図書館，商事図書館など，実態ははっきりしていない。この種の図書館の整理には次のような方法が考えられる。第一に，親団体に付設された場合と，図書館の設立自体を目的として団体が成立した場合に分けることである。工場付設の図書館や徒弟図書館の多くは前者に入り，商事図書館の多くは後者に入る。第二は，図書館設置者や設立者と利用対象との関係に注目する方式である。工場付設の図書館の設置者は会社や工場主であるが，利用対象は工場労働者である。一方，商事図書館の多くは，両者が一致していた。これらはあくまで類型であり，おのずと混合型や変容があった。とはいえ，工場付設の図書館，徒弟図書館，商事図書館の三つを検討すれば，この時代の図書館の特徴と役割がほぼ集約できる。

(1)　工場付設の図書館[15]

　1830年代に成立した図書館には，ニューハンプシャー州グレートフォールズの「製造業者と村の図書館」がある。この図書館は，グレートフォールズ製造会社が資金をだし，女性従業員の利用には年間50セントを徴収した。1850年当時，会費は25セント，蔵書は2,200冊であった。1854年にはマサチューセッツ州ローレンスのパシフィック工場が図書館を開設し，従業員から週1セントを徴収した。1855年目録をみると，青少年向きの図書が目立つほかは，ソーシャル・

ライブラリーの蔵書と似通っていた。1867年には3,600人の従業員をかかえ,強制的に毎週1セントを徴収した。これは従業員一人あたり年間50セント,総額では年1,800ドルに相当する。

「製造業者と村の図書館」は年間50セントを払う女性従業員に利用させたが,彼女たちに発言権はなかった。入会金2ドルと年会費1ドルを払う会員だけが,運営に発言権をもった。しかし,図書館の位置づけを知るとき,会費の徴収自体が問題となる。パシフィック工場の場合,工場側は図書館を従業員福祉計画のなかにはっきりと位置づけていた。1867年のパリ博覧会では,「従業員が自分たちの役員を選んで,図書館の掌握と図書選択をしている」と自負している。しかし,工場側は図書館を注意深く管理し,図書館長と図書館理事会の議長を工場の役員に限定していた。

工場付設の図書館は少ないものの,社会状況を体現している。田舎から工場町にきた青少年やアイルランドからの移民は,牧歌的な生活から一変して過酷な仕事にたずさわった。14時間労働さえまれではなく,日曜さえ安息日でない工場もあった。ここにおいて,恩恵というベールをまとった労働管理との関連で,図書館があつかわれ始めたのである。工場労働の劣悪さを知るとき,この種の恩恵は管理でしかなく,会費や光熱費の徴収は恩恵の面さえ失わせる。さらに,従業員による管理運営とみせかけることは,労働対策の一環としての図書館という位置づけを明瞭に示している。もちろん,工場側に何一つ損はなかった。読書自体に意味があった。すなわち,気休めが必要だったし,労働効率が上がれば好ましく,実用技術の学習に進めば文句なしであった。また,飲酒や遊興が減少すれば嬉

しいことであった。さらに、パシフィック工場のように、工場の宣伝にも利用できた。工場側は従業員用の図書館を持つ事実だけで、十二分の見返りをえたのであり、この見返りはパシフィック工場をみる限り、出費をほとんど必要としないものであった。

(2) 徒弟図書館[16]

ニューヨーク、ポートランド、ボストン、フィラデルフィアの図書館は1820年に成立したが、前二者は親団体に付属して発足した。ボストンも強力な団体の支持を獲得し、フィラデルフィアだけが図書館を独自に設立したのである。ボストン職工徒弟図書館は、慈善家ウイリアム・ウッドとマサチューセッツ職工慈善協会の援助で成立した。慈善協会は経費を賄わない条件で運営を承諾し、職工や徒弟は雇主が作成した保証書の提示によって、無料で利用できた。財源を寄付に依存したため苦境に陥り、閉鎖が取り沙汰された。徒弟は閉館を憂い、協会から若干の財政援助を得ることで、運営を担当すると提案した。この申し出は受け入れられ、1828年には徒弟組合を形成し、図書館を管理運営することになる。1850年当時、組合は徒弟に限られ、入会には身分証明と年会費1ドルが必要であった。蔵書は約4千冊、年間増加冊数は175冊、開館は火曜と土曜の夕刻3時間、年間貸出は1万冊であった。

フィラデルフィア徒弟図書館は、図書館を設立する目的で団体が形成された。入会金は1ドル、年会費2ドルで、身分証明をもつ徒弟に貸出をした。1823年には徒弟以外にも保証金をとって貸出し、1841年には女性部門を開設した。1850年当時、会費は年間2ドル、生涯会員25ドルで、男性会員800名、女性会員250名がいた。蔵書は

男性部門9千冊,女性部門2,700冊,年間増加は約900冊,貸出は男性部門2万4千冊,女性部門7千冊であった。開館は男性部門が月曜,水曜,金曜,土曜の夕刻,各々2時間30分,女性部門は木曜の3〜7時と,土曜の3〜6時となっている。

親団体が徒弟図書館の性格を規定した。メイン州のメイン職工慈善協会がポートランド職工図書館を開設したが,親団体の目的は,職工やその家族の救済,機械技術の発明や改良の奨励,職工への金の融通にあった。ボストン職工徒弟図書館は,発足時に著名人の協力で1,500冊の図書を集めるとともに,マサチューセッツ職工慈善協会の支援を獲得し,財源はすべて寄付に頼ったのである。ニューヨーク職工協会の目的は,職工や職工の寡婦への援助にあった。この親団体が1820年に開設した徒弟図書館は,4千冊で開館し,開館式には市長をはじめ著名人が多数出席した。以上のように,徒弟図書館発生時の基本的性格は多分に慈善的であり,徒弟からの積極的な働きかけはみられない。

一方,フィラデルフィアは図書館設立を目的に団体が形成された点で,注目に値する[17]。キンバー,スミス,ショバー,バウ,エバンズを発起人として,1820年2月にこの図書館は成立した。発案者トマス・キンバー(1789-1864)は,クウェーカーの書店主で,店には良書だけを品揃えしたという。公立学校を指導し,1833年成立のハヴァフォード・カレッジや,同年に設立のフィラデルフィア貯蓄銀行の設立者でもある。ダニエル・スミス(1792-1883)は図書館の書記をつとめるが,薬学研究者や慈善家としても有名であった。アメリカ学術協会の会員で,ペンシルヴァニア歴史協会の創設者の

一人でもある。1822年にはフィラデルフィア薬科カレッジの設立に関与し、ハヴァフォード・カレッジの教授にもなっている。サミュエル・ショバー(1789-1847)はキンバーの親戚で、靴屋を経営していた。人道主義者でデラウェア・インディアンに貢献した。フィラデルフィアの議員ロバーツ・バウ(1786-1836)は図書館の副会長になるが、有名な活動家で、公教育運動、刑務所改良、禁酒運動、奴隷廃止など、あらゆる人道的な運動を指導した。彼もフィラデルフィア貯蓄銀行の設立者の一人である。ロバート・エバンズ(1785-1822)は小麦商人で、公立学校の指導者でもある。1820年成立のペンシルヴァニア障害者協会では、理事長になっている。設立発起人ではないが、フィラデルフィア法曹界の重鎮ホレス・ビニー(1780-1875)が1820～23年まで徒弟図書館の会長をつとめた。ビニーは、1806年に州議会議員に選出され、のちには連邦議会議員になっている。彼の政治的立場は反ジャクソンである。ビニーの会長職は名声を求めてであり、図書館の性格を体現している。5名の発起人はいずれも人道主義者、慈善家であり、社会改良に関心を示す活動家であった。フィラデルフィア徒弟図書館の設立者は、ボストン、ニューヨークなどの徒弟図書館の親団体を担った人びとと相違ないと考えてよかろう。

　以上のように、各館とも徒弟に与えられた図書館である。工場付設の図書館との相違は、設立者が慈善家や人道主義者であり、徒弟の境遇に理解をもっていた点にある。フィラデルフィア徒弟図書館の三つの目的は、1)秩序あるよい習慣の形成、2)知識および知識欲の普及、3)機械技術や製造技術の向上にあった。徒弟図書館の設立

者や支持者が，まず利用対象である徒弟に求めたのは，道徳であった。1850年にニューヨークの新聞は次のように論じている。

  日中の労働がおわる。徒弟は，街路を駆け回り，居酒屋や劇場を訪れて，悪い仲間と交わるかわりに，〔ニューヨーク徒弟図書館の〕知的滋養を前に席をとる。また，図書を帯出して家に戻り，....子どもに読んできかせる[18]。

犯罪，飲酒，遊興との対比は，徒弟図書館や工場付設の図書館でつねに有力であった。フィラデルフィア徒弟図書館の三つの目的のように，徒弟図書館は機械技術の習得なども意図していた。しかしながら，過酷な労働ののちに徒弟が求めたのは気晴らしであり，この現象と図書館側の道徳的意図が結びついたとき，害のない通俗書の購入が多くなるのは当然であった。

次に，機械技術の獲得という目的がある。これは，徒弟制度の崩壊と工場制度の成立，およびこの変化に対応する教育制度が未確立という状況にあって，前面に出てきた目的である。ボストン職工学校の目的は，「労働者に，日々の仕事に直接役立つ知識を与える」[19]ことにあった。しかし，この目的は次第に崩れていった。

ところで，知識の獲得や技術の習得は，工場主，慈善家，人道主義者が奨励しただけではなく，徒弟にも期待があった。1829年のアンドリュー・ジャクソンの大統領就任は，だれもが大統領になる可能性をもつように思えたし，一世紀前には立身出世の大人物フランクリンがいた。各人の生活には一人一人相違があるものの，この相違は家柄や富に由来するのではない。富や権力は各自の努力に比例して与えられており，これが真の平等である。この考えは強力で，

1820年代の後半に民衆教育熱が高揚する源となった。全国に急速に広まったライシアム運動は、この教育熱を端的に示している。1840年代になっても教育熱は持続していた。ローウェル公開講座の1841～42年度をみると、ベンジャミン・シリマンの化学の講義に10,380人、ジョゼフ・ラヴァリングの機械に5,518人、次年度ではジェイリッド・スパークスのアメリカ史に7,275人が殺到した[20]。ローウェル公開講座の参加料は無料であったが、それにしても予定の人数を大幅に超過して参加者があった。ライシアムや講演会での講演題目は多様なものの、いずれも成功の鍵として強調されたのは、努力、誠実、勤勉、節制などの道徳力であり、能力自体は重視されなかった。これならだれもが、フランクリンやジャクソンになる可能性をもつ。ライシアムや職工学校に労働者が押しかけた事実は、労働者の側に自己学習欲や向上欲が、いわゆるジャクソニアン・デモクラシーの状況下で、広くみられたことを示している。

以上の点で、徒弟図書館は、当時の社会変化や社会の風潮を背景にして、上からの意図と下からの希望を包みこむかたちで、上から与えられたと考えてよい。

(3) **商事図書館**[21]

1820年成立のボストン商事図書館は、若い店員や事務員が主体となり、ボストン職工徒弟図書館の主導者ウッドの刺激を受けて成立した。会費は年間2ドル、初年度の会員は220名で、財政的には苦境を続け、寄付によって切り抜けていく。1850年当時、商店員は年会費2ドルで会員になれ、会員数は1,145名である。蔵書は7,059冊、年間増加冊数400冊、貸出は約2万8千冊である。蔵書は全般的な

分野にわたり，新聞89種と雑誌21種もそなえていた。日曜を除いて毎夕10時まで開館している。

　ボルティモア商事図書館の成立は1839年である。この町には18世紀末からボルティモア図書館会社が活動していたが，より低い層に属する店員や事務員が，自力で図書館を設立した。会員は商店員に限られ，入会金2ドル，年会費3ドルである。商人は名誉会員として年間5ドルで図書館を利用できるものの，発言権はなかった。現会員が商人になると，退会するか名誉会員になるかである。初年度の会員は266名，蔵書1,400冊で，1842年には法人となり，のちには女性も名誉会員として受け入れている。1850年当時，会員は商店員に限定され，入会金5ドル，年会費3ドルであった。会員以外は年額5ドルでだれもが名誉会員になれる。蔵書は9千冊，年間増加冊数700冊，開館は毎日11〜2時と3〜10時である。

　ところで，ボルティモア商事図書館の目的は，「われわれの商業知識の増大」「われわれの能力の増強」「われわれの嗜好の純化」「われわれの性格の向上」にあった。ここでは「われわれ」という語が使用され，設立者と利用対象が同一であることを示している。1840年の第一年報は，図書館の目的を具体的に記している。まず，店員や事務員を商人にするカレッジがないことを強調した。図書館の目的は，商人を養成するカレッジになることにあった。次に，語学教室，商法，道徳，政治，経済，為替の講義も加えると希望を表明した。簡略にいえば，商事図書館の第一目的は，商人になるための教育施設として機能することにあった。その場合，教育とは商業実務だけでなく，幅広い知識や教養を意味している。とはいえ，実

際の利用はソーシャル・ライブラリー全般と変化なく，1851年はフィクションが24%，歴史（伝記）が20%であった。

　商事図書館では悪徳の抑制が前面に出ていない。これは設立者と利用対象との一致，および利用者の社会階層が，徒弟図書館よりも高かったためかもしれない。飲酒，遊興との対比は少なかったが，商人として成功する要件としての道徳は非常に強調された。また，商人に必要な知識を法律や簿記に限定せず，広範な文化的素養を目指した点も特徴である。これは，商人に不必要な知識はないとの考えにもとづき，この考えは商人も店員も共有していた。

　商事図書館は店員や事務員が組織した点，図書館の設立を目的に団体を形成した点で，徒弟図書館と大きく異なっている。しかし，この事実は商人の無関心を示すのではない。ボルティモア商事図書館の場合，商人は名誉会員になれるものの，運営への発言権はなかった。また，会員が商人になったときには，脱会するか名誉会員になるかであった。しかし，1840年の設立当初，会員125名にたいして名誉会員は141名となっている。また，ニューヨーク商事図書館は発足時に商人の理解をもとめている。図書館は経済的援助を求めはしなかったが，商工会議所は250ドルの寄付をして応え，のちにも商人の援助があった。そして，ニューヨーク商事図書館の場合，次第に商人の考えが図書館に反映されていく。

　このように，商人が間接的であれ援助を送った事実は，商人にも期待があったことを示している。遊興，飲酒，犯罪に図書館を対抗させる期待も商人側にあったかもしれない。しかし，商人が図書館に求めたのは，むしろ店員が商業を規制する規則を理解し，流通に

ついての知識を増大させることであった。複雑化する商業取引への理解を求めており、これは商人自身が商人として生き残ることを意味していた。商業界は、生産にたずさわらず、物流によって富を蓄積することを意識していた。商事図書館での講演では、商業が社会の進展に果たしてきた重要な役割を論じるとともに、たんなる利潤欲を強固に否定し、文化に貢献することを重視している。以上の観点からも、広範な教養が重視され、地理、歴史、経済、人文学など、すべての知識が必要とされたのである。

2.2 学校区図書館の興隆と特徴

2.2.1 マンのコモン・スクール論と学校区図書館[22]

1837年、ホレス・マンはマサチューセッツ州上院議長を辞し、初代の州教育長になった。マンはフェデラリストの系譜をひくホイッグに属し、資本家の代弁者として工業の促進や交通の整備を重視するとともに、工業化と都市化が最も進むマサチューセッツで貧富の差が最大なことや、貧富の差の拡大が危険な社会状況を生むことも認識していた。労働者の境遇に理解を示したマンではあるが、労働運動による問題の解決を主張しなかった。労働者の境遇の向上を、教育機会の提供と各人の教育による生産能力の向上で解決しようとしたのであり、ここにホイッグとしての限界があった。

マンの社会改革思想は人道主義的楽天主義とされる。マンは奴隷制に反対したが、暴力的な手段での解決には反対した。奴隷制は歴史の発展とともに平和裡に解消されると考えたのである。マンは漸進主義者で、この漸進を可能にするのが教育であると考えていた。

そして，漸進的改良を主張する底には人間の歴史の進歩にたいする信頼があり，そのため楽天主義といわれるのである。人類の改善と向上を信じると断言するように，人類の進歩にたいする信念は，マンの基本的人間観であった。これには，マンがユニテリアンであったことが大きく影響している。ユニテリアン主義は三位一体を否定し，キリストを偉大な人格者と把握する。ユニテリアン主義の特徴である人間中心主義や，人間性の本来の善と改善可能性という考えも，キリストを神格から人格へ引き下げた時点で可能になった。ユニテリアン主義のマンにとって，楽観的人道主義や人間中心主義が教育論の中核になるのは自然である。

　マンが教育長になって最初に着手したのが，公立学校の改革である。ユニテリアン主義と自然権思想に立脚する理想主義的な教育観は，全階級をつつみこむ教育を構想することとなる。マンにとって学校は，州民や国民としての共通 (common) の価値観を形成する学校，全州民のための共通の学校，州民の共通の費用で賄われ，貧富男女の区別がない学校，すなわちコモン・スクールでなくてはならなかった。コモン・スクールは，経済的側面，共通価値観の側面，社会的秩序維持の側面，教育自然権説の側面という四つの面をもっている。マンは「教育は物的富のもっとも多産な親である」「教育は最高の経済的価値をもつ」と主張し，教育が富の生産者であることを強調した。経済的側面は，資本家層の支持を求める現実的な意図と同時に，工業州の特徴を示した公立学校論である。

　第二は共通価値観の形成である。政治的，宗教的，道徳的な対立は，アイルランドやドイツからの移民の増加にともなって，大問題

になってきた。ドイツ人の団体には、大統領制や上院の廃止など、根幹となる制度に反対するものもあった。この状況下で、マンは国家崩壊の予防策としても教育を考えることになる。コモン・スクールは共通の価値体系の付与を意図していたが、政治、信仰、道徳、言語の共通性を重視した。政治的共通性とは共和主義であり、信仰での共通性は聖書自体であり、道徳の共通性はプロテスタントの倫理であり、言語の共通性とは英語であった。

第三に社会秩序の維持である。マンは資本家と労働者の亀裂を憂うとともに、革命や労働運動を否定する漸進主義者であった。マンは「教育は人間の状態を平等にする」と論じ、公教育に期待したのである。ここには、教育を受ければ知的になり、経済的に豊かになり、秩序を守り、財産を尊重するという考えが潜んでいる。

最後に教育自然権説である。マンは「教育は出生したすべての人びとが受けることのできる絶対的権利」とみなし、ロックからトマス・ジェファソンにいたる自然権思想に立脚する。さらに、ユニテリアン主義を加味した教育論は、人間の能力の調和的発展を目指す理想主義的な教育論にいたる。それゆえ、人間の権利としての公立学校、全階級に共通の無料の公立学校でなくてはならなかった。

マンは教育自然権説を柱に三つの現実論を配置し、近代公教育の道を開いた。そして四つの側面を現実化するには、師範学校と学校区図書館が必要であった。学校区図書館は、公教育の枠内で公教育を支えるために構想されるのである。

マンが発刊した教育雑誌『コモン・スクール・ジャーナル』で、学校区図書館の論考がはじめて掲載されたのは、1839年6月であ

る⁽²³⁾。そこでは読みを,「どのように読むか」「何を読むか」「いつ読むか」の三つに整理した。「どのように読むか」は読む技術の習得であり,学校教育が担当する。「いつ読むか」は読書習慣を意味し,生涯にかかわる。しかし,これらを重視しながらも「何を読むか」,すなわち読書内容を最重視した。公立学校の整備と充実は眼前の課題ではあるが,それは児童を州民にする基礎的技術を与えるにすぎない。このように把握した時点で,学校教育自体は目的から手段に転化し,読む技術を適用する図書の存在が重要になる。住民が容易に図書を入手できなければ,読む技術の習得自体が無意味であり,結局は公立学校自体の有用性が疑問になる。以上の考えに立脚すると,以下の三点が重要になる。

　まず,住民の手の届く範囲に,図書を入手する手立てがあるか否かである。次に,マンの理論は,住民の手の届く範囲に読書資料をおくことを公的義務にする。その場合,マンにとって住民の手の届く範囲とは,おのずと学校区を意味した。そして,学校区図書館を法律で規定することは,すでにニューヨーク州とマサチューセッツ州で行われていたが,マサチューセッツ州の1837年法は実際には役立たなかった。要するに,法律上での学校区図書館のあつかいを,いっそう強める必要があった。最後に,図書の内容である。「何を読むか」を最重要事項としたように,図書の選択が重要になる。マンは「読む技術は生活上のあらゆる技術と同じように,善用も悪用もできる」⁽²⁴⁾と断言している。以上の三つの課題,すなわち図書の入手,図書館を支える制度的措置,図書選択について,マンは具体的な調査や行動,さらには理論化をすることになる。

2.2.2 当時の図書の入手状況（1839年）

1839年，マンは民衆教育機関にかんして州全域を調査した[25]。図書館，職工学校，ライシアムなどについて徹底的な調査を行なったが，＜表11＞はソーシャル・ライブラリーの状況である[26]。

＜表11＞ 1839年当時のソーシャル・ライブラリー：マサチューセッツ

ソーシャル・ライブラリーの数	299
蔵書冊数	180,028
評価額（ドル）	191,538
図書館を権利として使える人の数	25,705

なお，無回答の町の数は16で，人口は20,966人である。＜表11＞には入らないが，町の全住民が権利として利用できるタウン・ライブラリーが10～15館あり，蔵書冊数は総数で3～4千冊である。もちろん，これらの館は州法にもとづいていない。また，州には約50の学校区図書館があり，蔵書冊数は約1万冊である。貸本屋はボストンに約10軒あり，他の地域は総計でも20軒を越えない。さらに，回答を得た町のなかで，タウン・ライブラリー，ソーシャル・ライブラリー，学校区図書館のいずれも存在しない町は100（3分の1）に達している。1840年国勢調査を援用すると，同州の人口は約74万人であり，約2,500人に一つの図書館があったことになる。

マサチューセッツ州は14郡からなるが，ボストンを含むサフォーク郡は，図書館数36，蔵書81,881冊，権利として利用できる人8,885となっている。同郡の最大の図書館はボストン・アセニアムで蔵書3万2千冊である。また，サフォーク郡には15の学校区図書館があ

り，これは州内にある学校区図書館の約3分の1に相当する。州全域の蔵書冊数が180,028冊でサフォーク郡81,881冊であるから，蔵書の45%が同郡に集中していることになる。また，ソーシャル・ライブラリーを権利として利用できる人数は，州全域で25,705人，サフォーク郡8,885人であり，同郡は35%以上を占めている。さらに，貸本屋の3分の1が同郡にあったことを知るとき，図書入手についてのサフォーク郡の優位はいっそう大きくなる。

マンのデータをもとに，全14郡からサフォーク郡を含めて7郡を取り出し，いくつかの数値を算出したのが＜表12＞である。

＜表12＞ 1839年当時のソーシャル・ライブラリー：各郡の詳細

	(a) 人口／図書館数	(b) 蔵書数／人口	(c) 蔵書数／図書館数	(d) 会員数／図書館数	(e) 会員数／人口
サフォーク	2,277	0.99	2,274	246.8	10.8
エセックス	3,022	0.24	728	78.5	2.5
ミドルセックス	2,292	0.19	440	85.9	3.7
ノーフォーク	1,679	0.28	477	86.3	5.1
ハンプシャー	1,789	0.10	196	36.8	2.0
フランクリン	2,605	0.14	372	104.2	4.0
バークシャー	2,300	0.09	132	23.8	1.0

注 (a)は一館当たりの人口で単位は人；(b)は人口一人当たりの蔵書冊数で単位は冊；(c)は一館当たりの蔵書冊数で単位は冊；(d)は一館当たりの会員数で単位は人．(e)は会員数／人口×100で単位は%

サフォーク郡に接する郡を北から拾ったのが，エセックスからノーフォークの各郡であり，ハンプシャー以下は西方にある。まず，一館当たりの人口に地域格差はない。サフォークの2,277人にたいし，

周辺のノーフォーク1,679人,西方のハンプシャー1,789人だからである。しかし,他の数値は地域格差を示している。人口一人当たりの蔵書冊数では,サフォークの約1冊にたいして,エセックス以下の周辺の三つの郡は0.19〜0.28冊,西方では0.09〜0.14冊である。サフォーク郡から離れるにつれて,全体的に低減していく。一館当たりの蔵書冊数でも同じ傾向にある。サフォークが2,274冊と群を抜き,周辺の郡では440〜728冊,西方では132〜372冊となっている。一館当たりの会員数も,サフォーク246.8人にたいして,周辺の郡は78.5〜86.3人,西方では23.8〜104.2人である。また,サフォークの登録率10.8％にたいし,周辺の郡は2.5〜5.1％,西方では1.0〜4.0％という状態であった。

1839年調査を踏まえ,マンは,大部分の住民にとって図書の入手が容易でないこと,多くの人がほとんど本を読まないことを強調した。次に,貧富の差と図書入手の関連にふれ,「貧しい人や労働者にとって,印刷術はまだ発明されていないように思える」[27]とまとめている。続いて,地域格差については,「知識を得る手段についての不公平が,州内に歴然と広がっている」[27]と総括した。最後に,ソーシャル・ライブラリーが衰退に向かっていること,図書館は町の中心にしかないこと,大多数の図書館が会費をとり,会費が多くの人の利用を妨げていることを指摘した。マンは会費を重視し,「ソーシャル・ライブラリーから貧しい人を排除する最大の要因は会費である。同時に,この人たちが最も図書館を必要とする層である」[28]と結論した。以上のような実態調査にもとづく状況認識が,マンの教育論と結びついたとき,学校区図書館は大いに推進される

2.2.3 学校区図書館の成立と発展

1837年4月,マサチューセッツ州は,各学区が図書や実験器具の購入のために,初年度30ドル,次年度以降10ドルを上限として課税する権限をみとめた。この法律はマンが教育長に就任する直前に成立している。1838年2月の州教育委員会第一年報は,校舎の改良や建設,学務委員会,教師,学校区図書館,教科書という五つの優先課題を示している[29]。学校区図書館については,「非常に重要な事柄」と強調するとともに,その基盤は1837年法で確立されているとした。課税額はささやかであるが,蔵書は次第に増大し,学校区図書館の目的を達成できると考えたのである。1838年12月の教育委員会第二年報[30]は,1837年法が効力を発揮していない実情を報告すると同時に,同法を州の教育制度に欠かせないものと強調した。学校区図書館の展望については楽観的であり,図書館に関心を引きつけ,適した本が刊行されるならば,図書館は州全域に広まると考えている。一方,ソーシャル・ライブラリーについては,会費の問題や,町の中心部にしかない事実を指摘し,全般的に衰退状態に陥っているとの見解を示した。

以上のような経過で1839年調査が実施されるが,調査の前提は,学校教育,読み書き教育は手段にすぎないとの考えに尽きる。マンは次のように明言している。

　　青年たちが,学校で知的な読書習慣を獲得したのち,いったい何をよむべきなのか。読む能力は,読むべき本がなければ,

何の役にもたたない[31]。

調査結果は惨憺たるものであった。既述のように,州内300町のうち,タウン・ライブラリー,ソーシャル・ライブラリー,学校区図書館のいずれもない町が100に達していた。また,ソーシャル・ライブラリーの会員は約2万5千人で,一人が4名を代表するとして10万人にすぎない。それゆえ,65万人が図書館を利用できないことになる。さらに,3千以上の学校区のうち,学校区図書館があるのは約50にすぎず,その3分の1はボストンにあった。これらの図書館にしても,大部分は1837年法と無関係につくられたのである。

1837年法は失敗であった。同法が働かない理由として,マンは当初から図書選択の難しさを指摘していた。しかし,州教育委員会が承認を与えた学校区図書館用の蔵書が出されるようになると,図書館の地域格差が明らかになってきた。それは法律自体の限界でもあった。州教育長第五年報(1841年)は,公立学校3,103校のうち,2,800校が学校区図書館をもたない実態を報告した。次に,「州教育委員会の監督や指導によって用意された文庫約三百セットは,....富裕で人口の多い学区で購入されている」[32]とした。教育機会の平等を重要視するマンにとって,この格差は看過できなかった。ここにおいて,州の援助という考えが浮上する。第五年報には「貧困で人口希薄な学区は,州政府の援助なしには,良い学校にかくことのできぬ学校〔区〕図書館を設置することは,殆ど不可能であろう」[32]と書き込まれている。

1842年3月のマサチューセッツ州議会は,新しい学校区図書館法を採択した。すなわち,学校区が図書館の設置を願い15ドル以上を

用意して州に求めをだせば、州は州学校基金から当該学校区に15ドルを拠出すると規定した[33]。ただ、学校区が用意する15ドルについては、寄付あるいは課税を問わない。42年法はすみやかに効果を発揮した。法律が採択された年の報告[34]によると、集められた額は11,355ドル、これとほぼ同額が州から拠出された。それゆえ、総額は約22,700ドルで、約750の学校区図書館ができたことになる。1843年には約800、1844年には約330の図書館が成立した[35]。既述のように、1837年法では3年間に50の図書館しかできなかった。1842年法の下では3年間に約2千の図書館が成立したのであり、これは州内学校区数の3分の2に相当する。

2.2.4 学校区図書館と図書選択

既述のように1838年2月の州教育委員会第一年報は、1837年法の実践を楽観していた。一方、蔵書については、書店や出版社に期待している[36]。学校区図書館に適したセット物を安価に出版するならば、多くの学校区は資金を集めたり課税をしたりして、図書館をつくると考えたのである。教育委員会は蔵書について措置を講じなかった。すなわち、1837年法を採択したものの、州自体は図書館設立や蔵書に、指導、統制、経済的援助を一切しないのである。

1838年12月の州教育委員会第二年報は、1837年法が実践されない理由として図書選択の難しさを指摘した[37]。少額の資金で適切な図書を選択する難しさと、選択された図書を実際に購入する難しさである。二つの困難を克服するため、教育委員会は成人用と児童用の二つのセット物からなる「学校区図書館文庫」の刊行を出版者に

求め，承諾を得ていた。しかし，従来の方針から転換し，州教育委員会が図書の検討と推薦をすると決定した。教育委員会の委員が，出版者が作成したセット物の各本を検討する。そして，教育委員会が満場一致で賛成した著作を推薦する。図書の検討にあたっての原則は，公立学校の教科書の原則，すなわち特定の宗派に組する本を選ばないとなっている。いうまでもなく，教育委員会が推薦した図書を購入するか否かは，各学校区の裁量に委ねられている。委員会は，学校区の自由裁量権を確認した。

マンは1839年に民衆教育機関の調査をしたが，ソーシャル・ライブラリーにたいしては，蔵書の性格と青少年層への適否について，詳細に回答するよう依頼していた。回収結果についてのマンの反応は，学校区図書館の図書選択を裏面から明らかにしている[38]。まず，各館はギリシア史，英国史，ナポレオンの歴史などを多く揃えている。しかし，各図書は戦争や略奪を延々と描き，人間生活の破壊の記述に全力を尽くしている。支配者は軍隊の維持や人間の分断に没頭し，殺戮者に名誉が与えられたりする。決断や勇気が賞賛されるものの，それらは人間の野蛮さを讃えるにすぎない。こうした批判をするマンにとって，とくに子ども向きの歴史書は書き直す必要があった。学校区図書館文庫は安直なセット物ではならず，人間の責務や日常生活での義務を読み取らせねばならないのである。

次に，ソーシャル・ライブラリーは，フィクション，軽読書本，三文小説と呼ばれる本を多く揃えていた。フィクションについてのマンの考えは明瞭である。フィクションが有意義なのは，創造や活動へ向けた手段として読まれるときに限られる。激しい労働ののち

に翌日への英気を養う手段，精神の緊張や病気をほぐす手段としてのフィクションである。マンは，娯楽自体を目的としてフィクションを読むことに断固反対している。フィクション自体を目的とする読書は，人間を日々の責務から逃れさせて，無気力にするというのである。また，フィクションは感覚に訴えるだけで，思考能力を働かせない。マンの公教育論の一つの要は，実生活上の責務を積極的に担う州民の育成にあった。したがって，公教育を支える学校区図書館に，娯楽自体を目的としたフィクションが入り込む余地はなかった。

　マンは，ソーシャル・ライブラリーがフィクションを多くもっている事実に驚いている。学校区図書館の目的は，知的機会を州全域に普及させることで，学校教育の効果を持続し向上することにあった。しかしここにおいて，学校区図書館をフィクションに対抗させる期待が出現する。1840年3月号の『コモン・スクール・ジャーナル』は学校区図書館設立の手引きを掲載し[39]，住民数名が学校区図書館の設立を希望したときに，彼らが踏むべき手順について詳細に記している。まず，学校区会議の開催を求め，会議で図書館設立の主旨を説明する。主旨説明では，児童が悪行に染まりやすいことと，図書の意義を強調すべきである。ダンス場よりも閲覧室，劇場のかわりに講演会，賭事よりも学習を好むようになると訴えるわけである。フィクション自体の規制が不可能だとすれば，良書の供給を徹底させて，フィクションから良書への移行を期待せざるをえない。人間の能力と向上を信じ，そのための環境整備を重視するマンにとって，この期待は決して悲壮な期待ではなかった。

3. 公立図書館の成立

3.1 公立図書館の形成者とその思想

3.1.1 ジョン・ワイトの公立図書館論

1851年に成立したマサチューセッツ州図書館法[1]は,各市町に公立図書館設置の権限をさずけていた。同法は三条からなる。第一条は各市町に図書館設置を許可している。第二条は財政規定で,図書館設立については,図書館へ充当される前年の納税者数にもとづき,納税者一人につき1ドルを上限として充当できるとした。次年度以降の運営には25セントが上限である。第三条は寄贈の収受や運用を認めている。この1851年法を成立させたのが,直接的には州下院議員ワイトである。ワイトは1815年に牧師としてウエイランドに赴任した。赴任当初から図書館に関心を示し,当地のソーシャル・ライブラリーが会員しか利用できないため,最初は自宅で,のちには教会で無料の図書館を公開した。また,町学務委員会の議長も経験している。

1851年5月24日に知事が承認した法にたいして,ワイトは5月16日に下院で立法擁護演説を試み[2],公立図書館の必要性,目的,利益を論じている。演説の冒頭では,マサチューセッツが教育に大きな関心を抱いてきたことを強調した。ワイトは先人による取り組み

を讃えつつも,「既存の制度を越えて進むべきである」と主張した。そして,次のように訴えたのである。

　　われわれは普通初等教育制度から利益を得ている。この観点を拡大し,すべての人の継続教育に適した手立てを講じる目的で,さらに努力すべきである。学校卒業後の人生は,より長くて,はるかに可能性に富み,いっそう重要である[3]。

続いて法案の説明に移り,まず任意法の側面,すなわち各市町の住民が図書館の価値を認識した場合に,図書館設立の法的根拠を与える点を強調した。また,税負担の上限の設定を主張した。これらは納税者の反発を恐れての措置である。次に,同法は一般法,すなわち特定の市町に付与されるのではないため,州全域に図書館の設置を促進するのである。さらに,寄贈の収受と運用を自由にすることで,図書館の設立や維持を容易にする。最後に,州の財政援助であり,州学校基金を公立図書館の整備に回すとなっているが,この条項は最終的には削除された。

引き続き,ワイトは図書館の社会的効用を論じていく。この部分は演説の中核部分で,(1)公教育を完成させる公立図書館,(2)実用情報を提供する公立図書館,(3)知的,道徳的向上に役立つ公立図書館という三本柱で構成されている。(1)については,学校卒業後の人生に必要な知識は膨大であるし,学校教育は卒業後の学習の準備として価値があると考えている。そこで,学校教育の不足を埋め,学校で得た知識を応用するためにも,良質の公立図書館が必要となる。(2)に関連して,ソーシャル・ライブラリーを利用できるのは豊かな住民である。一方,公立図書館は全住民が利用でき,全住民

の関心が考慮される。農夫は最良の農業書に,機械工は優れた技術書に接することができる。この種の知識は,各人の成功に寄与する。単純な仕事でも,知的で情報に富む労働者の方が能率がよい。第三に,公立図書館は適切な図書の選択によって,住民の知的,道徳的向上に貢献する。蔵書とすべきは,最良の研究書,最高の思想書,卓越した人物の伝記などである。現在,この種の本は民衆の目に触れていないが,各人がこれらの本を知ることで,大きな視野や高い理想をもつようになる。その結果,有能で立派な市民ができ,町が向上するのである。その他,公立図書館は公文書などの保存機関の役割を果たす。教育者や文筆家は,よりよい図書を執筆できる。また,低俗書の出版に一撃を加えることで,道徳改良に貢献する。最後に,公立図書館は他のあらゆる教育手段の効用を増大する。

　ワイトは,以上のような効用を,人口1,100人のウエイランドの町に2年前に開館した図書館によって,補強することができた。図書館は町役場におかれ,文学,科学,技術の最良の本からなる蔵書は,約1,300冊である。図書室は人気があり,土曜の午後は女性が楽しくすごし,夕刻には男性が礼儀正しく利用している。全利用者が各人の能力や関心に適した教育的な本をかかえて退館し,余暇を有益な読書に使う。蔵書の3分の1はつねに貸出中で,大部分の家庭が図書館を活用している。この図書館が確固とした財政基盤をもち,興味深くて価値ある新刊を毎年購入するなら,住民への利益ははかりしれない。図書館ができたなら,建設などに要した資金よりも資産の価値は100倍以上になる。州の富は10年間に2倍になったが,各市町に公立図書館ができれば,富はさらに増大する。

3.1.2 エドワード・エヴァレットの公立図書館論

エヴァレットは，16歳のときに最年少かつ首席でハーヴァードを卒業し，ユニテリアンの牧師になった。1815〜19年のヨーロッパ遊学後はハーヴァードの教授になるが，学生時代から雄弁家として有名で，政界に乗り出していく。保守的なホイッグに属し，ホイッグの指導者ダニエル・ウェブスターの後継者であることを自負していた。連邦議会下院議員の時代（1825—35）には，州の保守層や資本家の利益を代弁し，奴隷制には南部の主張に理解を示している。州知事の時代（1836—39）には，1837年に州教育委員会を設置し，マンを教育長にすえて公教育制度の基盤をつくった。1841〜45年までは駐英大使，1846〜49年にはハーヴァードの学長職にあり，1852〜53年には国務長官をつとめている。

エヴァレットが重要なのは，ボストン公立図書館初代理事長としての役割と，図書館の目的やあり方に明確な意見を示したことにある[4]。1850年8月のボストン市長ジョン・ビゲロウへの私信は，(1)図書の寄贈，(2)蔵書の拡大，(3)建築，(4)図書館の役割に言及している。(1)では，州文書など約1千冊を，蔵書の核とするために寄贈するとした。(2)では寄贈に期待している。(3)の建築では，当座は学校を建てるくらいの資金を準備し，機能性の追求を主張した。場所は落ち着いた所がよく，図書館は「自分を向上させようと真面目に望んでいる男女の，静かな学びの場」でなくてはならなかった。最後に，図書館の基本的な役割は公教育制度の完成にあり，公教育制度が土台となって，ボストンは繁栄しているのである。

1851年6月7日の市長への手紙は，公教育を完成させる公立図書

館という前年の考えを、政治体制と結びつけることで説得力を高めている。公教育制度によって、児童は公費で立派な教育を受けている。しかしながら、生存に欠かせない衣食にさえ公費は出されておらず、教育に公費を支出するには十分な根拠がなければならない。ここで、エヴァレットはアメリカの政治原理に着目した。民主政治が機能するには、最良の教育手段が全住民に平等に用意されていることが前提となる。そのため、立派な無償教育制度が欠かせない。しかし、教育の機会均等も学校卒業時に終了し、その後は裕福な子弟だけが図書館や良書に接することができる。以上の理由から、諸分野の本をそなえた公立図書館が、市民の調査と勉学のために必要となる。

翌月7月26日にジョージ・ティクナに宛てた手紙では、通俗書は念頭になく、貸出はしないとの考えを明確にした。また、ニューヨーク市に商業面だけでなく文化面でも遅れをとる危惧を表明し、大公立図書館の必要性を主張した。

ところで、1852年5月24日にエヴァレットを理事長として、ボストン公立図書館理事会が成立した。市議会は「公立図書館の設立によって達成されるべき目的と、それらの目的を実現する最善の方法について」報告を求め、理事会はエヴァレット、ティクナなどの小委員会で報告書の作成にあたらせた。これが『1852年報告』で、アメリカ公立図書館の目的を、最も包括的かつ明快に記した文書である。ティクナが大部分を執筆し、エヴァレットは前後に加筆した。エヴァレットは文字の発明から説き起こし、印刷術の発明と本の大量生産、ならびに教育における図書の重要性に言及した。続いて小

学校から大学にいたる教育制度を論じ，とくに青少年に公費で一流の教育を与えることの意義を強調した。ここでも，公教育を完成させる公立図書館との考えを表明したのである。公立図書館は，実生活上の義務の履行に必要な知識の獲得を助ける施設であり，無償公教育制度と同じ根拠によって公費で支えられねばならない。

エヴァレットは理事長を1865年まで続けるが，政治活動に重点をおき，単独で図書館論を示した資料は多くない。ボストン公立図書館は1854年に開館し，1858年に独立した新館へ移っている。この完成式で，エヴァレットは次のような演説をした。ボストンの公教育制度は良質で，公費も十分に投入されている。しかし，学校教育は第一歩にすぎない。基礎知識をつけ，能力を向上させ，知識獲得の欲求を植えつけるとともに，それを継続する手段が欠かせない。この手段が用意されてはじめて初等教育は完成し，人びとは卒業後の実生活において，責務を積極的に担うことができる。立派な新館完成によって，ボストンの偉大な公教育制度は完成した。この種の大図書館がなければ，知識は私的な図書館の所有者に独占される。

3.1.3 ジョージ・ティクナの公立図書館論

ジョージ・ティクナは1807年にダートマス・カレッジを卒業したのち，1813年に法律家の資格を得たが，豊かな家庭を背景に古典の研究を志し，1815〜19年までエヴァレットとともにヨーロッパに遊学した。遊学中にハーヴァードからスペイン文学の教授職を依頼され，ボストンに戻ったのちはハーヴァードで教鞭をとった。学部制度の導入やゼミナール方式の採用を試みるが，成功せずに1835年に

辞任した。1835〜38年までヨーロッパに滞在し、その後はほとんど公職につかず、主著『スペイン文学史』（1849年刊）の執筆に没頭した。同書はアメリカの学識の最高峰を示すものであるが、ティクナは一般読者も念頭において執筆している。

　ティクナが重要なのは、ボストン公立図書館の理事として、図書館の目的やあり方を明確に打ち出した点にある[5]。とくにティクナの思想が図書館運営に反映されたため、アメリカ公立図書館史で最も重要な人物となるのである。1851年6月7日のエヴァレットの手紙は新聞に掲載された。7月14日のティクナからエヴァレットへの私信は掲載記事への反応であり、ティクナの考えを明確に示している。まず、住民の欲求と一致する公立図書館が、公教育制度を仕上げ、公教育の効果を増進させるために欠かせないと主張した。そして、ボストンは図書館に適していると論じていく。すなわち、生計の糧を得るのに精一杯のプロシアと相違し、アメリカでは人びとに余裕があり、図書が安価になったこともあって、読書への関心が高まっていると考えるのである。さらに、この関心は次第に良書に上昇してきている。ボストンに必要なものは、読書を浸透させる手段としての公立図書館である。図書館は、道徳的、知的向上に役立つ通俗書を複本でおき、貸出さねばならない。民衆の興味が有害な本に向かわない限り、通俗書を踏み台にして広い健全な読書に向かう。読書は次第に高い水準に達するが、それは直接的な指導や規制ではなく、ささやかな思慮分別ある助力によって達成される。公費は通俗部門に使い、参考部門は寄贈によって拡大すべきである。

　『1852年報告』では以下のように論じていく。写本時代や初期刊

3 公立図書館の成立　103

本の時代は，図書の絶対数が少なく，広く読まれることも意図していなかった。しかし，広く読まれることを目的とした本が，実用的な宗教書，通俗的な歴史書，旅行書，それに小説の順で出現してきた。まずこの種の本を供給するために，貸本屋が利潤を目的に出現するが，この性格に満足できない人が，自分たちで力を合わせてソーシャル・ライブラリーを創設した。しかし，この種の図書館は利用が所有者に限られているし，所有者は必ずしも熱心な読者ではない。また，複本をおかないため，新刊の入手に時間がかかる。これらの欠点をのぞくため，過去30年間に日曜学校図書館や学校区図書館が試みられた。後者も複本はなく，とくに成人を満足させてはいない。ボストンには全種類の図書館や貸本屋があるものの，大きな読書欲求には応えていない。とくに健全な新刊書の欲求には，まったく対応できない。続けて，ティクナは次のように主張した。

　　無償教育と同じ原則に基づき，また公共政策ないし義務として，健全で滋養に富む図書を，すべての人に供すべき必要がある。．．．われわれのような政治的，社会的，宗教的制度のもとでは，できるだけ多くの人に，広く情報伝達の手段がいきわたっていることで，多数の人が読書に向かい，社会秩序の根底に立ち入る問題を理解することが肝要だからである[6]。

ここでは「社会秩序の根底に立ち入る問題」の理解が意味する内容が重要で，これこそティクナが期待する図書館の役割である。引き続きティクナは図書選択方針を示し，蔵書を四つに整理した。

(1)禁帯出の図書：**参考図書**，公文書，貴重書など。図書は手元におかれて意味をもつのであり，禁帯出は最小限にすべきである。

(2)少数の人しか読まない図書：複本をおかず，貸出をする。頻繁に利用されるときは，複本をそなえる。

(3)頻繁に求められる図書：多くの人が望む好評の新刊通俗書で，複本を用意する。貸出に供して読書欲を培う。読書欲が自然に向上することは，過去数十年間の読書傾向で証明されている。直接的な指導よりも，図書選択の際に思慮分別ある助力をすることで，読書欲は上昇するし，有害図書の横行も阻止できる。

(4)逐次刊行物：原則として貸出をせず，閲覧室におき，最大限の利用の便宜をはかる。

一般市民が利用する図書館にすることが，結局は学者にも役立つ大図書館になる近道である。官吏，牧師，教師，師範学校の全構成員，学校卒業時の優等生，それに上層の住民は，たんに氏名と身分を示すだけで，貸出用の図書を1回につき1冊帯出できる。それ以外の住民は，当該図書の価値相当分の保証金と引き換えに同じ権利をえる。この措置によって，各家庭は1ドル以下の保証金で楽しく有意義な読書ができる。

以上のティクナの考えは実践されていった。1860年4月，ティクナは2,418冊の本と寄贈の趣意書を理事会に送った。ティクナは趣意書の前半で，自力で有益な本を買えない人，貸出，通俗書を重視してきたことを確認した。ティクナは通俗部門を優先したが，決して参考部門を無視したのではなく，それを示すのが趣意書の後半である。参考部門は寄贈で発展をつづけ，たとえば1855年に英国政府は特許資料を寄贈し，その後も継続して送っている。1857年には天文学者ナサニエル・バウディッチの遺族が，2,500冊の科学書を寄

3 公立図書館の成立　105

贈した。この種の図書の重要さは明白であり、あらゆる人が研究書を利用できるのはボストン公立図書館をおいてない。この部門を完成するために寄贈をしたい。寄贈書のなかには所蔵済みの本もあるが、その場合は1冊を禁帯出にする。他の本は利用が少ないであろうが、入手が困難な本ばかりである。ティクナは手紙の末尾で自分の経験を振り返り、「これらの本を利用できる図書館があったならば、私は自力で購入する必要はなかった。しかし、購入せざるを得なかったし、不本意に購入した本もあった。他の人がこの種のわずらわしさから解放されるのを期待する」[7]と締めくくった。

同じ年に、ティクナはニューイングランドの敬虔な商人アモス・ローレンスの伝記、フローレンス・ナイチンゲールの『看護学覚え書』、エヴァレットの『ワシントン伝』、サミュエル・スマイルズの『自助伝』などを、各々10～50冊寄贈した。これらは興味ある役立つ本である。ティクナは寄贈に際して次のように述べた。

　　図書館の価値、図書館が果たす真の善は、軽い本ではなく、この種の本の貸出数による。私が軽い本にも高い価値をおいてきたのは、若者に読書愛を育てる手段としてである[8]。

ティクナは遺言で、スペイン文学などの全蔵書をボストン公立図書館に、基金4千ドルをボストン市に遺贈した。付帯条件は、基金の利息でスペイン文学などの学術書を購入する。蔵書はボストン公立図書館の適切な部屋にまとめて保管し、閲覧は自由であるが、貸出は禁止する。蔵書を売却したり廃棄してはならない。基金が目減りするときには、利息を基金に組みこむ。ボストン公立図書館はこの条件を受諾し、1871年に遺贈を受け取っている。

3.2　公立図書館成立の思想（1）

3.2.1　以前の図書館の総括

　ワイトはソーシャル・ライブラリーが町の中心部にしかなく，利用も豊かな人に限られていると論じた。エヴァレットも1851年の手紙で学校卒業後の図書入手に触れ，裕福な子弟だけが良書を入手できるとした。ティクナも『1852年報告』で，ソーシャル・ライブラリーが19世紀中葉に適合しないと論じている。また，ボストンには全種類のソーシャル・ライブラリーがあるものの，私的な管轄下にあり，全住民の利用の観点からみて限界があることも見逃さなかった。以上のように，三者ともソーシャル・ライブラリーの限界をはっきりと認識していた。私立学校から公立学校へ移行したように，私的な図書館から公立の図書館への移行が不可欠であった。

　既述のように，19世紀前半はソーシャル・ライブラリーの黄金時代で，マンの1839年調査では約2,500人に一つの図書館があった。一方，各館を個別にみると異なった像が浮かびあがる[9]。シェラは，発足時の会員数，蔵書冊数，存続年数につき詳細な分析結果を示している。それによると，1790～1850年に設立されたソーシャル・ライブラリーのうち，設立時の会員数が確定できたのは66館にすぎず，25～49人が半数以上を占めている。また，設立当初の会員数を大幅に越えた図書館は例外であった。このことは，大部分の図書館は小規模なことを示している。蔵書冊数についてマンの1839年調査をみると，一館の平均は約600冊にすぎず，ここには3万冊以上を擁するボストン・アセニアムも入っている。したがって，大部分の図書

館は数百冊の蔵書と考えてよい。最後に、シェラが分析した1,085館のうち、413館の存続年数が判明しており、その2分の1が35年未満の寿命であった。残りの672館は廃止の記録さえ存在しない。親団体がしっかりしている図書館や富裕者型の図書館が、存続に有利だったのは疑問の余地がない。したがって、設立時のフィラデルフィア図書館会社型の図書館の寿命は、30年をかなり下回っていたと考えるのが妥当である。このことは、設立者の死亡や移動とともに、図書館も消滅したことを示している。ソーシャル・ライブラリーの弱さはサービスのまずさではなく、財政構造を中心とする脆弱性、すなわち組織形態自体にあった。端的にいえば、私的、自発的団体が宿命的にはらむ脆さを露呈したのであり、この点を公立図書館思想の形成者は認識していた。

しかし、学校区図書館という公立の図書館が、10年以上も活動していた。マンは、ソーシャル・ライブラリーの弱点を克服し、住民の手の届く範囲に図書をおくために、学校区図書館を推進したのである。1850年当時、学校区図書館は＜表13＞の状態にあった[10]。

マサチューセッツ州では、1842年法を契機に3年間で約2千の学校区図書館が成立したが、1850年当時の図書館数は700で、各館平均131冊という惨憺たる状況であった。ティクナは『1852年報告』で学校区図書館を取りあげ、成人を満足させず、複本を備えていないと批判した。学校区図書館の失敗については、メイン州教育長の言が参考になる[11]。1851年、メイン州教育長はワイトの立法擁護演説に同意するとともに、メインの状況を説明している。それによると、メイン州の学校区図書館は九つにすぎず、蔵書総数も500冊

<表13> 1850年当時の学校区図書館

	図書館数	蔵書冊数	一館当たり
メイン	17	452	27冊
ニューハンプシャー	25	2,500	100
ヴァーモント	13	9,100	700
マサチューセッツ	700	91,539	131
ロードアイランド	35	19,637	561
コネティカット	1	300	300
ニューヨーク	8,070	1,338,848	165

に満たない。図書館設立には大きな障壁がある。校舎は古くて管理が不備なため，図書館として適切でない。小さくて貧しい学校区が多く，住民は負担に耐えられない。かりに州が蔵書を提供しても，管理に難点がある。以上の障害を克服するには，町を単位に図書館を設立するしかない。要するに，教育長は学校区図書館の限界を越えるものとして公立図書館を主張し，ワイトに賛意を表したのである。教育長の主張のなかに，学校区図書館が失敗した理由が述べられている。学校区図書館は，建物，蔵書，職員をすべて欠いていたのである。マンはソーシャル・ライブラリーの限界を見定め，学校区図書館という公立の図書館を実践した。しかし，公立の図書館であればよいのではなく，公立図書館に移行する必要があった。

ワイトは立法擁護演説で学校区図書館に触れていない。しかし，ワイトが提出した法案[12]では，州学校基金から公立図書館に援助金をだすとの条項が入っていた。この基金は学校区図書館に実際に使われており，1850年に学校区図書館法が廃案になったことを考慮すると，学校区図書館の経験を踏まえた積極的な構想として，1851

年マサチューセッツ州法が成立したと考えることができる。

3.2.2 文化的指導力と公立図書館

ボストン公立図書館の成立については，文化的指導力を看過できない。エヴァレットは1851年7月の手紙で，ボストンが大公立図書館をもたなければ，文化面でもニューヨーク市に遅れを取ると指摘した。ティクナも1853年にボストン・アセニアムとボストン公立図書館の合同を提案したとき，「真の公立図書館を設立しなければ，すでに商業面でニューヨークに遅れを取ってしまったのと同じように，知的な面でもアスターを擁すニューヨークに，25年以内に遅れをとる」[13]と懸念を表明している。

ニューイングランドはアメリカ発祥の地であり，独立革命にも大きな貢献をした。ボストンの指導者は，自分たちがアメリカ史で果たした役割を自負していた。しかしいまや，人口，商工業，金融などでニューヨーク市にはっきり遅れを取っていた。文化，学術，教育で後塵を拝すとなれば，もはやボストンのよってたつ基盤はなかった。たしかに，ボストンはこれらの分野で優位にあった。ボストンに本拠をおく出版社が1850年に刊行した雑誌の総冊数をボストンの人口で割ると，一人当たり404冊となる。ニューヨークは157冊，フィラデルフィア125冊である[14]。これは文化面での優位を端的に象徴している。文化への意識の高さは，他市での文化活動への鋭敏な反応を生じさせることとなった。

鋭敏な反応は，ニューヨークの大商人で大地主のジョン・アスターが，1838年に最初の図書館計画を打ち出したときにすでに生じてい

た。ニューヨークの新聞がアスターの計画を知ったのは、ボストンの新聞を通じてであり[15]、この事実はボストンが文化に敏感だったことを示している。アスターの計画は延期していたが、1848年にアスターは図書館設立のため40万ドルをニューヨーク市に遺贈した。無料でだれもが利用できる学術参考図書館であり、ボストン公立図書館と同じ1854年に約8万冊で開館した。1850年に5万冊を越えた図書館はハーヴァードとイェールしかなく、アスター図書館が大図書館であったことを示している。

この計画が具体化したとき、エヴァレットやティクナが、文化的主導権もニューヨークに移ると危惧したのも当然であった。エヴァレットは、もともと学術図書館や大公立図書館を求めていた。ティクナは、たしかに通俗書を重視していた。しかし、1853年にボストン・アセニアムと公立図書館の合同を意図したように、立派な大公立図書館、文化の殿堂としての図書館を終局的に望んだのはいうまでもない。ティクナの公立図書館論は、通俗図書館と学術参考図書館の二つの柱からなる。図書館発足時に通俗部門を主とし、貸出や夜間開館を重視したことは、たんにボストンのみならずアメリカ公立図書館の基本的性格を定めるものであった。しかし、学者中の学者ティクナが、それで満足するはずはなかった。既述の1860年の手紙は、文化の殿堂をつくるという長年の構想に向けて、ティクナが第一歩を踏み出したことを示している。そして、遺言ではボストンで最良の学術的蔵書を遺贈したのである。

文化的指導力という要因は、ボストン公立図書館設立に大きな役割を果たした。これは上層階級や知識階級の関心をあらわしている。

公立図書館は、エヴァレットが寄贈したような公文書、ティクナが遺贈したような立派な文学書を備えるべきであった。ワイトも公立図書館に公文書や貴重書の保存所としての役割を主張していた。当時の公立図書館にとって、公文書、貴重書、学術書を抜き去ることは、公立であるだけに不可能なことであった。

『1852年報告』当時、ボストンは人口15万の大都市で、この地に公立図書館が成立したため、大きな波及効果を生むこととなった。マサチューセッツ州法やボストンの刺激を受けて、まずボストン周辺に公立図書館が開設され、1860年代後半になると、デトロイト、セントルイス、シンシナチ、クリーヴランドと、アメリカを代表する図書館が次々と設立されていく。1891年当時、蔵書冊数1万冊以上の公立図書館数を州別にみると、マサチューセッツ179、イリノイ35、ニューハンプシャー34、ミシガン26、カリフォルニア18、オハイオ15、ロードアイランド13、インディアナ13となっている[16]。マサチューセッツ州が館数で飛び抜けていると同時に、図書館がニューイングランドから中西部に展開していることも理解できる。一方、大西洋岸の大都市をみると、ボストンを除いて、ボルティモアだけが公立図書館をもってはいたが、同市はイノック・プラットの寄付に依存したのである。ニューヨークやフィラデルフィアは依然として公立図書館をもたず、アンドリュー・カーネギーの出現を待たねばならない。公立図書館は、ボストンを起点に、ニューイングランドの影響力が強い方向へ波及していったと結論できる。

3.2.3 公立図書館の経済的役割

ワイトは公立図書館の目的の一つとして,実用情報の提供をあげた。農夫は農業書に,機械工は技術書に,商人は各地の情報に精通することで,生産性があがり,個人としても成功する可能性が高くなる。また,単純作業でも知的な労働者の方が効率がよい。いっそう現実的な論として,公立図書館の建設と維持に必要とする資金よりも,図書館という固定資産の価値の方がはるかに大きいと論じ,投機家的な発想さえ援用している。エヴァレットも,経済的繁栄を支える公教育,およびその延長としての公立図書館との考えを明瞭に示している。州知事をつとめ,産業の発展に尽力したエヴァレットの場合,経済的な期待は,彼の一般教育論に顕著にあらわれている[17]。1831年のフランクリン講演会では,産業革命に貢献した発明家を指摘しながら有用な知識の重要性を説き,一方では知識を世に役立てる機会は広く開かれていると訴えた。さらに,1837年の講演では,蒸気機関などの発明と適用を論じ,文明の発達を科学の発達として主張している。1837年といえばエヴァレットが州教育委員会を設置し,マンが公教育の整備に着手した年である。公教育も公立図書館も資本家や商人の支持が必要であり,経済的役割を無視することはできなかった。

3.3 公立図書館成立の思想(2)

3.3.1 公教育と公立図書館:序

ワイトは1851年法の立法擁護演説で,初等教育を拡大し,継続教育の手立てを講じることが必要だとした。エヴァレットも,公教育

制度を仕上げ，学校だけで終結している平等な知的特権の行使を，一生を通じて継続させるために公立図書館が必要だと主張した。そして，公費充当の理由づけは，無償公教育制度導入の場合と同一であると考えている。1858年の新館開設の演説では，「ボストンの偉大な公教育制度は完成した」と述べた。これは，1837年の州教育委員会設置による公教育制度の成立，1852年の義務教育法の成立，1854年のボストン公立図書館の開館，そして1858年の独立した新館の完成という系譜で，公教育制度が完成したとするのである。ティクナも『1852年報告』で，無償公教育と同じ原則にもとづき公立図書館が必要であると断言した。三者とも議論は一致していた。

　公教育と公立図書館の関係は緊密であるが，相違点も明白であった。公教育が主で，公立図書館は従である。公教育は義務的だが，公立図書館は自発的であり，そのため自己教育機関と位置づけられることになる。さらに，公立図書館は学校卒業後の成人を対象とした。図書館が児童に本格的に取り組むのは，1890年以降である。

　ところで，公教育関係者による図書館への取り組みには，興味ある点が指摘できる。学校区図書館に尽力したのは，マンやロードアイランド州のヘンリー・バーナードといった州教育長を筆頭とする教育者であった。マンの『コモン・スクール・ジャーナル』は，1839年調査の全容，マサチューセッツ州学校区図書館法，1851年マサチューセッツ州法，ワイト演説をはじめ，図書館についての記事を多く掲載している。また，バーナードは1853年の図書館員大会に出席したし，教師が各地で公立図書館に関与していたのは事実であろう。しかし，1851年マサチューセッツ州法が成立し，公立図書館

が創設されるにつれ,公教育関係者や教育雑誌が図書館を取りあげることは少なくなっていく。これには次のような推測が可能である。ワイトが州議会に提出した法案[18]は,州学校基金の一部を公立図書館の整備に充てるとの条項を含んでいた。そもそも州学校基金は公教育の促進を意図しており,それが学校区図書館にも充てられ,学校区を単位に援助金を出したのである。一方,公立図書館の財政やサービスの単位は市町であり,ワイト法案もそのようになっていた。以上のことから,ワイト法案は,学校区図書館から公立図書館への移行を,学校区図書館の要素を残しつつ構想したものと考えられる。そして,州からの援助条項と,公教育との結合を強調する前文だけが否定された事実は,公立図書館が思想的にはともかく,制度的には公教育と袂をわかつたことを示している。公教育関係者がワイトのこの条項に反対したか否かは明らかでない。しかし,教育関係者が市町を単位とする公立図書館について発言することが少なくなるのは事実である。

3.3.2 理想主義的な公立図書館思想
(1) 政治体制,公教育,公立図書館

マン公教育論の思想的基盤は教育自然権説に求められる。これは人間は生まれながらにして教育を受ける権利を持つとの論である。一方,エヴァレットは「人はだれでも公共の負担によって教育をうける自然権があるという原則は,なるほど根拠がない」[19]と断言している。衣食住にさえ公費を投入していないというわけである。そうであるなら,教育への公費支出には,それ相当の理由が求められ

ねばならない。エヴァレットは権力の所在を,「政府の究極的,直接的権力の源泉を人民におくものと,この命題を否定するもの」[20]に二分する。後者は専制君主政治や寡頭専制政治になるが,そこでは出生に基づく不平等が存在し,大多数の人びとは服従と労苦にさいなまれる。また,制度や機関は人びとを無知に保つように仕組まれている。その国が数百万の人口を持つにしても,「彼らは魂を持った人間というより,むしろ肉体」[21]として存在するにすぎない。ティクナも類似の考えを持っていた。1836年7月,ティクナはオーストリアの政治家メッテルニヒと歓談した。メッテルニヒは民主主義を分裂の原理と考え,「君主政体だけが人間を結びつけ,....最高度の文化と文明を創出できる」[22]と主張した。ティクナは,共和政体の方が「人間はより本当の人間であり,....民衆はあらゆる事柄を自力で実行することで広範な視野をもち,頭を働かせることで知的になる」[22]と反論した。エヴァレットもティクナも政治形態を二分し,「魂をもった人間」「本当の人間」との観点から共和政体を支持したのである。ジェファソンの言葉を借りれば,君主政体は「羊を支配する狼の政府」[23]ということになる。

　一方,「政府の究極的,直接的権力の源泉を人民におく」のがアメリカである。共和政治は堕落を阻止し,公共の事柄について,民衆の関心を喚起し育成する。しかし,ここに危険が存在する。民主政治の強固な擁護者ジェファソンは,「人びとが,公共の問題に無頓着になるやいなや,あなたも私も,....みんな狼になってしまうのです」[24]と指摘した。ジェファソンは,民衆を放任すればよいと考えたのではなく,民主政治を正しく機能させるには,能力を開発

する教育が前提として重要であり、さらに討論に基づく多数決の原理を適用するには、「言論の自由」と「知識の広範な普及」が欠かせないと認識していたのである[25]。エヴァレットもこの考えを受け継ぎ、教育の必要について次のように論じている。

> 人民に権力の源泉がおかれているのです。政府を構成し管理するについて、つねに人びとの適切な参加が要請されます。これがわれわれの政府なのです。この場合、人びとが自分の権利を行使し、義務を果たすためには、教育が絶対に必要です[26]。

とくにエヴァレットが重視するのは、アメリカでは選挙権が広く与えられている点であった。選挙権の行使は権利であるとともに義務でもあり、この権利と義務は「人びとの開明化された知性」[27]によってのみ支えられる。人びとは社会的な問題について、また自らの代表の選出にあたって、各自が的確な判断を下せなくてはならず、それを保障するのが教育である。

したがって、教育が普及していない場合、民主政治や共和政治は働かないことになる。ティクナはヨーロッパの1848年革命について率直な意見を表明している。フランス二月革命の破壊の修復には、軍事力を背景とする英雄を待つしかないと指摘し、民衆はこの英雄に財産と生命の保護を求めて服従すると断じている[28]。アメリカの政治体制はヨーロッパには根づかず、ヨーロッパで民衆に権力を与えることは、文明の衰退を導くことになる。さらに、サクソンのジョン皇太子への手紙では、次のように書いた。

> 読み書きの十分な能力がなく、それ以上に重要な、政治について的確な判断を可能にする政治教育がない国民は、賢明な現

実的な方法で主権を行使することはできない。アメリカの民衆は,このことを理解している[29]。

次に,知識の広範な普及や言論の自由に関連して,エヴァレットは,「公共の問題にかんして,大多数の人びとがよく知らされているとしよう。そうすれば,わが国の公的政策は,賢明に正しく導かれるであろう」[30]と述べている。エヴァレットは,さらに「情報へ接近する道は,可能な限り広く,また多様であるべきです」と論じ,知識の普及の重要性を説いたのである。教育と知識の普及が民主政治の基礎を支えている。したがって,それらの普及は公の責任である。エヴァレットは以下のように要約した。

　　情報への道は可能な限り広く多様であるべきです。教育制度は最大限にまで拡張されるべきです。そのことで,図書館や文書から迅速かつ正確に知識を得る能力を,すべての人に授けるのです。州は最大限の努力をして,自力で的確な判断をする人を増さねばなりません。だまそうとしている人の言うままになっている,無知な人の数をできるだけ減らすように努力しなくてはなりません[31]。

(2) 理想主義的な公立図書館思想

ブレイの図書館思想は,人間の能力や地位は生まれながらにして決定されているとの生得論を基盤としていた。この思想は人間の序列を認め,体制擁護に使われただけでなく,図書館のあり方や蔵書一冊一冊の意味にまで影響を与えた。生得論を打破したロックは,人間の能力は開発できるとの考えを打ち立てた。勤勉,努力,向上などの語が具体的な意味を持ち,人間各個人としての自立が現実と

なったのである。ロックの思想やベーコンの精神を具体化させたのが，フランクリンを中心とするフィラデルフィア図書館会社であった。ここでは人間の経験の蓄積として図書を重視し，思弁的な知識を脇においた。そして，図書を手段に各人の経験を加えることで，個人が経験的，実証的に判断することを重視し，社会や人類の向上に役立つことを目的とした。ここには前提として，人間の能力や個人の判断力についての信頼があった。

　フランクリンの思想は，独立革命の指導者ジェファソンに受け継がれる。従来になく広範に選挙権を与え，多数決の原理によって国や社会を導くアメリカの政治制度は，人間の能力への信頼，民衆は全体として的確な判断ができるという命題への信仰がなければ成立しない。しかし，この信頼や信仰は，民衆を放任すればよいという意味ではなかった。能力を開発するための働きかけと，判断を下す資料を住民の手近におく必要があり，これらは公的義務であった。前者が公立学校，後者が公立図書館である。ジェファソニアン・デモクラシーは，1829年のジャクソン大統領就任によって，いっそう民衆的なジャクソニアン・デモクラシーに続いていく。ジャクソンの時代にあって，「民主主義は従来到達しなかった程度にまで民衆的」[32]になった。民衆教育熱は高揚し，ライシアム運動の爆発的な人気やソーシャル・ライブラリーの分化は，その一端を示している。

　同時に，19世紀前半のマサチューセッツ州では思想的変革が生じていた。ボストンは，神の絶対主権，神の意志による運命予定，神への絶対服従と厳格な禁欲を主張するカルヴィニズムの牙城であった。しかし，1819年にウイリアム・チャニングはカルヴィニズムと

訣別し，ユニテリアン主義を確立した。既述のように，ユニテリアン主義は三位一体を否定し，キリストを神格から人格にひきおろした。この異端的宗派はキリストを偉大な人間とみることで，人間の絶対的な善，罪からの解放，人間の自己修養という，きわめて社会的意味をもつ思想を培った。歴史家カール・フィッシュは，1830～50年までの時代風潮を次のように記している。

> 全国的な精神的高揚の下にあって，自己改善は....たんなる厳粛な義務ではなくなった。この義務はつねに失敗の恐怖を伴い，また最も執拗な動機として，堕地獄からの逃避を伴っていた。〔しかしいまや〕自己改善は魅力ある陽気な機会で，地上と天国の宝へのたしかな鍵であった。人びとがこれほど嬉々として学校へ殺到したことは〔かつて〕なかった[33]。

これはカルヴィニズムから解放され，人間中心主義の思想が席巻した時代精神を巧みに表現している。チャニング自身は「我々は，更に崇高な力をもっている。つまり，自己自身によって行動し，自己を決定し，自己を形成する力である」[34]と主張した。教育熱の高揚，反奴隷制度の運動，ロバート・オーエンの共産主義社会の実験などは，人間中心主義の思想が高まったことを示している。

ジェファソンはアメリカの政治体制の根幹を支えるものとして，教育と知識の普及を挙げた。この思想は1820年以降のユニテリアン主義によって，またジャクソニアン・デモクラシーのもとで，より広く民衆を巻き込んで高揚してきた。まず，1837年にマサチューセッツ州で公教育制度の礎が築かれ，1851年に公立図書館法が成立した。公立図書館が公教育の延長と位置づけられ，年代的に公教育の後に

続いたのは当然であった。公立図書館は読みを前提としているからである。と同時に、アメリカ公立図書館は19世紀末まで教育主義を強烈に打ち出すのである。

3.3.3 現実主義的な公立図書館思想
(1) エリート、ホイッグの特徴と社会思想

ワイトは1851年法の立法擁護演説で、公立図書館が道徳の形成や悪徳の撲滅に寄与すると強調した。ティクナは有害図書の追放に健全な通俗書が役立つと主張し、さらに「社会秩序の根底の理解」との観点から、公立図書館を重視していた。

エヴァレット、ティクナ、ボストン公立図書館設立に関与した市長や理事には共通点がある。それは、政治的にホイッグ、宗派的にユニテリアン、それに富裕者という事実である[35]。1836～50年の知事選や大統領選の場合、ボストンを中心とするサフォーク郡ではホイッグが圧倒的に優位で、約61～65％の得票率であった。ジャクソニアン・デモクラシーが席巻するなかで、ボストンは保守的ホイッグが君臨していたのである。1850年頃、ボストンでは10万ドル以上の財産をもつ富裕者が714人いた。この714人のうち559人の支持政党が判明し、498人（89％）がホイッグである。この714人は貴族階級ではあるが、必ずしもエリートではなかった。エリートは富だけでなく、家系、宗派、支持政党などの要件を満たさねばならなかった。たとえば、有名な歴史家ジョージ・バンクロフトは、家系、富、宗派の点ではエリートであった。しかし、ホイッグでなくデモクラッツに属した時点で、古い友人から敬遠され、彼自身もボストンを捨

3　公立図書館の成立　*121*

てる気持ちをもったりした。端的にいえば、エリートは陶片追放も辞さなかったのである。宗派をみると、714人の富裕者のうち265人（37％）が判明し、ユニテリアン175人（66％）、会衆派38人（14％）、聖公会35人（13％）となっている。これは伝統的な宗派である会衆派の凋落を物語っている。なお、ボストン市民の宗派構成からすると、ユニテリアンは上層階級の宗派であった。ユニテリアンとホイッグは強力に結びついている。175人の富裕なユニテリアンのうち、実に161人（92％）がホイッグである。以上のように、ボストンを支配したエリートは、ホイッグ、ユニテリアン、富裕者という共通項をそなえ、さらにニューイングランドの名門たる家系を持っていた。

　エリートが共通の考えをもっていたのは容易に想像できる。ホイッグ思想の一つの特徴は、自国への自意識と、のちには悲観主義に変わるものの、1830年代はアメリカの将来についての楽観主義にある。ホイッグの指導者は1830年代から奴隷制度の帰趨を心配してはいたが、総じて、膨大な資源、国民の精力と資質、急速な発明や開発をもとに、将来を楽観していた。エヴァレットは科学技術を強調し、教育を重視したが、これは国や州の進展、すなわち富の増大と直結していた。ホイッグの基本的な考えは「アメリカは世界で最も豊かで、最も強大になる」[36]というものであった。もちろん、ジャクソンのデモクラッツも楽観的であったが、それは社会的、政治的な民主主義の将来に向けてであった。

　当然、ホイッグは急激な変革を嫌い、秩序ある漸進的向上を求めるようになる。ホイッグは社会の分断を認めなかった。ホイッグ哲

学によると,各集団の利害が自然に調和して,アメリカの社会制度や社会秩序を構成しているとなる。それゆえ,労働組合やストライキは無益であった。また,安い労働力を求めはしたが,高賃金の社会的意味を認識し,労働者が財産を持つことを希望した。しかし,この希望は社会改革ではなく,ホイッグへの支持,勤勉,節制によって達成されるべきであった。保守的態度は選挙権にもあらわれており,自治や選挙権は自然権ではなく特権であり,本来なら財産と知性を持つ人だけが行使すべきだと考えていた。また,奴隷制度に賛成はしなかったが,急進的な解放論には反対した。楽観的な漸進主義のホイッグにとって,奴隷制度は国の発展につれて自然に解消するものであった。そして,第一の重点は国の分裂の回避におかれたのである。

以上のようなホイッグが,産業や交通に加えて最も力を入れたのが教育である。1820年にダニエル・ウェブスターは,公立学校は「美徳と知識の保守的原理を早期に植えつけ,財産,生命,社会の安寧を身につけさせる」[37]点で,有益であると論じている。ウェブスター,エヴァレットなど,ホイッグの大政治家は教育自然権説をとらなかった。また,エマソンは公教育制度が成立した2年後の1839年にマンを評し,「〔マンは〕民主的制度について憂鬱な観点を多くもっており,それが学校の重要性にいきついた」[38]と断じている。この指摘が妥当だとすれば,ホイッグの公教育への熱意は,人間的な権利や希望よりも,国の経済的発展への期待や,社会秩序についての不安や恐怖に基づいていたとする考えも理にかなっている。と同時に,教育をつければ,人間は財産をもち保守的になるとの楽

3 公立図書館の成立　123

観論を持っていたことも注目に値する。

　以上のことからホイッグやエリートの特徴は，1)高度に均質な集団で排他性をもつ，2)自国への自意識，将来への楽観主義，のちには悲観主義，3)秩序ある漸進主義，4)富と社会秩序を求めての公教育制度の重視の四点になる。

(2)　ティクナの社会思想

　1844年に歴史家ウイリアム・プレスコットは，フランスの友人への手紙で「スペイン文学史の執筆にあたり，ティクナ氏は非常に有利である。スペイン文学についての古代や近代の貴重書をもっており，．．．．イベリア半島でも彼の文庫に匹敵するものはないかもしれない」[39]と書いた。『スペイン文学史』は，この蔵書を駆使して完成されたのである。さらにプレスコットによると，1万3千冊を収める壮大な書斎は，ボストンの名所になっていたという。この文庫を階上にもつ邸宅について，ナサニエル・ホーソンは，「ボストンで最良の場所にある」[40]と記している。ティクナ家に招かれることは名誉であり，夫人は社交界の女王として振る舞い，ティクナはボストン・コモンを見下ろす邸宅から知的生活を支配していた。詩人ヘンリー・ロングフェローは，「ボストンの人はティクナを法王のように話している」[41]と述べ，1966年に文学研究者マーティン・グリーンは，次のようにまとめている。

　　ティクナは現在では忘れられている。しかし，当時にあっては社会的，知的生活の大人物で，「ボストン市」を，「ティクナ市」と改称すべきだといわれもした[42]。

　学者中の学者であり，貴族中の貴族であるティクナはホイッグに

属し，宗派はユニテリアンである。

　前項で示したエリートの特徴を，ティクナがどのように共有していたかが問題である。まず，排他性はチャールズ・サムナーの例が参考になる。サムナーは法律家として，のちには奴隷解放運動で有名になった人物である。1838年にティクナとサムナーは偶然パリに滞在していたが，サムナーは連日，ティクナを訪れボストンの状況を伝えている[43]。サムナーがボストンに戻ったときには，ティクナがサムナーを招いて連日歓談しており[44]，上層社会がサムナーを受け入れつつあったことを示している。サムナーはユニテリアンの開祖チャニングに傾倒していた。チャニングの人間中心主義や人間の能力への信頼は，生後の環境を重視する一面をもつ。このことに気づいたサムナーが，奴隷制度の即時廃止を求めたこともうなずける。しかし，チャニングは「原則と現実には妥協がなくてはならない」[45]と戒めていた。だが，チャニングが1842年に死んだのちに，サムナーは次第に原則主義者，急進的改革論者になっていく。1844年頃には，「ジョージ・ティクナが支配する社会秩序は必ずしも理想的ではない」[46]と述べるようになった。一方，ティクナは1848年に次のような厳しい考えを示している。

　　ボストン社会の原則は正しい。反乱者や社会主義者に厳格なのは，当然で賢明である。この厳格さが，君や私が求める位置に公徳心の水準を保ち，ボストンを．．．．他の大都市に優越させているのだ。他の町では，煽動者の支配を許し，．．．。世論が支配する社会では不健全な意見はたたかねばならない。君は有害図書を広めると同時に，追放することはできない。同じよう

に主唱者〔サムナー〕を贔屓にしながら，彼の不健全な意見を
　　　へこますことはできない[47]。

　ティクナが陶片追放の主導者か否かはともかく，サムナーはティクナを頭目と考えていた。ティクナにすれば，指導者階級で異端行動に走る者は，影響力があるだけに脅威であった。

　第二に，アメリカへの自意識と楽観主義である。エヴァレットは旧世界が新世界を真似るならば，「ヨーロッパは再生するだけでなく，文明という帝国が再びアフリカやアジアに突入できる」[48]と考えている。一方，ティクナはアメリカを模倣することは，その国の文明の崩壊を意味すると把握していた。すなわち，各国は独自の歴史の総体を背負って現在にいたっており，アメリカの制度の移植は無理を生じ，社会自体が崩れると考えるのである。この考えは人種偏見も含んでいる。ティクナがメキシコ併合に反対した理由は，「衰退した文明を土台とする，好ましくない人びとの集団を処理しようがない」[49]というものであった。ティクナにとって，自治とか選挙権は自然権ではなかった。

　アメリカの政治体制の優秀性と，それが機能していると考えるティクナは，おのずと将来を楽観した。1838年10月，ティクナは英国の友人に次のように書いている。

　　　1837年の大不況は打撃でしたが，最下層の生活の状態は良好
　　　で，倹約と繁栄がみられます。教育，知性，純粋さのために，
　　　富裕者の境遇の変化もほとんど影響しませんでした。向上は各
　　　所でみられ．．．，ボストンでは三つの鉄道が開通しました。活
　　　力と成功の全徴候がでています。これは少数の特定階級ではな

く，全住民についてのことです[50]。

ここでも大不況を乗り越えた将来にたいする楽観主義と，全階級の調和というホイッグの哲学が窺われる。

第三に漸進主義である。ティクナは歴史や風土が各国の性格を形成すると考え，その現在を力で改革しようと試みても無理が生じ，より悪い状態になると把握する。この考えは徹底的な漸進主義であり，とくにこの態度は奴隷制度への対応で明瞭になる。1843年12月，英国の友人への手紙[51]には，「奴隷制度をどうすればよいのかと，あなたは問うだろう。私の解答は『待て』である」と書いている。その理由としてティクナは三点を挙げている。まず，奴隷労働は自由労働に勝てず，制度自体が自然に崩壊する。第二に，この問題は人間が作為的に処理できる範囲を越えている。最後に，南北の力関係の差が拡大し，奴隷制度は自然になくなる。なお，ティクナは250万の奴隷について，奴隷という境遇を除いては，条件の平等さの点で優れた状態にあるとした。南北戦争中の1862年でも，南部に忍耐強く接することを訴えている[52]。なぜなら，南部の現世代は歴史的に組みこまれた奴隷制度に責任がなく，さらに武力衝突が回避されるほど北部が優位にたち，奴隷制度はおのずと消滅するからである。ティクナはこの考えを20年以上も一貫して主張したのである。しかし，戦争の事実も直視していた。北部は勝たねばならない。だが，ティクナには戦後の見通しはなかった。

ティクナはホイッグの保守派に属すると考えてよい。そして，ティクナの政治観や社会観は教育観に直結するのである。1838年の滞欧中の日記[53]で，貧民への宗教教育について書いている。ティクナ

は，各国の歴史や土壌にもとづき，社会の秩序と純粋さを維持するに必要な教育を提供すべきだとした。普遍的な教育を否定するのであり，これはアメリカへの自意識と独自性の主張に符合する。

既述のように1838年の手紙では，1837年の不況でも，下層階級は教育，知性，堅実な家庭生活によって，着実に向上する生活を送っていると讃え，さらに次のように続けている。

> 教育は富の蓄積よりも急速に進んでいる。....生活を現在のように真面目で純粋に保ち，全住民に知識と知性の進展と普及を継続できれば，もはやわが国に求めることはない[54]。

これは楽観主義とともに，富と教育を直結するホイッグ哲学を示している。翌年には英国の小説家マリア・エッジワースに，ボストンは知的活動や知的修養が活発で，貧困，無知，犯罪がないと自負している[55]。その理由として，全児童への教育という原則の浸透を指摘し，「教育のために課税されない大多数の人も，各自の財産を道徳的警察で守ろうとする金持ちも，すべてが」この原則に合意していると主張した。そして，「日々感じられることは，教育効果によってボストンは居心地がよいことです」と続けたのである。ここには，社会秩序を維持する教育との考えが十分に窺える。ティクナは，経済的発展と社会秩序の維持を教育に求めたのである。ティクナの友人ジェイコブ・ビゲロウの評価は的を射ている。

> アメリカ政治体制の展望において，ティクナ氏は楽観主義ではなく，無知，無教育，不徳の連中による専制の可能性を憂慮していた。....氏は，国の進展と繁栄を保障する最大の防波堤として，知的，道徳面を柱とする普通教育に期待した[56]。

(3) 現実主義的な公立図書館思想

 ホイッグの楽観主義は1840年代に悲観主義に転化するが、ティクナも同様である。まず、奴隷制度の問題であり、ティクナによれば南部分離主義者や北部急進主義者は、アメリカを分裂に導く点で同じ方向に向かっているとなる。「待つ」ことで平和に解決するのであり、急進派の台頭はアメリカ社会の原理や枠組への無理解から生じる。ここに危機感と悲観主義が生じてくる。

 次に、民衆が煽動者に追随するとの認識である。1848年の友人への手紙で、ティクナはニューヨークでは民衆が煽動者に欺かれていると断言した[57]。煽動者は民衆の感情に訴え、民衆も表面的な議論に踊らされるのである。翌年の手紙では、ニューヨーク市での2万人暴動に言及し、「1千人はよからぬ意図を抱き、負傷、殺害、逮捕された人物の大部分、2万人のうち4分の3、主導者の20分の19は外国人」[58]であると断定した。ティクナにとって、これらはアメリカの政治体制の危機を意味した。

 最後に民衆の状況をみると、1848年のヨーロッパの革命はティクナには脅威にうつった。アメリカの独自性と優秀性を主張してはいたが、社会の変化や民衆の対応をみていると、ヨーロッパでの出来事は対岸の火事とは思えなかった。移民が急速に増大してきたのである。1824年、フランスの政治家ラファイエットがボストンに滞在していた。ラファイエットはボストン市長ジョサイア・クゥインジーに、ヨーロッパを訪問したことがあるかと尋ねた。クゥインジーが否定すると、「あなたはヨーロッパの群集を理解できない。ヨーロッパと比較すると、ボストンは全人類から精選された住民で構成され

ているようにみえる」[59]と答えた。歴史家オスカー・ハンドリンは1790〜1845年のボストンについて,「社会状況は非常に良好であった。....ボストンは心地よい豊かな街で,人びとは何とか満ち足りた健康的な生活を送っていた。ボストン人は自信に満ち,偏見をもたず,楽観的に世の中をみることができた」[60]とまとめている。しかし,1845年頃から劇的な変化が生じてくる。アイルランドでの1845〜49年の大飢饉,遅れてドイツでの飢饉によって,貧しい移民が大挙して流入したのである。とくに,アイルランド人はボストンに多く上陸し,その数は＜表14＞ではっきりする[61]。

＜表14＞ ボストンへ港から到着した人数

	アイルランド人	ドイツ人		アイルランド人	ドイツ人
1826	549	311	1846	65,556	1,385
1831	2,361	253	1851	63,831	2,653
1836	443	449	1856	22,681	1,198
1841	10,157	301	1861	6,973	1,287

　1840年以前にアイルランドの移民が4千人を越えたのは,1837年だけである。そして,大部分の移民は一定の財をもち,上陸後は西方に移動していった。しかし,1845年以降の移民は貧しい小作農であり,到着直後から生活の糧を得る必要があったし,ボストン周辺から移動できなかった。この10年間の移民は急激なだけでなく,その性格でも以前とは相違していた。＜表14＞はボストン居住者の数ではないが,1845年以降の入港者数には驚くべきものがある。

　1830年代のボストンは人口も10万以下で,住民も比較的均質であっ

た。しかし，1850年には，人口136,881人のうちアイルランド人が35,287人と約30％を占めるにようになった。こうした人口構成の変化はボストンのあらゆる面に影響を与えるが，生活環境に限っても多くの変化が生じている。まず，貧民の増加と貧民救済資金の増大であり，その変遷が＜表15＞である[62]。

＜表15＞ ボストンおよび周辺の貧民数とボストンの貧民救済資金総額

	貧民数	貧民救済資金総額（ドル）
1847	7,004	52,248
1848	6,664	62,314
1849	10,245	79,977
1850	11,294	115,455
1851	11,899	119,534
1852		139,217
1853	12,068	111,038

＜表15＞をみると，1849～50年頃を境に，貧民数と救済資金は大幅に増大しており，生活環境の悪化を示している。また，急激な人口増加，劣悪な住宅環境や衛生設備の不備は，伝染病の流行や死亡率の上昇となってあらわれた。天然痘の死亡者数は，1816～25年が2人，1826～35年22人であったが，1836～55年には382人，1846～55年680人に達している。1849年にはコレラが大流行し，犠牲者は「下水が不備で，換気が悪く，過密な地域」，すなわちアイルランド人密集地域に集中した。700人の死亡者のうち500人がアイルランド人であった。1845年まで結核は減少を続けていたが，1845年から上昇に転じている。劣悪な環境は幼児の死亡率を高めることとなる。

死亡者総数にたいする1歳未満の幼児の比率は，1820～29年には9％であったが，1840～49年には13％に上昇し，1850年代には24％に達している。死亡率の場合，ティクナをはじめ上層階級2,615人が住むビーコン・ヒルは1.3％である。一方，アイルランド人2,813人が住むブロード街は5.65％と異常に高かった。1850年にブロード街では17人に1人が死亡した[63]。

　こうした状況下で，飲酒，犯罪，売春は増加した。もともとアイルランド人には飲酒癖があったが，ボストンへ移住しても節制することはなかった。陽があたらない，不健康で，過密した狭い部屋に住む彼らは，街路や酒場で友人と話したり，気分転換することを好んだ。酒場の数[64]をみると，1846年850軒，1849年1,200軒，1852年1,500軒とうなぎのぼりである。1852年の場合，さらに賭博場など253軒でも酒をあつかっており，総計1,753軒となる。したがって，100人弱に一つの酒場や酒屋があったことになる。1852年の1,500軒の経営者をみると，アメリカ人が490，アイルランド人900，その他110であった。このうち979軒は日曜も営業しており，アイルランド人の店はほとんどが安息日を守らなかった。犯罪については改めて詳述する必要はない。1840年代末を境に，『コモン・スクール・ジャーナル』が犯罪統計を頻繁に取りあげたり，移民への教育の論考を多く掲載したことを指摘しておけば十分である。1851年，ティクナは一部のドイツ人について，「活動的な社会主義者でキリスト教を公然と非難する」とし，アイルランド人については「ドイツ人ほど開明化されておらず，より粗暴であるが，．．．．あつかいやすい」[65]と述べている。ティクナは移民自体を排斥したのではない。移民の性

格,すなわちアメリカの諸制度への溶け込み具合と,溶け込む可能性が問題であった。より正確にいえば,ティクナが考える諸制度への同化が重要であったのである。

ティクナにとって,奴隷制問題の動き,煽動者への民衆の追随,ニューヨークでの暴動,ヨーロッパでの1848年革命,アイルランドからの急激な移民と社会環境の変化は,1830年代の楽観主義から悲観主義に転換するのに十分であった。経済的発展と共和政体を民衆の知性と道徳力で支えようとするティクナにとって,公教育は保守的原理と道徳を教えこむものであり,公立図書館はその延長上に位置していた。ティクナは1852年理事会報告で,社会秩序や社会の枠組みの根底を民衆が理解するよう期待した。これは具体的には,奴隷制度には「待つ」姿勢を植えつけ,急進的な改革者に煽動されず,移民はアメリカの体制や慣習を理解し,民衆すべてが財産や法律,それに国の統一の重要性を認識することを意味していた。これこそ民衆が知的に道徳的になることであった。そのためにも,公立図書館は,まず第一に民衆の図書館でなくてはならなかった。

ここにティクナの読書観がかかわってくる。1827年という早い時期に,メイン州ポートランドのD・ニコルズ牧師は,貸本屋開始にあたりティクナに相談している。ティクナは「もし人びとが貸本屋を利用しなければ,開店しても無駄である」と論じ,「思考や性格が次第に向上する本を選択すべきである」[66]と主張した。害のない通俗書を選んで利用者の欲求を充足させ,そうした欲求が向上することで,利用者の知性や道徳が向上するというのである。さらに1849年刊行の『スペイン文学史』については,学者だけでなく幅広

い読者を対象としていると述べている。ここにはニューイングランドでの読書傾向が，小説から次第に優れた図書へ上昇しているとの認識がみられる。この考えは1852年理事会報告でも示されていた。読書欲はひとたび習慣がつけば，自然によりよい方向へと展開していくのである。この読書観をとるティクナにとって，民衆のための図書館としてのボストン公立図書館におくべき図書は，まず第一に害のない通俗書であった。ボストン公立図書館の設立者が図書館に期待したものは，抽象的な理念ではなく，より現実的な成果であった。公立図書館設立の思想は，本項で述べた現実的公立図書館論を柱に，前項で示した理想主義公立図書館論で覆ったものであったと結論してよい。さらに公立図書館思想の形成者たちは，従来の図書館の不十分性，学術的な関心や資料保存の必要性，それに文化的な指導力や町の誇りを添えたのである。

4. 公立図書館史

4.1 図書館界の成立とメルヴィル・デュイ

4.1.1 1853年の図書館員大会

　世界最初の図書館員大会は，31州のうち13州47館から約80名の参加で，1853年に開かれた。中心人物は，スミソニアン・インスティチューションの図書館部長チャールズ・ジューエットである。彼は開会の辞で，「〔本大会の目的は〕現実的，功利的である。良書にかんする知識を普及させたり，良書に接する手段を拡大するのが目的である。われわれの願いは，人びとが益することにあり，自分たちの利益のためではない」[(1)]と格調高く謳いあげた。大会では情報交換が重視され，参加者は自館の現状や特色を統計を中心に報告した。報告のなかで最も注目されたのは，ジューエット自身の発表である。ジューエットは，スミソニアンを大国立図書館にするという展望と，ステロ版プレートによる全米総合目録を作成するという壮大な計画を強調した。スミソニアンが国立図書館になるのか，科学技術の研究と啓蒙の機関になるのか憶測が飛び交う状況下にあって，ジューエットの発言が注目されたのは当然であった。しかし，ジューエットの展望はたんなる夢に終わり，彼自身が1855年にはスミソニアンを去ることになる。また，全米総合目録は整理技術の効率化も意図

していたが，現実離れもはなはだしい構想であった。

　ジューエットは大会の方向を定めたが，彼の主たる関心は国立図書館と全米総合目録にあり，この二点は決議として採択された。他にも，公文書の広範な配布を求める決議，法律図書館の設立を求める決議，各館が印刷体目録を相互に交換する決議など，多くの決議が採択された。民衆の図書館の重要性を訴える決議も採択されたものの，主に会員制図書館を頭に描いていた。

　大会参加者約80名のうち図書館員は2分の1を占めている。内訳は大学図書館が13名，アセニアム6名，商事図書館6名が目立ち，職工学校や職工図書館は2名，公立図書館は皆無であった[2]。大会主導者であるジューエット，ボストン・アセニアム館長チャールズ・フォルサム，ブラウン大学図書館長ルービン・ギルド，ニューヨーク商事図書館長セス・グラントなどの関心，さらに参加者の構成からして，民衆の図書館が脇におかれたこともうなずける。もっとも，マサチューセッツ州法の成立が1851年，ボストン公立図書館が開館準備中という状況にあって，公立図書館員の参加が皆無であること，公立図書館が正面の話題にならなかったことは妥当と考えなければならない。

4.1.2　1876年の図書館員大会

　1850～76年の間に，多くの州が公立図書館法を採択した。州法の広まりとともに，公立図書館はニューイングランドから中西部の方に展開していく。1876年になると，ボストン，シンシナチ，デトロイト，セントルイス，クリーヴランド，インディアナポリス，シカ

ゴで，すでに公立図書館が活動していた。1850年代には35の公立図書館が成立したが，内訳はマサチューセッツ30，ニューハンプシャー4，メイン1と，ニューイングランドに限られていた。1860年代は南北戦争の影響で設立数は低調であったが，1870〜75年は過去20年間よりも多くの公立図書館が創設されたのである[3]。

　1854年開館のボストン公立図書館は，館長ジューエット(1858〜68)，ジャスティン・ウインザー(1868〜77)のもとで躍進し，1876年には六つの分館をもつまでになっていた。蔵書は約30万冊，貸出は約95万冊で，貸出密度は約3冊である。ボストン公立図書館は合衆国を代表する図書館に成長し，1876年には英国のマンチェスター，リヴァプール，バーミンガムなどの公立図書館や大英博物館，それにドイツやオーストラリアからも援助や協力を求める依頼が届いている。シンシナチ公立図書館の発展は，ボストン・アセニアムの元館長ウイリアム・プールが館長になった1871年に始まる。早くも1871年には，大都市公立図書館で最初の日曜開館を実施した。さらに，プールは児童やビジネスマンへのサービスも開始している。プールが1873年にシカゴに移ったとき，この図書館はよく整備された7万冊の蔵書を誇っていた。シカゴの動きは複雑であるが，1873年にシカゴ公立図書館が開館し，プールが赴任したのは1874年である。同年には貸出を実施し，通俗書の重視によって急速に発展していった。開館5年後をみると，シカゴはボストンの貸出冊数の4倍であった。開館6年後をみると，シカゴはシンシナチの2分の1の蔵書数でしかなかったが，貸出は2倍であった。プールはこれらの数値を誇っていたという。1876年当時の蔵書は約5万冊である。

4 公立図書館史 137

　図書館立法の進展, 館数の増大, 有能な館長の活躍など, 公立図書館は上げ潮にあった。このような時期に, アメリカ独立100年祭と合わせてフィラデルフィアで開かれたのが, 1876年の図書館員大会である。もともとこの大会は, アマースト大学卒業後まもない25歳のメルヴィル・デュイと, 出版情報誌『パブリッシャーズ・ウイークリー』の刊行者フレデリック・レイポルトが別個に構想していた。それが, 前者が大会の企画, 後者が財政を担うかたちで実現したのである。大会通知に署名した賛同者は, 大学図書館8名, ボストン・アセニアムなどの学術図書館7名, 商事図書館や徒弟図書館5名, 公立図書館6名, それに州立図書館とアメリカ教育局が各々1名で, 総勢28名であった[4]。1853年大会では公立図書館の参加者は皆無であったが, 1876年大会の賛同者では6名を占め, さらに主導者デュイは大学図書館員であったが公立図書館に主たる関心を示し, ニューヨークやフィラデルフィアの商事図書館は民衆の図書館として実際に機能していた。以上のことから, 28名のうち少なくとも12名の賛同者が, 直接に公立図書館や民衆の図書館に関心を持っていたと考えてよい。とくに大会組織委員会は, 会長にボストン公立図書館長ウインザー, 委員にシカゴ公立図書館長プールとフィラデルフィア図書館会社館長ロイド・スミス, それに事務局長デュイという構成であった。プールがスミスを委員に任命したのは, 大会開催地フィラデルフィアを意識しての措置であった。実質的に, 組織委員会はウインザー, プール, デュイの3名で動いており, 彼らはいずれも公立図書館に主たる関心をもっていた。大会通知は大会の目的について,「図書館員をはじめ, 書誌的事項や図書館の効率化に関心を

持つ人」[5]を対象とすると記している。この文面は1853年大会の開催意図と大きな相違はない。しかし、賛同者や組織委員会の担い手から予測できるように、大会の内容は1853年と大きく異なるのである。

10月4日から3日間の大会に参加したのは、女性13名を含む103名である。1853年大会にも出席し、76年大会では会場を提供したペンシルヴァニア歴史協会会長ジョン・ウォーレスが開会の辞を述べた。彼は次の言葉であいさつをしめくくった。

> 古い羅針盤の検討は価値がなく、あなたがた自身で新たに検討や考察をせねばならない。多くの価値ある結論にただちに達するとは思えないが、集団の強さを発揮することは、．．．．重要である。本大会を契機に、以後も大会が続くと信じる。本大会の意義は、のちの歴史が証明するであろう[6]。

ウォーレスの言に誇張がなかったことは、図書館史が立証している。「公立図書館への全般的反論」との刺激的論題を掲げて冒頭発表したのが、大御所プールである。とくにプールがフィクション問題を取りあげたため議論は白熱し、10名を越える発言者があった。この事実はフィクション問題が緊迫していることを示している。フィラデルフィアにあるフレンズ・フリー・ライブラリー館長ウイリアム・カイトは、フィクションが悪徳の温床になっているとの理由で、徹底的な小説排除論を主張した。完全な排除論はカイトだけであったが、プールも含めて完全受容論は論外であり、明らかに下限があった。全般的には、不道徳なフィクション以外は受け入れたいとの考えが主流であった。もっとも、この考えにも積極的な支持者と消極

的な賛同者がいた。しかし，貸出の3分の2がフィクションという事実を無視することは不可能だった。問題は下限の設定にあり，それとのかかわりで図書の選別をするのが，図書館員の最も重要な職務でもあった。1853年大会は国立図書館の問題や現実離れした総合目録に時間を費やしたが，プールの発表は四半世紀間の変化を十分に物語っている。

2日目は，ウインザーが公立図書館と利用者について論じたのを皮切りに，分類や目録の発表が続いた。参加者は，自館が目録作成した各図書について，他館も同じ作業をしている事実を確認した。こうした非能率への関心は高く，出版者が各図書に書誌的事項を統一化して記入すべきとか，議会図書館がこの仕事を担うべきといった意見が続出した。つづいて，ウースター公立図書館長サミュエル・グリーンは，図書館員と利用者のコミュニケーションを論じ，利用者に手助けをすべきだと主張した。グリーンは，保存からサービスへの転換を強調すると同時に，読者への援助論を展開することで，レファレンス・サービスへの道を開くことになった。この発表も25年間の図書館の変化を象徴している。

最終日はデュイにとって印象深い日であったろう。まず，以下の決議が採択された。

　　全国に図書館への関心を高める目的で，また図書館員をはじめ，図書館の経済性に関心をもつ人が，知識と友好を増し，相互に益する目的で，アメリカ図書館協会を創設する[7]。

ここにアメリカ図書館協会が成立したのであり，初代会長はウインザー，副会長は議会図書館長アインスワード・スポフォード，

ニューヨーク州立図書館長ヘンリー・ホームズ，それにプールであった。事務局長はデュイである。第二に，デュイの尽力で大会1週間前に創刊された『アメリカン・ライブラリー・ジャーナル』が，アメリカ図書館協会の正式の機関誌として認められた。最後に，デュイは大会では脇役に徹していたが，会場からの要請に応えて十進分類法の説明を試みた。1876年大会が春に企画されたとき，大御所プールはデュイの名前さえ知らなかったという。そうしたデュイが，大会終了時には合衆国を代表する指導者になっていた。1876年大会は，53年大会とはあらゆる意味で対照的であった。と同時に，アメリカ図書館協会が公立図書館を最重視するという基本姿勢は，すでに1876年の発足時に組みこまれていたのである。

4.1.3 図書館史における1876年の意義

1876年図書館員大会の開催，アメリカ図書館協会の成立，『アメリカン・ライブラリー・ジャーナル』の刊行に加えて，1876年や77年に生じた業績には，合衆国教育局による『特別報告』の刊行，1877年の英国図書館協会の成立，図書館用品店ライブラリー・ビューローの開店，それにデュイの十進分類表やチャールズ・カッターの辞書体目録編成規則の発表と刊行がある。

アメリカ合衆国教育局は教育情報の収集，編纂，普及を目的にするが，図書館を教育施設と位置づけ，関心を高めていく。1869年の年次報告は図書館に2ページをあてたが，1893年には226ページの分冊を用意するまでになっている。この四半世紀間の報告書で最も充実しているのが，1876年の『特別報告』である。1874年秋，教育

局長ジョン・イートンは独立100年祭の企画として図書館を考え，その意図と構想をウインザーに伝えて協力を要請した。報告書は，全米図書館統計，図書館の歴史や運営を記した専門論文集，それに別巻としてカッターの辞書体目録編成規則が入っている。ウインザーが中心となり，総勢30人以上の執筆者による専門論文集は，1876年以前の図書館実務を総括するだけでなく，今後の課題と展望を示した点で重要である。『アメリカン・ライブラリー・ジャーナル』は次のように『特別報告』を紹介している。

> 『特別報告』は図書館についての過去の全文献のなかで，最も有益で実務に役立つ。『図書館百科』という書名が適切であり，百科事典でもこれほど完全で権威あるものはない[8]。

『特別報告』は1876年大会2日目に完成して大会会場に運ばれたが，カッターの辞書体目録編成規則を掲載した分冊25冊は，またたくまになくなったという。『特別報告』は当初1万部作成され，同報告で取りあげられた全図書館だけでなく，外国の主要な図書館，エマソンやロングフェローといった文人にも送られたのである。

次に，1876年の出来事は外国にも影響を与えている。1877年2月の『アメリカン・ライブラリー・ジャーナル』は，協会への加入を求めて，外国から多数の申し込みがあると報告した。また，英国，ドイツ，フランスで図書館員大会が構想中である旨も報告された。英国では1877年10月に大会が開かれ，英国図書館協会が成立した。アメリカからは協会会長ウインザー，副会長プール，スミス，事務局長デュイを筆頭に，図書館界の首脳が多く出席した。彼らは儀礼的に参加したのではなく，大会の役員や議長をつとめたり，活発に

議論に加わることで大会を盛り上げたのである。

　つづいて，ライブラリー・ビューローである。1876年大会も閉会に近づいたとき，デュイは，各館が図書館用品や書式を図書館協会に寄贈するように提案した。だれもが見学できる図書館用品の博物館を設けて，書式や用品の比較検討し，そのことによって効率的な図書館運営に役立てようとしたのである。この提案は満場一致で採択されたが，実現しなかった。しかし，ここから図書館用品店ライブラリー・ビューローが生まれたのである。

　最後に，辞書体目録編成規則と十進分類法である。たとえば，図書館に革命を生んだ十進分類法は，1876年に世界的分類法としての第一歩を踏み出した。この年，アマースト大学から初版1千部が刊行されるとともに，デュイ自身は『特別報告』に「十進分類法と主題索引」を執筆し，さらに76年大会で十進分類法を説明した。

　以上のような業績をもつ1876年の意義は，1）コミュニケーションの成立，2）標準化や規格化への動きという二点にまとめることができる。前者にはまず76年大会が入る。デュイは大会への賛同を求める回状に，「大会は意見交換や協力の機会を提供する」[9]と書いた。また，ウォーレスは大会開会の辞で「集団の強さ」を強調したが，これもコミュニケーションの重要性にほかならない。次に，大会最終日のアメリカ図書館協会の結成決議は，「知識と友好を増し相互に益する目的」で団体を結成するとなっていた。つづいて，図書館雑誌もこの範疇に入る。『アメリカン・ライブラリー・ジャーナル』創刊号は，次のように主張した。

　　本誌は図書館と書誌的事項の全領域を対象とする。本誌の意

図はコミュニケーションの真の媒体になることにあり，意見を押しつける考えはない[10]。

さらに『特別報告』も第一項目に入る。全国図書館統計は各館がもつ蔵書の量，深さ，広がりを知る情報源になり，専門論文集は他館の実践を知る資料になったのである。

一方，標準化や規格化については，ライブラリー・ビューロー，辞書体目録編成規則，十進分類法があてはまる。たとえば，ライブラリー・ビューローはカード目録を奨励し，カードの大きさを統一した。カードの規格化はカード・ボックスの規格化に通じ，大量生産によって経済的になる。また，デューイの十進分類法は主題からの検索を可能にし，それを標準化しようとする試みであった。

以上の点で，1876年になってはじめて，図書館界としての活動が可能になったと結論できる。個々の図書館は古くから存在したが，いわば孤立した存在であった。個人的交友や図書館見学でもしなければ，他館を理解するすべはなかった。いわんや，図書館全体の動きを把握することは至難の業であった。一方，1876年頃になると，図書館が解決せねばならない共通の課題が生じてきた。従来のハーヴァードの図書館員は，「アガシ教授が2冊帯出しているものの，他の全蔵書は書架にある」[11]と胸を張ることができた。また，一般的な配架法は，まず図書を大きさで分けて書架に割り振り，受け入れ順に配列する方式であった。端的に言えば，書架の番号を図書に割り当てていたのである。そして，主題索引はなかった。1876年頃，ニューヨーク州立図書館は蔵書10万冊を著者のアルファベット順で配架し，ここでも主題索引はなかった。図書館員の頭脳が主題

索引の役割を果たしたが，蔵書の増大につれて対応できなくなっていた。図書館員がいなければ，特定主題の図書を求める利用者は全書架を総覧せねばならなかったし，職員が図書館を移動すると，移動先の図書館の方式を初歩から学ばねばならなかった。しかし，大学教育自体が変革しつつあった。1876年設立のジョンズ・ホプキンズ大学が象徴するように，研究が重視されはじめ，ゼミナールの導入や選択科目の採用も広まってきた。図書館はこの動きに対応せねばならず，従来の運営では何ら役割を果せないのである。デュイの十進分類法が熱狂的に受け入れられたのには，以上のような背景がある。このことは公立図書館にもあてはまる。

　公立図書館にも共通の問題があった。分類や目録はいうにおよばず，たとえばフィクションのあつかいは各館で苦悩していた。1876年大会冒頭のプールの発表に議論が白熱化したのも，各館がこの問題を抱えていたためである。76年大会の4か月前に，セントルイス公立図書館で館長がフィクション容認論を年報に執筆したため，理事会と新聞から手厳しい批判を受けていた。各館は他館でのフィクションのあつかいを知りたかったにちがいない。

　1876年の意義は，ウインザー，プール，デュイなどの業績として重視されてきたし，この側面は強調されてよい。しかし，彼らの業績を有意義にするための状況が存在したことを忘れてはならない。その意味でこれらの大立者は，図書館界の創造者であるとともに，図書館状況や社会状況によって創造された人物でもあった。

4.1.4 デュイと公立図書館の使命

(1) 公立学校と公立図書館

　公立図書館は学校の延長と把握され，学齢期をすぎた人びとを主たる対象にしていた。児童と犬は入館を禁止するといった掲示をする図書館もあった。しかし，1876年を起点に，こうした公立学校と公立図書館の関係を見直す動きが出現する。その舞台は，教育改革で有名なマサチューセッツ州クウィンジーの町である。

　クウィンジーの1873年学務委員会年報は，過去10年間の教育効果に向上はなく，児童は上手に読み書きができないと総括した。町はこの状況を改めるため，社会改良家で教育にも造詣が深いセオドア・パーカーを招いて，改革に着手する。そして，暗記中心の教育から，各児童の関心と能力に合った教育へ変換を遂げたのである。児童一人当たりの教育支出は他の町と変わらず，しかも抜群の教育効果をあげたため，クウィンジーは有名となった。学務委員チャールズ・アダムズによると，1878年には5か月間に400名近い教師や教育行政官が見学したという。

　1876年5月，学務委員で公立図書館の理事アダムズは，クウィンジーの教師に「公立図書館と公立学校」と題する講演をした。アダムズは，学校教育の目的は自己教育ができる児童の育成にあると考えている。しかし，語の定義を覚えたり，九九の暗記が目的化しており，児童は卒業と同時にそれらを忘れてしまう。生活の糧をえる学習を除いて，学校卒業後に学習する人は20人に一人もいない。この責任は児童になく，学校教育を全教育と考える一般的認識に問題がある。学校は読む技術に加えて，読書習慣を育成すべきである。

しかし，少しの読書力は低俗書や新聞の犯罪記事に没頭させ，これならまったく読めない方がよい。

アダムズは学校教育と読書による自己教育の結合を重視したのであるが，この結合の仕方に注意する必要がある。公立図書館成立の思想でみたように，公立学校は児童，公立図書館は成人を主たる対象とし，そのため後者は成人教育機関と認識されていた。しかし，アダムズは学校教育と読書による自己教育の同時進行を主張し，後者を欠いては，卒業後に自力で学習に向かうはずがないと考えたのである。この場合，「極貧の児童も，....百万長者の子弟やハーヴァードの学生と同じように，完全な図書館〔クウィンジー公立図書館〕を自由に利用できる」[12]と述べるように，問題は公立図書館の不在や力量不足ではなく，「学校と図書館が目抜き通りに隣接しているが，相互に結びつきがない」ことにあった。各児童の関心や能力を重視する教育論，健全な読書による生涯を通じての自己教育の主張は，学校と公立図書館との強固な結びつきを求めることになる。アダムズは歴史の授業を例に，教授法と図書の利用法に触れている。よいフィクションを読みたいのは健全な欲求であり，歴史上の大事件は，すべて優れたフィクションの土台となっている。教師はすぐれた歴史小説を各児童の能力と関心に応じて与えねばならない。つづいて，伝記によって関心をかき立て，次第に歴史の授業に興味をもち，歴史自体に関心を示すように導くべきである。

アダムズは，教師に公立図書館の利用と，蔵書の量，深さ，レベル，内容の学習を求め，授業への適用を主張した。また，図書館の理事アダムズは，図書館側からの働きかけも考えていた。1875年に

蔵書目録を作ったとき，アダムズは各グラマー・スクールに特別製本の目録を配布した。その意図は教師や児童が活用することにあったが，教師の机に大切にしまわれる結果となった。アダムズは，こうした措置が誤りであることを教師に説いたのである。さらに，教師への貸出冊数制限の緩和，教師が児童に貸出すことの承認，教師からの希望図書の積極的購入を，図書館の方針として紹介した。

アダムズの主張は公立図書館にも影響を与えていく。ウースター公立図書館長グリーンは，1876年大会で利用者への援助を主張したが，1879年にウースター公立図書館は学校との結びつきを強める措置を具体化する。しかし，この種のサービスが図書館界で広く実践されるには，1890年代を待たねばならない。

(2) デューイと公立図書館の使命

デューイは図書館業務の効率化や経済性を追求した。アメリカ経営史では，フレデリック・タイラーが1911年に発表した『科学的経営の原理』[13]でもって，効率的経営への歩みが始まったとされる。デューイは35年も前に，効率的な運営や経営を，それも一生を通じて実践するのである。しかし，デューイの効率主義や技術面への傾斜を過度に強調することは，デューイの図書館思想，ひいては1876年以後の図書館の理解を誤る危険性がある。アダムズは学校と公立図書館の結びつきを求め，主として学校の側から公立図書館の活用を訴えた。一方，図書館界でも公立図書館を自己教育機関として明確に位置づけ，図書館員に教師としての責任と使命を説く人物がいた。これこそ，館界の大立者デューイである。

小倉親雄[14]によれば，すぐれた世界へ到達するために人びとを

導く点に, デュイは教育の本質をみていたという。学校教育が教育のすべてと一般に考えられていた時代に, デュイは成人教育に熱意を燃やし, その中枢に図書館をおいたのである。また, 度量衡や綴り字の改良にも力を注いだが, これは初等教育の効果を高めるためであり, 図書館, 度量衡, 綴り字はいずれも教育に結びつく。以上をまとめると＜図2＞になる。

＜図2＞　デュイの教育についての枠組み

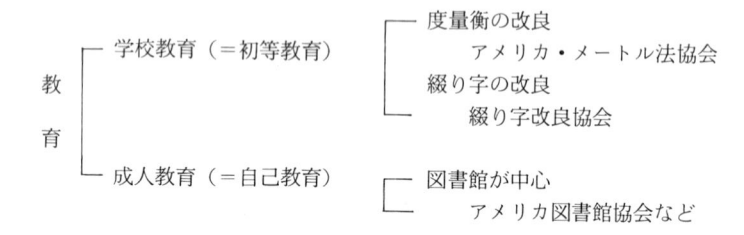

```
        ┌ 学校教育（＝初等教育）    ┌ 度量衡の改良
教                                  │     アメリカ・メートル法協会
                                    │ 綴り字の改良
育                                  └     綴り字改良協会
        └ 成人教育（＝自己教育）    ┌ 図書館が中心
                                    └     アメリカ図書館協会など
```

アダムズは, 学校教育のなかで授業内容に沿いつつ, 各児童に読書による自己教育の習慣を培うことを主張した。デュイは学校卒業後を中心に考える点で, 伝統的な公立図書館思想を踏襲している。デュイが＜図2＞の枠組みを固めた時期は明らかでないが, 1880年代には確立していた。1886年, デュイは啓蒙的な季刊誌『ライブラリー・ノート』を創刊した。その創刊号で, 1)教育者としての図書館, 2)教育を支える三脚, 3)図書館の成功と失敗, 4)現代図書館思想の発達など, 八つの順序立った項目で構成される論文を執筆した[15]が, 1)と2)が＜図2＞を説明している。1)ではまず, 公教育に莫大な公費を充てながらも, 文盲率が1870年の15％から1880年に

は17％に上昇した事実を指摘した。選挙権が広く与えられている社会で，文盲率の上昇は深刻な問題であり，ここに綴り字と度量衡がかかわる。デュイによれば，初等教育の効果があがらない二大障壁が綴り字と度量衡である。教師と生徒の双方が度量衡の学習に重荷を感じており，学校で浪費される時間たるや莫大である。度量衡は算術の基本に沿った方法に変換すべきで，これがアメリカ・メートル法協会の目的である。デュイにとって，度量衡の改良は教育にかかわることであった。しかし，二大障壁が克服されたとしても，学校は読む技術を与えるにすぎない。この技術を正しく使うことで，読書による自己教育が可能となる。ここで重要になるのが，自己教育を可能にする機関の存在と読書内容である。

2)「教育を支える三脚」では，読書が善悪両方に働くこと，読書を保障する公立図書館の必要性を確認したのち，三脚の説明に移っていく。ニューイングランドの場合，早くから教会だけでは「互いの安全」と「互いの上昇」に十分でないと考えられ，学校を建設してきた。しかし，教会と学校でも不十分と考えられるにいたった。学校は教育を「開始」するが，いまや教育を「継続」せねばならない。どんな机でも三脚が必要なように，教育も教会を底辺に，学校と図書館を斜辺とする三角形を構成しなくては完全にならない。三辺が結びついて「互いの安全」と「互いの上昇」が達成される。

3)以下は，公立図書館の目的を最も効率的に実現する手立てを中心に記している。とくに，図書館員の役割を声高に訴えているのが注目される。デュイは司書職を聖職や教職と同列におくことで，司書職に使命感を与えた。また，司書と一般事務員との相違を，図書

館業務の効率化と民衆を高めるための奉仕という二つの側面から考えている。効率化とは，最良の本を最小のコストで最大多数の人に提供することの技術面を示し，ここに一般の事務員が図書館業務を担当する場合との相違を認めたのである。「民衆を高める奉仕」の方は，技術や知識を動員して利用者を助け，民衆の人生をより高い豊かなものに導くことを意味する。教師は生徒，牧師は教会員に影響力を行使するが，図書館員は地域住民全体を対象にする点で，影響力もいっそう大きい。そして，デュイは司書職の本質を「民衆を高める奉仕」に求め，図書館業務がたんなる仕事か否かは，「仕事よりも仕事にたずさわる精神にある」[16]と断言した。すなわち，警備員が図書館業務に従事しても専門的仕事になるときもあるし，司書が仕事をしてもたんなる事務的仕事に終わることもあると論じたのである。この言は司書職を低めるものではなく，司書としての基本的精神を訴えると同時に，司書職の確立と専門性をもとめるものであった。

(3) 教育主義者と図書選択論

1879年のアメリカ図書館協会の大会で，チャールズ・アダムズはフィクション問題を論じている[17]。アダムズは，図書選択についての寛大な解釈によって，不道徳な本を除いて，あらゆるフィクションが公立図書館に流れ込み，図書館は何の指導もせずにそれらを提供しているとした。劇場，演奏会，講演会に公費はあてられておらず，公立図書館に娯楽や気休めのための軽読書本をおく論拠はない。軽読書本を求める欲求は理解できるが，金を払って読むべきであり，実際に貸本屋が安価にこの種の本をまかなっている。公立図書館は

教育の領域，貸本屋は娯楽の領域に限定し，協調関係を保つべきである。貸出冊数を増したい欲求は理解できるが，公費を不適切に使用すること，貸本屋の領域をおかすことは誤っている。この種の本をおかねば貸出の3分の1は減少するであろうが，残り3分の2は真に教育的目的で利用されており，それで十分である。アダムズの考えは，良書で蔵書を構成し，そのなかから利用者に適切な本を提供せよということになる。

　一方，デューイは包括的な図書選択論を展開していない。しかし，公立図書館を教会や公立学校と同列におき，司書職を聖職や教職と並列させる点で，デューイは紛れもない良書主義者であったといえよう。既述のように，1886年にはデューイの教育の枠組みが固まっていたが，そこでは図書選択に言及していない。しかし，2年後には同じ枠組で図書選択の基本方針を窺わせる文を書き[18]，民衆を教育するには，彼らの手に最良の図書をおかねばならないと断言した。デューイが最良書を強調したのは，図書が悪影響を与える場合が多いからである。鋭利な刃物を，使用法を教えずに与えるのは馬鹿げた行為というわけである。このように考えるデューイにとって，図書館の本来の目的は「良書を与えること」と「民衆を悪書から遠ざけること」にあった。さらに，各図書館の10〜50%の蔵書は，すぐれた本と取り替えた方がよいと示唆している。

　この考えはアダムズに近いと思われるが，古典的な教育主義に埋没するわけにはいかなかった。ここに介在するのが「使われる図書館」という考えである。デューイは保存のための図書館と娯楽のための図書館を両極におく。前者は中世的な考えであり，後者は遊戯だ

けを教える学校にたとえることができる。「現代の図書館」において，この二つの側面は織物自体であってはならず，織物の潤色でなくてはならない。現代の図書館は二つの側面を本来の目的と組み合わせており，それが理想なのである。

1898年にデュイは，莫大な出版物が流す害毒の量は測定できないとしながらも，商業主義の出版物が悪を培養する最大の潜在要因であると主張した[19]。デュイは，公立図書館整備の重要性，図書館におくべき資料，図書館員の使命を論じ，悪書追放という永久につづく聖戦に，図書館員が果敢に参加することを求めたのである。デュイには，利用者にあるがままに読書させるという考えは微塵もなかった。翌1899年のアメリカ図書館協会の大会では，「われわれの主目的を達成しようとするなら，われわれは他者の読書を努力して統制しなくてはならない」[20]と断言した。1904年には，ニューヨーク州で図書館の普及に乗り出した時の状況を回想している。州内には40の公立図書館にたいして4万の居酒屋があり，少年は余暇を居酒屋で使っていた。デュイは「居酒屋と対抗する目的で分館を設置」[21]したのであり，さらに分館でも不十分なため停本所を設けたのである。

マン，アダムズ，デュイなど19世紀教育主義者の図書選択論は，大筋で同じ結論になる。その特徴は，良書主義，娯楽図書の否定や消極的容認，居酒屋や街頭での遊興との対比，それにデュイに顕著にみられるような使命感であり，総じて民衆を引き上げ，良い本を読ませたいという強烈な意識を持っていたのである。

4.2　サービス，図書館数の拡大と
　　　アンドリュー・カーネギー

4.2.1　1900年前後のクリーヴランド公立図書館

　この時代の図書館界を導いたのは，ボストンやシカゴよりも，むしろクリーヴランドである。1869年に成立したクリーヴランド公立図書館の場合，ルーサー・オヴィアット（1869—75），アイラド・ビアーズリー（1875—84）の館長時代は低迷していた。1885年にウイリアム・ブレットが館長になって発展をむかえる。ブレットはクリーヴランド最大の書店の幹部で，同市で最も図書に長じていると評判であった。しかし，館長就任以前に図書館の経験はなかった。

　ブレットは，大都市公立図書館で開架制に先鞭をつけた。開架制論議は1877年のロンドンでの図書館員大会で話題になっていたが，当時はデュイでさえ開架制に反対であった。ブレットの前任館長ビアーズリーは，書架の乱れと図書の紛失を懸念して開架制に見向きもしなかったが，これは一般的な考えであった。この図書館の閲覧方式は，目録にもとづいて図書請求票に必要事項を記入し，図書の出納を待つ方式であった。利用者は手にした図書が意図する内容と違うとき，その場で返却し，また目録を探す。この作業を繰り返していた。さらに，「妻のために，よい恋愛物語を選んで下さい」と請求票に書かれている場合もあった。それに，利用者はせいぜい2冊の特定の本を頭に描いて来館するにすぎず，その本が入手できなくても，他の本を選ぶことができなかった。ブレットはこうした光景をみて，開架制の必要を確信したのである。また，「利用者が図

書を比較して選択すれば，自分を教育することになる」[22]とも考えていた。それに，図書館員が利用者と図書の間に障壁をつくっている事実に気づいていた。ボストン公立図書館でさえ，利用者を信頼せず閉架制であった。ブレットは，「児童や成人に書架に接近させることは，あなたがたは本を正しくあつかう，決して盗まないと信じるというに等しい」[23]と指摘している。

1890年に開架制を採用したときは，完全な開架制ではなかった。成人用フィクションと児童書を除く貸出用図書に限っていたし，書架にはガラス戸があり，利用者の求めに応じて助手が本を取り出していた。これはささやかな一歩であるが，画期的でもあった。貸出は44％増加し，人件費は13％減じ，図書の紛失も減少した。1890年代当初には利用が最も多い土曜日を除いて，フィクションにも開架制を採用した。土曜の制限は1895年に除去されたが，スペースと監督の関係上，児童部門は閉架であった。1894年になると，当初は懸念していた理事会も，「われわれが導入した大革新〔開架制〕は他館でも採用されはじめ，いずれ常識になるだろう」[24]と自負している。開架制はクリーヴランドの誇りであり，1894年発刊の広報誌は『オープン・シェルフ』(開架制)と名づけられている。これは新着書の紹介など，住民との接触を深めるのが目的であった。

従来の図書館は貸出部門と閲覧部門に分け，閲覧部門では，図書館員があらゆる主題に対処していた。ブレットは1890年に蔵書の一部を主題で集め，特定のアルコーブに割り当てた。そして，1913年には全蔵書を哲学・宗教，社会学，通俗書，雑誌，児童など12部門に分け，大規模な主題別部門制の実験に着手したのである。

ところで，開架制や主題別部門制の導入には，前提が必要であった。初代館長オヴィアットは，受入順に図書番号をうち，順番に配架していた。ブレットは十進分類法に変換し，さらに小説と伝記は著者のアルファベット順に並べるという重要な変更をした。目録も実際には役立たず，1885年に理事会は一般的な読者が利用できる目録の作成を指示している。ブレットは1889年に貸出部門の辞書体目録を完成させた。これは1888年7月1日までの蔵書3万2千冊を網羅し，デューイのニューヨーク州図書館学校はこの辞書体目録を模範として使っている。

雑誌記事索引では，有名なプールの索引があったものの，この索引は最短でも5年の間隔で刊行された。クリーヴランドは比較的新しい雑誌論文の情報提供に困難を感じるとともに，各雑誌が年間総目次や索引をつけるようになってきた点に注目した。ブレットは自館の参考業務に役立てるため，次には他館も対象にして累積雑誌記事索引を作成した。しかしながら，この『キュムラティヴ・インデックス』を有料で売ることに疑問が出され，H・W・ウイルソン社が担当することになる。同社はすでに『リーダーズ・ガイド』を出していたが，これは約20種の雑誌をあつかうにすぎず，『キュムラティヴ』は約100種を取りあげていた。後者の名称は消滅したものの，前者は後者を基盤に発展を遂げたのである。

ブレット以前の館長は，学校が児童を担当すべきだと考えていたが，この考えは珍しくなかった。一方，ブレットは「成人と同じ権利を可能な限り与えよ」[25]と考えている。着任当初から児童に関心を示し，1890年には約1千冊の児童書を購入し，1895年には一般

の閲覧室に児童用の机をおき，1898年には小規模ながらも児童室を用意している。狭いために梯子を用いて上部の本を取り，混雑時には「図書を選び，取り出し，すぐに場を離れる」[26]ことを原則にした。1901年に仮の新館に移ったとき，蔵書数1万冊の児童室を地下にもうけている。1897年には，児童図書館友の会を図書館主導で組織したが，これはアメリカ最初の企てであった。この友の会の標語は「美しい心，美しい手，美しい図書」であり，初年度に1万4千人の会員をえている。友の会は良書の読書にとどまらず，公有物を大切にするといった社会的習慣の形成も目的とした。

　ブレットは本館だけに注目したのではなかった。分館，家，学校を通じて，またストーリー・テリングなどを通じて，児童にサービスしたのである。分館については，アメリカ最初の児童分館を1908年に開館した。東欧からの移民の密集地域に開館した児童分館は，セツルメント団体が場所を提供している。この分館は地域の諸団体と密接な関係をとりつつ，地域のセンターとなり，アメリカ化の機関として作用した。図書館から離れた地域では，一般家庭に50冊程度の蔵書を委託し，近隣の児童が利用できるようにした。周期的にボランティアが訪れ，ストーリー・テリング，蔵書の入れ替えを実施した。1911年には，53のホーム・ライブラリーが活動していたのである。学校へのサービスは，この時期の特徴の一つである。1879年にウースター公立図書館が最初の大規模な実践をしたが，クリーヴランドは1884年に開始し，二番目の例となった。ブレットは教師への貸出冊数を緩和したが，この措置は効果を上げなかった。そのため児童書の増強につとめ，1890年には七つのグラマー・スクール

に30〜50冊単位で図書を委託し，教師が児童に貸出す方策を採用している。この措置は成功をおさめ，1891年には61の学校に3千冊，1893年には100校に4千冊がおかれたのである。1911年になると，約300か所の学校や教室に小さな蔵書がおかれていた。

成人についても分館や停本所で対応した。アメリカ最初の分館は1870年にボストンで開館したが，クリーヴランドでも1892年を皮切りに，1890年代に四つの分館が開館した。停本所は団体の求めに応じて50冊程度の蔵書を委託したものであり，団体は特定の曜日と時間を設定して，貸出さねばならなかった。最初の事例は1890年で，従業員100名のクリーヴランド金物会社であった。求めは次第に多くなり，消防署，消防船，百貨店，電話会社などにも，この種の蔵書がおかれるようになった。さらに，クリーヴランドもカーネギーの恩恵をえた。ブレットの訴えが実り，結局のところ約60万ドルの寄付金を手中にし，15の分館を開設することになる。

4.2.2　1900年前後の図書館：サービス

1876年は標準化や規格化に踏み出した年であった。1887年に，デュイがコロンビア大学で図書館学校を開設した。各館ごとに職員を養成するのと相違し，大学で図書館の技術を教えることは，分類や目録などがある程度に標準化されていることが前提となる。したがって，デュイの図書館学校の成立は，1876年を起点とする動きを総括していると考えてよい。一方，1908年にプラット図書館学校の主任教師ジョセフィン・ラスボーンは，「1890年頃に図書館管理上の問題はほぼ解決し，図書館運動の新段階に達した」[27]とまとめてい

る。この新段階がサービスへの注目である。ブレット率いるクリーヴランド公立図書館は、開架制、主題別部門制、広報活動、児童サービス（ストーリー・テリング、児童分館、学校へのサービスを含む）、移民地区へのサービスなどをこの期に開始したが、この例は突出した事例ではない。この期に目立つ他のサービスとしては、技術書や外国語の図書の購入、レファレンス・サービス、ニューヨーク州が先鞭をつけた巡回文庫や視覚障害者へのサービスがある。さらに、日曜開館、ビジネスを対象とするサービス、行事や展示を指摘すれば、この期に確立されたサービスの全容がほぼ尽くされる。

　そして、これら一つ一つのサービスに賛否両論があった。開架制の採用には、書架の乱れ、図書のいたみ、管理費の増大、広大なスペースの必要性、盗難、さらにデスク・サービスを充実させた方が利用者に親切であるといった論を、理論的、実践的に反証せねばならなかった。主題別部門制は蔵書の増大や学問の分化を背景に生じたが、貸出部門と閲覧部門に大きく二分するという伝統に立ち向かう措置であった。それゆえ、図書が閲覧されようが貸出されようが大きな問題ではなく、主題ごとに資料がまとまることの利点を訴える必要があった。日曜開館については、安息日の遵守を求める宗教的反論だけでなく、労働条件の問題も乗り越えねばならなかった。

　広報活動は公立図書館の目的を知る材料になる。1900年にアメリカ図書館協会は、図書館への支持を訴える小冊子を作成している。そこでは、図書館の教育的役割、低俗な娯楽に対抗して健全な娯楽を与える役割、悪書追放の役割を強調している。1890年代後半に、ボストン、セントルイス、クリーヴランド、ニューヨーク、ミル

ウォーキーなどが続々と児童室を設けたが,これには公立図書館での児童の重要性が広く認識されると同時に,貸出室や閲覧室からの児童の隔離という意味も含んでいた。下層地域や移民地区でのホーム・ライブラリーや図書室の開設,それにストーリー・テリングは,1880年代からセツルメント団体が推進していたサービスであり,公立図書館がこの種の活動に乗り出したため,セツルメント団体は1905年頃を境にこうしたサービスから撤退した。このサービスは社会福祉的な側面とアメリカ化の側面を強固にもち,道徳の向上や好ましい習慣の形成が,読書自体よりも強調されたのである。レファレンス・サービスにしても,情報提供だけでなく,よりよい資料を読ませるという役割が濃厚にあった。

4.2.3 1900年前後の図書館:図書館数

1900年前後は図書館数が目立って増加した時代であるが,この現象はカーネギーの寄付と結びつけて考えられてきた。しかし,この増加は三つの面で説明するのが妥当である。第一に,分館の重要性が認識され,大都市公立図書館が分館を積極的に整備したことである。クリーヴランドの模様はすでに示したが,1898年当時のボストン公立図書館は,本館と分館で11館を擁し,停本所や配本所を含めると全部で61か所でサービスをしていた。これには消防署22か所,郵便局1か所,学校6か所を含んでいる。当時のボストンの人口は約53万人なので,約4万8千人に一つの本館や分館がある勘定になる。1898年の登録者は72,005人,貸出冊数は1,245,842冊である。登録率13.6%,貸出密度2.35冊,実質貸出密度は17.3冊となってい

る。この時期になると大都市公立図書館は,本館よりも分館の貸出冊数が多くなっている。大都市公立図書館は独自に,あるいはカーネギーの寄付によって分館数を増したのである。

　第二に,州レベルの図書館委員会が1890年のマサチューセッツ州を起点に続々と形成されたことである。州図書館委員会はとくに小さなコミュニティでの図書館発展に力を注ぎ,図書館建設,分館設置,巡回文庫,停本所の開設に力を入れた。また,図書選択や実務的な助言を提供し,夏期に図書館学校を開いたりした。マサチューセッツを例にとると,1890年に州図書館委員会が成立したとき,州内341のコミュニティのうち,約30％にあたる103が公立図書館をもっていなかった。1890年国勢調査では,未設置地域の人口は131,102人で,州人口の6％弱である。この数字は,人口が希薄な貧しいコミュニティで図書館建設が進んでいないことを示している。しかし,州が援助に乗り出したため,1899年には103のうち96で公立図書館ができている。マサチューセッツ州の場合,カーネギーの寄付が大規模に始まる以前に,未設置のコミュニティはほぼなくなっていた。

　最後に,カーネギーの寄付を示したのが＜表16＞である[28]。

　カーネギーは1911年に知識の前進と普及を目的にして,カーネギー財団を設立した。この年以後の寄付は,カーネギー個人ではなく財団が担当している。1876年当時の公立図書館数は約188館であったが,1897年には971館になっている。この971館の約2分の1の474館はニューイングランドにあった。一方,カーネギーは1886〜1919年までに4千万ドル以上を寄付し,1,412の市町村に1,679の建物を寄付している。カーネギー自身が「卸売」[29]と称して大規模に寄付

<表16> カーネギーの寄付と図書館建設

寄付の決定年	コミュニティの数	寄付の決定年	コミュニティの数
1886	1	1907	61
1890	2	1908	62
1892	1 6	1909	50
1895	1	1910	42
1896	1	1911	89
1898	3	1912	52
1899	26	1913	92
1900	12	1914	78
1901	131	1915	71
1902	129	1916	65
1903	204	1917	42
1904	64	1918	6
1905	64	1919	1
1906	62		

をしたのが1898～1919年までである。「卸売」以前は六つの自治体に計14の建物を寄付した。したがって「卸売」の時代は、1,406の自治体に1,665館を寄付したことになる。

大まかな計算をすると、1923年当時の公立図書館数は3,873館、1897年当時が971館なので、1897～1923年の増加数は2,902館である。一方、1897～1919年までにカーネギーが寄付した図書館数は1,665であるから、この期間に建てられた図書館の約57％がカーネギーの恩恵をこうむっている。カーネギーが「図書館の守護神」[30]と呼ばれるのも、またこの時期をカーネギーの時代というのも妥当である。1896年のアメリカの人口は約7,200万人、971館が存在したので、

約7万4千人に一つの図書館があったことになる。一方,1923年の人口は約1億1千万人,館数3,873なので,約2万8千人に一つの図書館があるまでになった。館数の飛躍をすべてカーネギーに帰すのは問題であるが,カーネギーの寄付が大きな影響を与えたのは明らかである。

4.2.4 アンドリュー・カーネギーの図書館思想
(1) 慈善の分野と方法

スコットランドのカーネギー家は,手織り職人の父が工場制の影響で失職した1848年に,家族でアメリカに移住した。息子アンドリューは糸巻き工から身を起こし,南北戦争後の産業革命期に鉄鋼業に乗り出し,19世紀末には鉄鋼王と呼ばれるまでになった。フランクリンと並ぶ立志伝中の大人物である。1881年にはスコットランドの生地に図書館を寄付し,アメリカでは1886年にペンシルヴァニア州の故郷アレゲニー・シティに,最初の図書館を寄付した。カーネギーが富と慈善についての考えを公表したのは1889年である[31]。そこでは慈善の有効な分野として,1)大学設立や拡張,2)公立図書館,博物館,3)病院,医科大学,4)公園,温室,5)演奏ホール,集会場,6)プール,7)教会の建物といった七つの分野を指摘した。

1)では,リーランド・スタンフォード上院議員を取りあげ,総合大学設立についての1千万ドル単位の寄付を高く評価した。また,大学の施設の拡張として天文台などを例示している。カーネギーは慈善の方法に関連して,生存中に提供した関心と時間によってスタンフォードを賞賛し,死後の世界に財産を運べないがゆえに残した

点で、ジョンズ・ホプキンスの遺贈を否定的にみた。要するに、カーネギーにとっては生存中の慈善が重要なのである。医療施設については予防を重視し、医学研究施設への寄付を強調している。そして、大学付属病院でない場合は、コミュニティによって適切に維持されるために、法人組織でなくてはならない。公園や温室についてはヨーロッパと比較をしたうえで、物質的追求を戒め、美的で精神的なものを強調した。とくに、温室を寄付したヘンリー・フィプスを讃えている。フィプスは市の管轄下におくことと日曜開館を条件に寄贈しており、この措置によって「温室は公共的となり、公共の関心を引きつけ、公共の批判を受けながら運営」[32]されるのである。カーネギーにとって、フィプスの方法は慈善を有効にするための賢明な措置であった。集会室や演奏ホールについては、温室と同じように考えている。健康に役立つプールは、同時に楽しめる施設でもある。教会への寄付は特定の集団にかかわる点で、微妙な問題を含んでいる。建物や施設に限定することを重視し、美しさ、荘厳さ、優雅さをもつ建物は、教区民の内面を高め、地域の人びとの心を豊かにすると論じている。

　カーネギーが慈善の最良の分野と指摘したのは、公立図書館をのぞいて、上記の六つの分野であった。慈善の方法に注目した場合、1)慈善は一定の条件をつけて公共の管理下におく、2)慈善は生存中に効果を見守りつつ継続的に実施するという二点が重要である。

　ところで、「何が最善の慈善かとの問にたいする私の答えは公立図書館である」[33]と述べるように、カーネギーは最上位に公立図書館をおいている。そして少年時代の体験を回想した。アレゲニー

に移住したとき,アンダーソン大佐が400冊の個人文庫を公開し,カーネギーは土曜日の午後の貸出を楽しみにしていたのである。カーネギーは少年時代から図書館設立を夢みていたことになる。図書館寄贈者にかんして興味あることは,カーネギーがアスターやサミュエル・ティルデンをほめずに,イノック・プラットを絶賛していることである。プラットは,ボルティモア市に図書館設立のため100万ドルを寄付すると同時に,図書館の維持と発展のために毎年5万ドルを拠出するよう条件をつけていた。かつ,生存中に慈善を実施し,追加の寄付をするなど,慈善の効果を継続的に見守ったのである。したがって,プラットの慈善は,慈善の分野においても方法においても完璧なものであった。カーネギーは,富を求める個人の野心と,公共の善とを一致させようとする「富の福音」の主唱者であったが,カーネギーの言を借りると,プラットは「富の福音についての理想的使徒」[34]となる。

カーネギーはくどいまでに,「慈善は一定の条件をつけ,可能な限り公共の管轄下におく」「慈善は生存中に,効果を見守りながら継続的に実施する」ことを重視した。この方法は図書館についても厳しく適用された。前者については次の方法をとった。土地は自治体が用意し,拡張可能な広さでなければならない。カーネギーは建設費を寄付し,自治体は寄付金の最低10%,あるいは最低1千ドルの高い方を,毎年の維持運営費として出さねばならない。寄付金は前払いや一括払いにせず,建設の進展に応じて小出しにする。複合施設は許可しない。これは,図書館以外の施設を主目的として図書館建設を申し込む例が予測されるからである。「卸売」の時代にな

ると、これらの基準を満たす場合は機械的に申し込みに応じていった。ただし、州立図書館や会員制図書館、すでに十分な施設がある場合、それにすぐれた慈善家がいる町には寄付しなかった。「生存中に、効果を見守りながら」については、＜表16＞で明らかなように、1919年に死ぬ以前に慈善を実施した。ただ「卸売」時代、カーネギーは直接的には図書館建設に関与せず、秘書ジョン・バートラムが機械的に申し込みの採否を決めていた。したがって、効果を見守りながらという点では、疑問が出されるかもしれない。

(2) **慈善における公立図書館の位置**

　図書館史をみれば、慈善家が大きな貢献をしていることは一目瞭然である。カーネギーの寄付はとくに大規模であったため、「図書館の守護神」と呼ばれたりもする。しかし、カーネギーの慈善は、図書館史における従来の慈善と相違するだけでなく、慈善の歴史からみても大きな特徴をもつ。カーネギーは自治体が土地と維持費を賄うとの条件を付けたのちは、自治体からの申し出を待ち、決して自治体に図書館を押しつけることはなかった。この考えは図書館利用についても徹底している。1888年、ボルティモア公立図書館の登録者は37,196人、貸出は430,217冊である。カーネギーは登録者について次のように指摘した。

　　　この3万7千人は、やる気がない、怠惰な、極貧のアメリカ
　　人より価値ある人たちであり、ボルティモア市、州、国にとっ
　　ても、いっそう価値ある人びとである[34]。

　「天は自ら助くる人を助く」であり、怠惰な人はもともと公立図書館の利用対象ではない。カーネギーの慈善の方法は限定的であっ

たが，慈善にたいする基本姿勢でも非常に限定的なのである。富の処理法としての遺贈を否定的に評したが，遺贈は少なくとも社会に害を与えない。しかし，救貧法や金を恵む慈善は，怠惰を増長し，貴重な富を分散させ，勤勉な貧者の活力を失わせる点で悪であり，犯罪的ですらある。カーネギーはボルティモアの利用者を賞賛したが，寄贈者プラットについて次のように記している。

> 賢明にもプラットは，100倍にして恩返しをする土壌に，栄養を十分に含んだ水を流したのです。多くの浪費家は，決して満たされないふるいに水を注ぎ，さらに悪いことには濁んだ下水溝に汚水を流し込んだのです。そこでは，国家を苦します病気が，培養されてきたのです[34]。

カーネギーの慈善にたいする基本姿勢は，勤勉な貧者（とくに青少年や労働者）を対象とすべきこと，怠惰の増長はよくないこと，助力の提供でなくてはならないことの三点に要約できる。

ここにおいて，七つの慈善分野で公立図書館が首位を占める理由がはっきりする。カーネギーによれば，公立図書館利用者は勤勉でやる気があり，かつ自分の少年時代のように自力で本を買えない貧者であった。一方，慈善の対象とすべきでない人は，図書館を利用せず，居酒屋や遊興を好むであろう。また，金持ちは自分で本を購入する。カーネギーが最重視したのは，勤勉な貧者への助力の提供であり，この観点からして公立図書館は一頭抜きんでているのである。このことは，公立図書館への寄付が，少年時代の経験だけにもとづくのではなく，他の多くの慈善家の行動を注視しつつ，慎重に導き出されたものであることを示している。

(3) カーネギーの思想と慈善

カーネギーはピッツバーグの図書館開館にあたり,富を公共の善に使うことを富者の使命としたのち,次のように述べている。

> 百万長者が大都市貧民街を視察し,「この状態を正してやろう」という。そして,貧民に「お前はお前自身の富の取り分をえていない」と述べ,各貧民に施しをしたとする。数日後,この熱心な慈善家は友人とともに,貧困という悪が癒されたのをみにいく。その結果,両者がみた情景を想像してみよ[35]。

もちろん結果は,悪が増長しているだけである。カーネギーはここでは,文明や社会の進歩の原動力としての富の集中を擁護したのである。発明家や資本家は,安価に良質で便利な物をつくることで生活の向上に貢献し,さらに文明を支えている。社会が進み,事業が大規模になるほど,より巨大な富が特定の人に落ちる。特定の人とは,有能で先見の明があり,南北戦争後の資本主義発展期にのし上がってきた資本家である。ハーバート・スペンサーの言葉を借りると,百万長者は生存競争に勝ち抜いた最適者ということになる。スペンサーの社会進化論は,ダーウィンの生物進化論を援用することで,科学的色彩を帯びていた。適者生存や生存競争は,人間社会の原理とされたのである。カーネギーは「個人主義,私有財産,富の蓄積の法則,競争の法則」[36]を社会の根本原理と把握し,さらに「人間の経験がつくりあげた最高の原則」「社会に利益を生ずる源泉」と考えている。この原則からして,百万長者は最高度の人間であり,百万長者が最も多いアメリカは最高度の国であった。それゆえ,カーネギーは「富の集中の是非」「重要なのは富の配分であっ

て，再配分ではない」といった問題に悩む必要はなかった。カーネギーにとって問題なのは，富の性格であった。カーネギーは富を社会からの信託物と考え，百万長者を富の管理者と把握した。したがって，社会に役立つように細心の注意を払いつつ富を有効に使うことが，富者に担わされた義務であった。慈善は軽く考えてはならず，富者にとって人生の最大関心事であるべきだった。

ところで，富（正確には余剰の富）を以上のように厳格に捉え，慈善の分野と方法を限定したカーネギーは，慈善自体の意味に関連して，「現代の課題は．．．．富者と貧者を調和させるように，富を適切に管理することにある」[37] と述べている。「富の適切な管理」が慈善にほかならず，ここに産業資本家としてのカーネギーがはっきりと窺えるのである。しかし，「富者と貧者との調和」を労働対策と考えるだけでは不十分である。カーネギーが挙げた七つの慈善分野のうち，教会はカーネギー自身が留保をつけていたし，医療関係施設は人間の健康にかかわる。その他の分野をみれば，技術革新は大学や研究施設が担当し，これは産業化の根底を支えるものである。プール，公園，集会場は精神にゆとりをもたせ，余暇を使う場として機能する。それらは労働者に憩いの場を与え，作業能率をあげ，さらに労働者の不満が少しでも解消されればよい。公立図書館は勤勉な貧者に富を獲得する機会を与えるが，それは産業化に必要な人材を拾い上げる手段となる。クリントン・ロシターは19世紀末の保守派や大産業資本家が「能力の不平等，機会の平等」[38] を主張したとまとめている。公立図書館はまさに機会の平等にかかわるものであった。カーネギーの慈善は，技術革新にかかわる高等教育機関

や研究所,労働者に憩いを提供する公園,プール,集会場,富の獲得への助力を与え人材を拾いあげる公立図書館の三本柱から成り立っていた。そして,この三つの柱は,慈善の目的である産業化という一本の線で結ばれていたのである。

(4) 超保守的図書館思想

19世紀後半に,「酒場よりも図書館へ」「刑務所より図書館を増設すべき」「図書館は犯罪を予防する」「失業者や怠惰者は図書館で軽読書をする方がよい」「移民をアメリカ化せねばならぬ」といった語句は頻繁に使用された。しかし,カーネギーの図書館思想はこれらとは無縁である。1900年前後のアメリカは進化論の国である。生存競争と適者生存を題目に,個人の自由な経済活動を神聖視し,改革を否定してゆるやかな進化を唱える点で,産業資本家や富者に都合がよい論理であった。既述のように,生存競争と適者生存を土台に私有財産と経済的個人主義を最重視するのが,カーネギーの基本的立場である。この保守的立場は,社会進化論という科学に支えられているために強力であった。また,南北戦争後のアメリカは,生存競争と適者生存の法則を証明しているようにみえた。保守的な社会進化論者は,あらゆる改革や規制に反対したのである。

しかし,アメリカの社会進化論者は,一つの点でスペンサーと異なっていた。スペンサーは教育改革を認めなかったが,アメリカの保守的な社会学者ウイリアム・サムナーでさえ「教育機会の増加,増大,拡張」[39]を求めたのである。サムナーは「階級の相違は,人びとに与えられた機会を,その人自身がどの程度の成功に結びつけるかということから生じるにすぎない」[40]と断言した。したがっ

て,機会の平等が非常に重要になる。この場合,機会の平等にかかわる公立図書館はいくつかの意味をもつ。第一に,勤勉な貧者に社会の梯子をのぼる助力を与えることである。第二に,それは同時に,産業化に必要な人材を吸いあげることでもある。第三に,公立図書館は個人の機会を平等にするもので,全体の上昇を目指すものではない。サムナーは「機会が増加するほど,二種のタイプ〔勤勉と怠惰〕の人間が獲得する富は,いっそう不平等となる。それが正しい社会の掟である」[41]と述べている。生存競争と適者生存を原則とする保守派にとって,機会の均等は前提として重要であり,機会が提供されたのちは社会病理や都市問題などに目を注がず,すべてを個人の問題に帰したのである。このような背景をもつカーネギーの図書館思想は,超保守的な図書館思想と結論してよい。

4.3 両大戦と大恐慌の時代

4.3.1 アルヴィン・ジョンソンの報告と問題の所在(1915年)

クリーヴランドは1890年に主題別部門制に着手し,1913年には主題別部門制を大規模に実験したが,1925年にはクリーヴランド,1926年ロサンゼルス,1933年ボルティモアが全面的な主題別部門制を採用した。その他,1890年代に開始されたサービスは普及していったのである。しかし,従来の図書館が批判的に検討された点に注目せねばならない。カーネギー財団はカーネギー図書館の診断を,コーネル大学の経済学者ジョンソンに依頼した。ジョンソンは10週間で約100館を視察し,1915年に報告書を提出した[42]。同報告はカーネギー図書館だけでなく,公立図書館全体の問題点を指摘している。

4　公立図書館史　*171*

　ジョンソンは，公立図書館を実用的，文化的，教育的サービスを担う有益な機関と把握した。と同時に，図書館は建物とだけ認識され，機能や役割，それに可能性は理解されていないと分析した。要するに，公立図書館は豊かな可能性を秘めているが，たんなる可能性に留まっているのである。報告書は多くの勧告をしたが，とくに二つの点が興味を引く。

　まず，図書館が建物と認識されたり，不活発な図書館活動の最大の原因を，職員に求めている。南部では没落家族の女性，小さな町では愛書家や地元の文人が図書館を担当し，職員自身が図書館の役割や図書館員の仕事を理解していない。これでは，図書館の可能性を現実化できないのである。当然，この考えは図書館員の養成に進む。ジョンソンは，図書館の目的や役割，サービス地域の理解や読書傾向の把握を教育する必要があると論じ，従来の図書館学校での技術教育では不十分だとした。また，図書館学校への入学資格を，高卒から大卒に引きあげることも強調している。カーネギーは建物に限定して寄付をしており，ジョンソン報告はカーネギーの図書館政策の基本姿勢を批判したことになる。なお，カーネギー財団は1917年秋に，図書館建設の申し込みを終結した。

　いま一つは図書館費である。カーネギーは寄付金の最低10％あるいは最低１千ドルの高い方を，毎年の図書館費として公費から充当することを条件としていた。たとえば１万ドルの寄付にたいしては最低１千ドルを充てねばならない。ジョンソンは１千ドルの標準的用途を，修理や保険100〜200ドル，用務員100ドル，光熱費200ドル，図書館員の最低年俸400ドル，製本費と改訂版図書の購入100ドル，

総計900～1,000ドルとまとめている。このモデルは,新しい図書館が開館しても新刊書の追加がなく,すぐに利用されない図書館になることを示している。しかし,ジョンソンは下限の引きあげを主張せず,サービスへの認識を高めることで,図書館費が増大することを期待した。

4.3.2 新しい取り組み
(1) 図書館学教育

ジョンソンは図書館員の役割を重視し,図書館学教育の問題に行きついた。カーネギー財団はジョンソン報告に冷淡だったが,1918年にはチャールズ・ウイリアムソンに図書館員の養成や図書館学教育についての研究を依頼し,1923年に報告書が刊行された[43]。この報告は,大学での教育,大学院レベルでの研究と教育,図書館学校の認定などを訴え,図書館学教育に大転換を生じさせた。

カーネギー財団の援助を受け,1926年にシカゴ大学大学院図書館学部が成立した。大学内にある他の大学院の研究水準を満たすために,研究を主体としての発足である。発足当初から続々と著作を刊行し,1931年創刊の『ライブラリー・クウォータリー』で筆を競ったりした。そして,共通の視点と方法をもつシカゴ学派を形成するのである。シェラは,「図書館学教育が成功した時代がある。それは素晴らしい学部長ルイス・R・ウイルソン時代〔1930年代〕のシカゴ大学である」[44]と評している。バトラーは1933年に『図書館学序説』(1933年)で,哲学的,心理学的,社会学的,歴史学的研究による図書館学の構築を訴え,シカゴ学派の基本構想を示した。

4 公立図書館史 173

この本は図書館哲学の必読文献として健在である。1935年にジョッケルは,豊富な資料を用いて,行政機構と公立図書館との関連を総合化した。これは驚異的な労作である。1938年にウイルソンは,図書提供機関の合衆国全域での分布状況などを総覧し,図書資源の地域格差と原因,および対処法を示した大冊を発表した。1943年にガウレディズ・スペンサーは,シカゴ公立図書館の成立をシカゴ市の全状況を視野に入れて論述した。同書はシカゴ学派図書館史学におけるミクロ図書館史研究の精髄を示している。一方,マクロ図書館史研究の最高峰が,1949年に刊行されたシェラの『パブリック・ライブラリーの成立』である。同年,バーナード・ベレルソンは過去の図書館利用者調査を総括するとともに,新たな調査も加えて,明確な結論を引き出した。以上は少数の例示にすぎないが,現在の図書館学が1930年代のシカゴ学派を基盤にしていると考えても間違いではない[45]。

シカゴ学派の業績が権威とされるのには理由がある。まず,基本的な語や概念の考察を重視したこと。次に,従来の業績を総括したうえで,新たな問題意識で総合化を試み,明確な解釈,類型,結論を提示したこと。第三に,図書館を客観的な研究対象と把握し,科学的研究法を貫いたこと。第四に,図書館学や現場がかかえる大きな問題に,過去の業績や動きを総括しつつ取り組んだこと。くわえて,創造的精神や批判精神にみちた学内雰囲気,強力な研究援助態勢が研究を支えたのである。

(2) 既存の図書館の強化と基準の設定

ジョンソン報告は図書館費1千ドルの用途を示し,新刊の購入が

できないことを示した。1924年のウイリアム・ラーンドの論考によると[46]、カーネギー図書館1,349館のうち1万ドル未満の寄付が698館に達している。それゆえ、1千ドルは架空の数字ではない。カーネギー図書館も含めて、既存の図書館の強化が差し迫った問題となってきた。これは全国レベルの基準の設定という方向をとる。

アメリカ図書館協会は1917年に図書館や図書館員の基準を検討するが、1921年には次の決議を採択した。

> 優れた職員で、よい図書館サービスを求めるコミュニティでは、住民一人当たり1ドルを負担すべきである。....小さな町の場合、1ドルで良質のサービスを提供しようとすれば、サービスおよび税負担の区域を拡大する方式がある[47]。

1933年にも図書館協会は公立図書館の基準をだすが[48]、ここでも最低1ドルの負担と、小さな町にたいしてはサービスおよび税負担の区域の拡大を訴えている。これらの一連の動きは、最初の包括的な基準である1943年の『戦後公立図書館基準』に結実していく。『戦後基準』の目的は、「現在の図書館サービスの適切さと効率を測る手段」「戦後再建期において、図書館発展を計画する場合の指針」[49]を提供することにあった。『戦後基準』は質的側面を重視したが、頻繁に活用されたのは、最低限の図書館サービスには住民1人当たり1ドル、よいサービスには1.5ドル、優れたサービスには2ドルを提示した箇所であった。これらの数値は最低限に偏る傾向をもちつつ浸透していった。一方、『戦後基準』は最低限のサービスでも2万5千ドルが必要と規定していた。これは人口2万5千未満の場合、住民に過重負担を強いることを意味する。この過重負担

を避けるため、ここでもサービスおよび税負担の区域の拡大を奨励したのである。

ジョッケルは『戦後基準』に使用した膨大な資料を駆使して、1948年に『公立図書館サービスの全国計画』を発表した。ジョッケルは、当時の図書館状況を次のようにまとめている。

> 第一に、住民の4分の1は図書館空白地帯に住んでいる。第二に、図書館を管理する区域の数が多すぎ、各区域が狭小で財政基盤が弱く、効率的サービスを提供できない。第三に、図書館予算が貧弱すぎる[50]。

ジョッケルは公立図書館を1,200の区域、すなわち大きなサービスおよび税負担の区域への統合を主張した。また、効率的で統合化された図書館システムにするため、州の援助に期待した。

『戦後基準』の検討とジョッケルなどの調査研究に基づき、1956年に図書館協会は新しい基準『公立図書館サービス』を採択した。同書は約70の指針のもとに191の基準を示している。「図書館の協力ということが本書の最も重要な勧告である」[51]と明言することで、図書館が単独では機能しないことを認め、「図書館は公式あるいは非公式を問わず『システム』の中に互いを結びつけねばならない」と述べた。1966年には『公立図書館サービス』に代わって『公立図書館システムの最低基準』[52]を採択したが、図書館をシステムと把握する姿勢に変わりはない。

(3) **カウンティ・ライブラリー**

ジョンソン報告は小さな公立図書館の問題点を指摘したが、図書館への理解を深めたり、複合施設によって図書館費の節減をするこ

とで,図書館費の増大とサービスの拡大を考えた。しかし,前項目でみたように,図書館協会は一貫してサービスおよび税負担の区域の拡大を主張している。これには,カリフォルニア州でのカウンティ・ライブラリーの成功が,背景として考えられる。

1908年,カリフォルニア州立図書館長ジェイムズ・ギリスの示唆をえて,サクラメント郡の郡庁所在地にあるサクラメント市立図書館と郡理事会は契約を締結した。郡は年3,500ドルを市立図書館に払うことで,郡の住民はサクラメント市民と同じように市立図書館を利用できるのである。また,郡に停本所をおき,50冊単位の蔵書を1〜4個提供した。1908年に停本所は八つ設置され,なかには地元の団体が提供した閲覧室をもつものもあった。蔵書は適宜交換され,情報や資料交換をサクラメント市立図書館本館と週1回おこなった。運営面ではサクラメント市立図書館の一事業と位置づけられた。これがカウンティ・ライブラリーへの重要な一歩である。

ギリスは人口希薄な地区の住民も,市民と同等の読書欲求や情報欲求をもつと考えていたし,州立図書館長として州全域へのサービスを構想していた。ところで,市町村すなわち地方自治体とは,一定の地域に一定の人口の集団があり,その集団の多種多様な行政需要を満たす政府をもつ団体であり,住民の要請で創設される。それゆえ,地方自治体は人口の集中を前提とする。一方,郡は州政府の側から,州の事務を補完的に遂行させる下部機構として創設された地方団体であり,その性格上,州全域を覆っている場合が多い。ちなみに,1970年の合衆国の人口2億3千万のうち,地方自治体に住む人口は約65%であるが,郡は約90%である[53]。カリフォルニア

州は全域が郡で覆われており，地方自治体外に住む住民にとって，もっとも近い地方団体は郡である。カウンティ・ライブラリーは，第一に人口希薄な地域へのサービス提供が目的であり，付随的に小さな公立図書館がかかわってくる。

　1909年に州議会を通過した法は，カウンティ・ライブラリーの設立に二つの方法を示している。まず，郡理事会がカウンティ・ライブラリーを設立できるとしたが，郡の住民投票にかけて，設立の是非を問う必要があった。いま一つがサクラメント方式で，郡内の既存の市立図書館と契約を結び，市立図書館のサービスを郡全域に拡張する方式である。この方式は郡理事会の裁量で実施できる点で手続き的に簡単であり，ギリスは契約方式を主張した。1910年には既存のサクラメント郡などを含めて約10郡が，契約方式を採用した。

　しかし，カウンティ・ライブラリーが既存の市立図書館を飲み込む懸念，すなわち市立図書館の独立性と自律性の問題が浮上し，1911年に新しい法律が成立した。同法は郡理事会の裁量でカウンティ・ライブラリーを設立できると規定した。カウンティ・ライブラリーは郡内にある市立図書館を自動的に排除するが，市立図書館がカウンティ・ライブラリーに参加を申し出た場合は，カウンティ・ライブラリーに参画できる。カウンティ・ライブラリーの創設は1909年法でも認められていたが，住民投票の必要性や税負担の増大などから実際には機能しなかった。契約方式では，たとえば片方が6か月前に契約破棄を通告すると，自動的にサービスが消滅した。独立し，永続し，郡の機関として明確に位置づけられ，独自の財源と管理運営をもつ方式がすぐれているのは歴然としていた。

1925年頃になると、州内58郡のうち42郡でカウンティ・ライブラリーがあり、契約方式で出発した図書館も多数が独立型に移っていた。蔵書250万冊、分館や停本所4千か所に上っている。また、約60の公立図書館が参加しており、カウンティ・ライブラリーに属した方が、すぐれたサービスができることを証明している。約2,300の学校区図書館も参加し、これは学校区図書館の3分の2を越えている。学校区図書館の資金をカウンティ・ライブラリーにわたし、カウンティ・ライブラリーからサービスを受けたのである。

1929年までに33州でカウンティ・ライブラリーの法律が成立し、1929年当初、全米で265のカウンティ・ライブラリーが活動していた。とくに、カリフォルニア州では58郡のうち46郡に上っている。1911年のアメリカ図書館協会の大会で、カリフォルニアにおけるカウンティ・ライブラリーの指導者ハリエット・エディは、次のように論じている。

> 未自治体の地域に州の巡回文庫をめぐらしても、3か月単位に雑多な本を50冊おくことで、....何の役に立つというのか。....たとえ州の巡回文庫が十分なサービスをするとしても、輸送の浪費や重複はいかんともしがたい。....また、図書と利用者との結びつきの媒体としては、あまりに住民から遠すぎる。最良の結果をえるには、より具体的で、直接的なサービスを考えねばならない。....より小さな区域にサービスをまかし、州は小さな区域を補完し調整する役割に回るべきである[54]。

カウンティ・ライブラリーの基本的な考えは、エディの言に集約されている。カウンティ・ライブラリーが発達した理由は以下の点

にある。まず，州の直接サービスの不十分さと非能率性を克服できる。たとえば，住民が特定の図書を求めてもカウンティ・ライブラリーなら迅速に対応できる。一方，小さな町の公立図書館は，カウンティ・ライブラリーの膨大な蔵書を共有できる，司書の指導を享受できる，集中整理によってサービスに没頭できるという利点があった。多くの公立図書館がカウンティ・ライブラリーに参加したのは，独立性と自律性をおかされずに，より広くて深いサービスが提供できるからである。さらに，カウンティ・ライブラリーの特徴はサービスの重視にある。ジョンソンが指摘したように，図書館はたんに建物と考えられていた。一方，カウンティ・ライブラリーはサービスを肝要とした。固定施設も設けられたが，学校，店，役場，一般家庭などに蔵書をおき，蔵書を頻繁に交換した。以上の特徴をもつカウンティ・ライブラリーは，カーネギー図書館への批判を含み，さらにサービスの徹底を第一の目的とした点で重要である。そして，人口希薄な地域での図書館サービスの不在と弱体を解消する取り組みとして，公立図書館史で重要な意味をもつ。

4.3.3　両大戦と大恐慌下の図書館：クリーヴランドとデトロイト
(1)　第一次世界大戦

　第一次大戦は1914年7月に開始され，1914年8月にウイルソン大統領は中立を宣言した。1915年5月に，アメリカ人乗客をのせるイギリス船ルシタニア号がドイツ潜水艦に撃沈され，国内での反独感情は一気に高まった。しかし，ウイルソンは中立を続けている。1917年1月，ドイツは無制限潜水艦戦を開始し，2か月間に6隻の

アメリカ船が沈められた。アメリカ参戦は1917年4月6日であり、大戦開始後3年にわたり中立を続けたことになる。

19世紀末から20世紀初頭の図書館界を指導したのは、ブレット館長のクリーヴランド公立図書館であった。ブレットが着手した新しい多くのサービスをみると、進歩的人物と思われそうであるが、図書選択などには非常に保守的であった。軽読書や三文小説の類をすべて悪書と把握し、青少年への悪影響を心配していた。ブレットが青少年サービスを重視し、児童室の独立を目指した裏には、青少年の隔離という意図があった。

ブレットは、戦時中に厳格な検閲をすることを図書館の義務と考えていた。中立当初、図書館にはドイツを支持する文献も提供する義務があると認めてはいた。しかし、参戦の2年前に生じたルシタニア号事件からのちは、この義務の遂行を困難と考えている。ブレットにとって参戦はもっと早くなくてはならず、この戦争は民主主義を守る聖戦であった。参戦後は、図書館を積極的に情宣活動の場とし、合衆国政府を支持する健全な世論を形成する資料や、積極的に戦争を遂行するための資料を書架に並べ、この方針に反する資料は書架から退却させた。排除された図書は親独文献だけでなく、平和主義者の図書が多く含まれている。ブレットにとって最も悪質な図書は、スウェーデンの進歩的な作家で教育家のエレン・キーが書いた『戦争、平和、それに未来』(1916年) である。この本は普遍的な平和と全女性に戦争反対運動の展開を主張している。ブレットにすれば、この時期に平和を叫ぶ者は世論の分裂を企てることにほかならず、巧みにカムフラージュされた親独の情宣資料ということに

なる。ここには、当時の「モデル図書館」であるクリーヴランドの基本姿勢が窺われる。

　一方、デトロイトは自動車産業を核とする労働者の町であり、人種的にも複雑な状況を抱え、この時期の図書館状況を知る一つの典型となる。参戦前に、デトロイト公立図書館は赤十字社との協力を打ち出したり、徴兵情報などを住民に流す措置を講じている。まもなく、陸軍省の要請を受けて爆発物関係の資料を除架し、この種の資料の閲覧を許可制にした。デトロイト公立図書館は、政府機関と市民をつなぐ役割を強調し、地域活動の拠点として、また情報センターとして機能した。戦争への全面協力を大きな機会、すなわち図書館サービスの重要性を広める好機と把握し、積極的なサービスを展開した。その基本姿勢は、以下の言に集約される。

　　　人びとは戦う技術だけでなく、戦う目的を理解せねばならない。これは当館にとって一つの機会である。当館は不断にヨーロッパの歴史、経済、社会状況を住民に提供しており、これを背景に、アメリカの状況、責任、理想を明確にしてきた[55]。

赤十字のグループが分館で会合し、デトロイト周辺の軍隊駐屯地や軍病院に図書がおくられた。性病予防運動に政府機関と共同して乗り出し、本館の広大な空き地は、食料品会社に供されて野菜畑と化した。サービス面では、技術者への科学技術情報、とくに軍需工場、軍関係施設へのサービスを重視している。

　戦時下でも貸出に力を入れたのはいうまでもない。1917〜18年度は利用者数と貸出冊数ともに増加したが、若者が戦地に赴いたことで登録者数は若干減少した。読書傾向には明確な変化があり、1916

〜17年の年報は参戦前後の比較をしている。

　　貸出の分野別統計は，非常に興味ある重要な事実を示している。‥‥哲学，宗教，社会学が大幅に伸び，とくに宗教への関心が高まっている。‥‥技術，美術も同じ傾向にある。‥‥参戦後は，軍事，合衆国史，政府についての本が増加し，ドイツ語の本は利用が**激減した**[56]。

さらに，参戦後は倹約運動や食料節約運動が展開されており，家庭，料理，園芸，編み物の資料も読まれている。もちろん，移民が多いことは他の大都市と相違なく，アメリカ化のサービスを展開していた。1918年11月の終戦後は，職業関係の資料が求められた。技術工学部門の利用をみると，戦時中は飛行機，造船，軍事が多かったが，終戦後は不動産，ガス，石油，科学的経営法や会計学が多くなっている。

(2) **大恐慌**

第一次大戦から1920年代末までは好景気であった。1918年にブレットが死亡したとき，クリーヴランドは蔵書約60万冊であったが，1928年には180万冊に達している。図書館費は50万ドルから200万ドル，職員数は385人から848人，利用も約2倍に増加した。

1929年10月24日，いわゆる暗黒の木曜日にニューヨーク株式が大暴落し，大恐慌が始まった。以後1930年代半ばまで，公立図書館も暗黒の時代を経験する。大恐慌に突入して，すぐに図書館予算が苦境に陥ったのではなく，最悪期は1931年あるいは1932年からの数年間である。クリーヴランドは1932年から暗黒の時代にはいる。人件費をみると，1931年の1,371,788ドルが最も多く，2年後の1933年

には918,450ドルと32％減少した。1936年でも，1931年の時点より10％低かった。1926〜31年の5年間は経常費の18％が資料費だったが，その後の5年間は12％に下落した。図書館費の大幅削減は，資料費に増幅してはね返ったのである。1932年に図書館は次の措置を取らねばならなかった。学校にあるいくつかの分館と，すべての停本所や配本所の閉鎖。残りの学校分館も開館時間を40％削減。全分館の開館時間を短縮。職員の解雇，正職員の給料の10％削減。修繕費や補修費は皆無。それまで本館は独立記念日を除き364日開館していたが，日曜と祝日を閉館にすることになった。1932年には本館の新着書架に「今週は新着図書を展示することができません。ここに並べた古い本はお読みになりましたか。きっと興味をもたれると思います」[57]という案内が出た。

この時期に利用は大幅に増加した。1931年冬に地元新聞は，「本館の新聞閲覧室は『居場所，暖，心地よさ』を与えており，この場がなければ，多くの人は戸外をうろつくしかない」[58]と書いた。多くの失業者が図書館の「無料サービス」に殺到したため，大恐慌直前と比べて貸出が約20％増加した。将来の職にそなえての学習，趣味への没頭に加えて，多くの利用者は時間を潰すために図書館を活用した。館長は次のように書いている。

> 多くの図書館員は，多数の本を借りる妻たちが，「．．．．図書は夫を救う唯一の糧である。少なくとも，図書は夫に無為を強要しないし，夫自身を図書にのめり込ますことができる」というのを聞いた[59]。

また，地元新聞に投稿した作家は，「図書館の貸出証は，精神の

糧をえる無料切符であった。この貸出証を失うくらいなら、コートを捨てる方がよい。本館で時々すごす数時間は、日々の困難を和らげてくれた」⁽⁶⁰⁾と書いた。

恐慌がいよいよ深刻化する1932年秋に、ルーズヴェルトが大統領に当選した。ルーズヴェルトはニューディールを実施するが、これはテネシー川流域の開発といった大規模な公共開発事業だけに限定したのではない。1933年6月設立の公共事業局、1933年11月の民間事業局、1935年5月の事業促進局などに雇われた職員は、とくに大都市公立図書館で重要な役割を果たした。クリーヴランド公立図書館では1935～39年の間に、これらの職員によって全館が掃除、修繕された。30人の音楽家が楽譜の写しに従事し、画家が壁画を描いたりした。さらに、一般的な事務を助けるだけでなく、書誌の作成なども担当したのである。

デトロイトは大恐慌の影響をまともに受け、恐慌の開始とともに失業者があふれる状態であった。大恐慌期のデトロイト公立図書館の物語は、「最悪の状態で最善を尽くそうとする果敢で喜びに満ちた物語」⁽⁶¹⁾とされる。1929年10月下旬の株価暴落ののち、約6か月後に出された1929～30年の年報では、貸出が600万冊を越えている。翌1930～31年は約700万冊と史上最高となった。この700万という数字は、不況の影響がない1928～29年度よりも約178万冊増加している。2週間で利用者が25万人を越えた時期もあった。全部門の利用が上昇し、不況とは無関係にみえる児童部門でも大幅に貸出が伸びたのである。年報はこの現象を次のように推測している。

　　児童の利用も増しているが、映画などの金を賄えないからで

あろう。ゲームや戸外での遊びに飽きたとき，本を読む児童だけでなく，．．．．全児童が図書館に殺到した[62]。

　不況が長引くにつれ児童の利用は減少したが，これは親がデトロイトを離れたためである。あらゆる職種の成人の利用が増加し，男性の利用がはじめて女性を上回った。暖を取るためや退屈しのぎも多かったが，真面目な読書に取り組む者も多くいた。男性向けの実用書や実務書の利用が目立ち，利用者が境遇改善に努力したことを示している。科学技術部門とビジネス部門の利用には目を見張るものがあった。図書館自体も地域で果たすべき役割を認識し，1931～32年の年報は「現在の状況下にあって，デトロイト公立図書館は安全弁」[63]になるために最善を尽くすと強調した。

　図書館費の削減は目に余るものがあった。大恐慌以前に決められた1929～30年の図書館費は160万ドルを越えていたが，この水準に戻すには10年を要した。1931～32年は約100万ドルに減じ，最悪の1932～33年は約75万ドルで，3年前の2分の1に満たなかった。非常事態として1932年6月には年間登録料25セントを徴収し，この措置は1934年3月まで続けられた。1932年7月には，本館などで水曜と日曜が休館となり，本館では完全に閉鎖された部門もあった。五つの分館，工場やセツルメント施設にある28の停本所や配本所も閉鎖され，後者は二度と開かれることはなかった。1931～32年の資料費17万5千ドルはすぐに7万2千ドルに減じられ，1932～33年は4万ドルにも達しなかった。すでに，1930～31年は300点のフィクションしか購入しておらず，資料費の減額でまっ先に直撃を受けたのがフィクションである。有料での貸出を実施したが，利用者は新刊の

フィクションを貸本屋に頼ったのである。この時期,デトロイト公立図書館はカーネギー財団に次の報告をしている。

> 資料費の減額は当館の心臓を打ち抜いた。市が図書館へ投資をして妥当な見返りをえるのは,サービスの根本である資料費が十分にあってのことである。....必要な図書,あるいは通常なら必要と思われる図書さえ購入できない状況では,図書館員の基本思想と賢明さが試験されている[64]。

クリーヴランドと同じように,連邦政府の大幅な介入プログラムはデトロイトにも影響を与えた。民間事業局,事業促進局のもとで職をえた職員が図書館に入ってきた。彼らは,数年来まったく荒れるままであった施設の維持や改装,さらに楽譜の写しといった仕事を担当したのである。

(3) 第二次世界大戦

デトロイト公立図書館の1941～42年の年報は,ナチの雑誌に載っていた文を巻頭に紹介している。

> 公立図書館は世論を形成する強力な武器である。現在の世界規模の戦いのなかで,アメリカ国民がどのような方向をとるかは,公立図書館の政策に大いに依存している[65]。

第一次大戦と同じように,多くの図書館はアメリカが第二次大戦に参戦する前に,図書館として戦争の準備に入っていた。1941年12月,合衆国は全面的な戦争に突入したが,1940年にすでにデトロイト公立図書館理事会は,兵役につく職員には退役後に元の職を用意すると確約している。開戦と同時に,図書館は三つの基本的役割を公表した。まず,住民が状況の変化に即座に対応できるように,的

確で正確な情報を提供すること。次に,個人や団体に助力を与え,戦争遂行に貢献すること。最後に,健全な気休めの機会を与えるだけでなく,世界が対立している理由を市民に理解させることで,市民のモラルを強固にすること。要するに,戦争の遂行に思想面,生活面,精神面で寄与することを目的にしたのである。

たとえばワシントンから出される規則や規制を住民に提供し,また政府機関の全面協力を条件として,図書館内に戦争情報センターを設置した。この措置で図書館は非常に忙しい場になり,デトロイト市で重要な位置を占めることとなった。終戦後は帰還船や帰還兵の情報提供を担当し,このサービスは大好評を得た。すなわち,デトロイト公立図書館は政府機関と住民を結びつける機関としての役割を担ったのである。

図書館サービスでは,技術部門の利用が増加したこと,アメリカ化のために他団体と積極的に提携したこと,赤十字などと協力して軍隊へ図書を供給したことが目立っている。参戦後の1週間内に,全職員は合衆国への忠誠宣誓書に署名し,予期される肉体的,精神的緊張を担う決意を固めた。図書館が所有する自動車の一覧表は,軍事目的以外で使用する条件で,陸軍省に渡された。地図部門は一夜にして陸軍地図サービス部と海軍情報部の本部となった。戦争が終わったとき,陸軍地図サービス部はデトロイト公立図書館の地図部門を表彰し,図書館は4万点にのぼる地図の委託所となった。戦争中に,徴兵による職員不足,閉館,開館時間の短縮,予算削減があったのは第一次大戦のときと同じである。

戦争中の大きな出来事は,1943年6月20日から生じた人種暴動で

ある。この事件では数百万ドルの損害,10人以上の死者が出ている。警察では鎮静できず,知事がルーズヴェルト大統領に連邦軍の出動を求め,2,500人の軍隊が投入された。戦時下にあって,他の大都市への波及が懸念された。この暴動で,デトロイト公立図書館本館は300名の連邦軍の本拠と化し,広大な図書館の空き地は軍隊の駐屯地となって,武器や軍用車が周囲を囲んだのである。人類の福祉や教育に貢献する公立図書館にとって,この措置は異様な光景をかもしだしたに相違ない。図書館は,暴動を鎮静するだけでなく繰り返さないことが肝心だと考え,短文と読書リストを載せた『6月20日から1週間の出来事』と題する小冊子を急いで作成した。短文では,権威者が人種的優劣を否定する論陣をはり,合衆国内での人種対立が枢軸国側を利すると論じた。小冊子は好評で,労働団体が4,500部を求め,さらに連邦政府機関も500部を求めている。

以上のようにみると,両大戦での公立図書館の姿勢には,まったく変化がなかったように思われるかもしれない。しかし,少なくともクリーヴランド公立図書館は相違していた。第一次大戦の場合,ブレットは強力に検閲を主張して実践した。1940年になると,参戦は不可避との考えが国内に広まっていたが,当時の館長チャールズ・ラッシュは理事会に「図書館の権利宣言」の採択を示唆している。理事会は満場一致で「宣言」を採択し,図書選択の基本的立場を明確にした。クリーヴランドでは,両大戦での図書の選択が,少なくとも方針において変化したと考えてよい。そして,この変化はたんにクリーヴランドでの選択方針の変化ではなかった。アメリカ公立図書館史において,最も重要な変化の一つがここに示されているのである。

4.4 公立図書館における知的自由の歴史的展開

4.4.1 第一次大戦と図書館界

第一次大戦のとき,クリーヴランドやデトロイトは大戦を図書館発展の好機と把握し,一種の情宣活動とでもいうべきサービスを実施した。これは図書館界全体の動きに準じており,アメリカ図書館協会の大戦への対応は,この模様を物語っている。

1914年7月に第一次大戦が勃発したが,アメリカ参戦は1917年4月であり,3年近く中立をつづけている。しかし,1915年5月のルシタニア号事件を契機に,参戦の気運は高まっていった。1916年6月には国防法の採択,8月には国防会議の成立と臨戦体制を着々と整えていく。と同時に,国内ではドイツ系やアイルランド系市民,世界産業労働者同盟,社会党,平和主義者などの反体制運動があった。参戦前に具体的な立法措置はとられなかったが,国論の統一との関連で,忠誠問題とアメリカ化が最重視された。

1914年のライプツィッヒ図書展示会から戻ったメリー・エイハーンは,展覧会の中断への失望と,各国の図書館員が戦争を憂えていることを報告した[66]。戦争当初の中立期にあって,アメリカの図書館員はこのような感情を共有していた。1914年9月号の『ライブラリー・ジャーナル』の論説は次のように書いている。

　　〔大戦勃発は〕当惑としか言いようがない。司書職の友好関係はライン川の南北を問わず,同等に深い。世界は,フランス人の素晴らしい分析力や英国人の健全な政治行為とともに,ドイツ人の徹底した科学的態度に多くを負ってきた。....平和が

一刻も早く戻ることを望む[67]。

こうした意味での国際派や傍観者的立場は、大戦が進むにつれて減じていき、次第に実践に関心が移っていく。1915年にワシントンD・C公立図書館長ジョージ・バウァーマンは、公立図書館は「自由な探究」と「完全な開明化」の最後の砦であると論じ、個人の考えと図書館員の職務を混同しないように主張した。平和主義者の本も収集し貸出すように論じたのである[68]。この論は1915年の時点でも不評をえたものの、参戦後の発言であれば敵対的とみなされるものであった。

中立の時期には公立図書館も中立的立場を表明していたが、実際には反独の姿勢を強めていた。事実上、図書館は反独の情宣図書や資料を流し、愛国団体や愛国団体に支持された講演者が、図書館施設を利用して活動した。九つの公立図書館が1914〜17年に受け入れた寄贈書をみると、平均50〜100タイトルの情宣図書を所蔵しており、その内訳は50対1で連合国支持の文献が多かった[69]。とくに英国政府の秘密宣伝機関ウエリントン・ハウスは英国の大学教授の個人名で寄贈し、20万冊もアメリカに送られた本もあった。

1917年4月6日にアメリカは参戦したが、ウイルソンは民主主義対専制という高位の道徳的意味をこの戦争に与えた。しかし、下院での宣戦決議反対者が50名に達した事実からわかるように、国内の思想統制が不可欠であった。そのため、1917年6月には防諜法、1918年には防諜法を強めた治安維持法と思想統制に乗り出していく。

図書館界の態度は参戦の時点でいっそう明確になった。広く引用された『ウイスコンシン・ライブラリー・ブレティン』の記事は、

4 公立図書館史　*191*

戦争遂行に非協力的な図書館員に脅かしさえかけている。

> あなたの仕事には公費が充てられている。仕事で....愛国的結果をはっきり示せないなら、あなたは兵役拒否者である。戦争関係の情報センター、愛国的資料の提供機関、世論の指導者かつ創造者として、図書館は戦略的な位置にある。....宣戦が発っせられたとき、....全議論は終結した。図書館もドイツと戦わねばならず、中立は不忠誠である[70]。

参戦直後の図書館関係雑誌の論調は、戦争を図書館にとっての機会と把握する論が多かった。また、国が民主主義と西洋文明の保持のために戦っている状況下で、図書館も積極的に一翼を担わねばならない点を強調していた。さらに、アメリカの理想を市民や兵隊に普及させる重要性や、外国系市民をアメリカ化する必要性が指摘されたのである。

ところで、1917年当時のアメリカ図書館協会は、3,346名の会員と2万4千ドルの予算をもつ小さな団体にすぎなかった。図書館員で小説家のバートン・スティーヴンソンは、戦時図書館サービスに乗り出す以前の図書館協会について、次のようにまとめている。

> アメリカ図書館協会は月並みな専門団体の一つにすぎなかった。伝統で縛られ、思考方式は固定され、詳細な技術に力を注いでいた。会員は静かで、礼儀正しく、共通の趣味と同じ考えをもっていた。もっとも、貸出冊数の多さが長所か短所かについては意見が分かれてはいた[71]。

こうした団体が数百万人の兵隊に図書館サービスをすることになる。結論を示せば、アメリカ図書館協会が全力を尽くした戦時図書

館サービスには次の特徴がある。第一に、戦争を公立図書館への認識を高め、図書館を進展させる好機と把握したこと。第二に、戦時図書館サービスは図書館協会が実践した最も大胆なプログラムであること。第三に、軍を中心とする政府機関、YMCA、赤十字社など、多くの機関と協力して活動したこと。第四に、郵送サービス、障害者サービス、成人教育サービスなどを促進したこと。第五に、サービスの効率と迅速性を最大限に追求したこと。第六に、終戦後に壮大な戦後図書館サービス計画を企画したこと。この企画は図書館協会の歴史のなかで、もっとも惨めな失敗に終わることとなる。最後に、軍と手を結んで検閲を実施したことである。

国内の軍隊駐屯地に設けられたアメリカ図書館協会管轄下の図書館の場合、寄贈本や購入本を大きな公立図書館などに集めて選択したのち、各地の駐屯地の図書館に送っている。選択の段階で多くの疑わしい本、すなわち平和主義の本、親独の本、道徳の低下につながる本は排除していた。

1918年2月23日、陸軍省はアメリカ図書館協会戦時図書館サービスの最高責任者で議会図書館長のハーバート・パトナムに、ハーバート・スウォープの『ドイツ帝国の内幕』が駐屯地の図書館で入手可能な点に疑問を表明してきた。スウォープはアメリカのジャーナリストで『ニューヨーク・ワールド』の従軍記者としてドイツに赴任したりしていた。パトナムは同書を排除しなかった理由として、スウォープがピュリッツア賞受賞作家であること、当該書が親独でないこと、それに兵隊は敵を理解する必要があることを指摘した。と同時に、将来にわたって「疑わしき本はすべて排除する」[72]と確

約した。また，1918年3月22日に，パトナムはニューベドフォード公立図書館長ジョージ・トリップに，「問題は排除ではなく，たんなる選択である。疑わしい本を〔駐屯地に〕送らないことは，われわれ〔図書館界〕にとって唯一の安全な態度である」[72]と述べた。ここには，軍との衝突を徹底的に避けることによって，図書館を発展させたいとの考えが背景にある。この態度がアメリカ図書館協会戦時図書館サービスの基本姿勢であった。

　ところで，1918年3月31日に次のような記事があらわれた。

　　　異常な検閲熱が戦時中に蔓延するが，アメリカはとくにこの熱にかかっている。平時の場合は，郵政省や公立図書館の道徳的弾劾が国内文献を純化している。．．．．現在，駐屯地の図書館が検閲熱におかされている。民主主義の概念を公立図書館に教え込むより，駐屯地の図書館から検閲熱を除くほうが重要である。公立図書館が提供を拒否した本でも，町なら近くの書店から入手できる。しかし，駐屯地ではその機会はない[73]。

これは図書館員の主張ではなく，新聞の論説である。この新聞記者は，ニューヨーク・パブリック・ライブラリーに集められた寄贈書が選別されること，図書館協会の広報紙でもゾラ，ドーデ，モーパッサンといったフランスの自然主義作家の排除を訴えていることを知っていた。記者によれば，「司書は他人の精神の検閲者たる能力をもつ」と考えており，この姿勢自体が「民主主義への挑戦」ということになる。なぜなら，民主主義の基本命題は各人が自己の判断で決定する権利をもつ点にあり，決して特定の人物がこの権利をもつのではないからである。記者は「基本命題を実行せねばならな

い。民主主義を求めて戦っている人間は,最低限,自分自身の読書資料を自分で選ぶ権利をもたねばならない」[73]と結論した

戦時中に,この考えを積極的に公開した図書館員はなかった。図書館協会がこの時期にとった態度を批判するのは容易である。しかし,より重要なのは,公立図書館成立時から一貫して流れている図書館の役割のなかに,戦時図書館サービスを支える思想がでていることである。その意味で,戦時サービスは,過去の図書館思想を極端な形で表出したものと考えてよい。

4.4.2 公立図書館における知的自由の歴史的展開(1)

公立図書館における知的自由は1939年を境に大別できる。公立図書館成立当初から,図書の排除という言葉で,知的自由の問題が図書選択に限定してあつかわれていた。1876年図書館員大会でプールがフィクションの問題を提出して議論が沸騰したのは,この問題が差し迫っていたことを示している。1890年代後半の『ライブラリー・ジャーナル』を散見しても[74],1895年にはアメリカ図書館協会のシンポジウムのまとめ「不適切な本の発見法と排除法」,翌1896年にはコネティカット州ニューロンドン公立図書館の理事ウォルター・ラーンドによる「排除の境界線」,1897年にはニューヨーク州グローヴァズビル公立図書館長A・ペックの「図書館員がコミュニティの読書に発揮すべき影響力」といった論文がみられる。ラーンドは,学校と教会がニューイングランドを形成し,図書館がニューイングランドを保持してきたと考え,図書館は静かではあるが強力な役割を果たしていると指摘した。図書選択については,コミュニティへ

の責任という観点から,排除と購入の「境界線をまちがえることは許されない。．．．この点について公立図書館の原則は『疑わしい本は購入せず』である」[75]と結論した。ペックは,個人の読書の向上をつうじてコミュニティの向上に役立つのが公立図書館の目的であるとした。この目的を達成するためには,利用者に感知されずに,良書に導かねばならない。図書選択では最良のフィクションに限定することを主張し,また多くのフィクションを開架にして利用者に選ばせるよりも,精選したフィクションを出納台の側において,適切な指導をしながら提供した方がよいと論じている。

一方,1899年にボストン公立図書館のリンドセイ・スウィフトは図書館員の姿勢に疑問を投げかけた。

> 世界は宗教の独断と闘い,ある程度の成功をえた。しかし,完全な知的自由に干渉するわずかの権利でも認めるならば,聖職が果たした影響を非難できない。．．．今日,公立図書館では知的自由への干渉のためにやっきとなる人はいない。しかし,他人を統制し,他人にかわって決定しようとする傾向はたしかに存在する。これは民主主義の原則に反する[76]。

スウィフトは,排除という検閲を支持する多くの図書館員を,ロシア時代の検閲官になぞらえてさえいる。ロシアでは強力な検閲が実施され,地下出版物は火にあぶらないと文字がでず,屋根裏部屋や森のなかで読み,読後はただちに焼却せねばならない。

スウィフトの考えは極めて少数派に属する。19世紀後半では,排除を図書館員の責務と考える方が主流であった。20世紀に入っても基本状況は変わらない。有名なのはアメリカ図書館協会会長に就任

したアーサー・ボストウィックが，1908年におこなった会長就任演説「検閲官としての図書館員」[77]である。ボストウィックはニューヨーク・パブリック・ライブラリーの貸出部長である。就任演説では，読者に有害な図書の提供は避けるべきであると断言した。彼はこの種の有害図書の排除を検閲とよび，図書館員に検閲官としての役割を積極的に期待した。したがって，検閲とは図書自体に受け入れ難い特性があり，購入から除外する処理法となる。ボストウィックによれば，図書はおのおの固有の意義をもつ。しかし，個々の図書が機能できるのはどこかの図書館においてであって，公立図書館がすべての図書に場を提供できるわけではない。公立図書館に適さない図書は他の図書館に場を求めねばならず，この図書は公立図書館から排除，つまり検閲されたことになる。

さらに，ボストウィックは図書館員だけが社会に流布する悪書を真に公正な立場で断罪できると考え，次のように論じている。

　　明らかな誤りを推奨し，罪を犯す方法を手ほどきし，罪の楽しみを教え，ときには無作法を盛った本は，ますます広まっている。．．．．有難いことに，この種の本も図書館員を誘惑できない。美しくもなく，正直でもなく，真実でもない本に何の興味もない図書供給者が，土壇場に待ち構えているのだ[78]。

なお，ボストウィックは，政治的，宗教的，思想的な論拠による排除を厳しく戒めている。検閲の究極的な基準を「偽善性」においているが，これは同時に図書選択の基準でもある。彼の考えは以下の言に集約できる。

　　「生まれながらにして偉大な人，努力して偉大になる人，環

境によって偉大さを授けられる人がいる」。図書館員が文献の検閲官になるのは，この最後の理由による．．．．図書館の教育的機能が拡大し，．．．．図書館利用者が多くなるにつれて，図書館資料を選別することはいっそう重要になる[79]。

　同じ1908年に，『ライブラリー・ジャーナル』は八つの主要な図書館に図書選択についての回答を求め，その結果を「図書館は悪書をどうすべきか」との題で報告した[80]。ボストウィックは，「われわれが不道徳あるいは下品とみなし，一般民衆に貸出すのが不適切と思われる図書を購入しないことは言うまでもない」[81]と確認した。マサチューセッツ州ニューベドフォード公立図書館は，道徳的に問題がある本や下品な本を排除していた。ニューアーク公立図書館は，問題ある本は閉架において成人にだけ貸出をしていた。開架書架には，一般読者に害となる本は一切おいていない。アトランタ公立図書館は，学生や学者用の価値ある本を購入せねばならず，くだらない本を購入する理由はないと考えていた。クリーヴランドのブレット館長は，「悪書にたいする最大の防御は良書の促進にある。図書館の目的は，最良のフィクションを複本でそろえ，利用に供することにある」[82]と明快に述べた。ウイスコンシン州巡回文庫の担当者は，最新のフィクション40点のうち，巡回文庫の基準，すなわち楽しくて健全な本は2点しかないと分析した。そして，都市と田舎の読書の質に言及し，「田舎に送られる蔵書の質は，平均的な市立図書館よりもはるかに高いようである。田舎の住民は．．．．都市の多くの住民が読む本に『がまんならない』」[82]と述べた。ポートランドは，ボストウィックの考えに全面的に賛成した。この図書館

では、道徳的に問題がある小説や、ある種の古典や医学関係書は別置しており、目録には請求記号をつけていない。図書館員がそれらの書名を暗記している。つづいて次のように報告した。

> 若者はこの種の本の所蔵を知らない。目録をみても本が書架にないので、貸出されているとあきらめる。この隠された書架に接したがる婦人もいるが、書架に入ることは許されない。それゆえ、目録から図書を請求するしかないが、結果として、たんなる興味だけでこれらの本を求める人はいない[83]。

最後に、ミシガン州グランド・ラピッズ公立図書館のサミュエル・ランクは、図書費自体が制限されており、必要な本でさえ購入できない事実を指摘した。この消極的な検閲で選択の問題は大部分が解決できると考えたのである。また、社会主義文献を完全に排除したり、現在の社会の仕組みを批判する本をすべて悪書とみなしている図書館があると、実情を報告した。そして、「社会、経済、宗教的問題のあらゆる観点を示す代表作は所蔵しなくてはならない」[84]と訴えた。この訴えは注目に値するが、利用者によって図書のあつかいに段階をもうけている点は重要である。トルストイや英国の生理学者で性心理研究家のハヴロック・エリスの著作は、あらゆる人に平等に利用させるべきではないと論じたのである。グランド・ラピッズ公立図書館は、利用者による利用の区別と、図書の内容による段階的な保管を実施していた。後者については、利用者は館長室の書架に接することはできない。地下の書架は、職員をつうじて直接に接することができる。図書に星印があるものは、利用者を検討したのち貸出の適否を決定する。以上のように、ランクは「あらゆ

る観点を示す代表作」の所蔵を主張したが，あくまで所蔵であって，決して自由な利用を考えていたのではなかった。

　以上が1908年当時の代表的な図書館の選択方針である。意見の細かい相違はともかく，図書館界は検閲を肯定的に考えていた。それだけでなく，図書館の社会的役割を実現する手立てとして，検閲は積極的に実践されたのである。このようにみると，第一次大戦の時に，図書館界が検閲も含めて軍と協力したのはうなずける。

　ボストウィックの演説から14年を経過した1922年に，『ライブラリー・ジャーナル』は，31の公立図書館と6つの州図書館委員会に図書選択の方針について回答をもとめ，その結果を「公立図書館において問題となる本」[85]との題で報告した。1908年調査と基本的に相違はないが，二つの変化がある。一つはフロイトやエリスなどのあつかいであり，いま一つは，成人にたいしては選択について各自の判断に任せるという考えが出現しはじめたことである。

　こうした過去の実践を激しく批判したのが，テネシー州のローソン・マクギー図書館長メリー・ロスロックで，1923年に「公立図書館におけるフィクションの検閲」との題で論じている。ロスロックは，図書館員が成人読者にたいする検閲者であってはならないと考え，「成人にたいする道徳的な影響という理由によって，図書を排除してはならない」[86]と論じたのである。ロスロックによると，青少年にたいする検閲が許されるのは，図書館員が親と似た役割を果たさねばならないからであり，図書が示す観点や意見が悪いからではない。また，道徳，不道徳といっても，1冊の本が2人の読者にまったく同じ影響を与えることはないので，決定的な基準とはな

りえない。したがって,「ある本が道徳的か否かは,読者の受け取りかたに依存し,それは読者だけが判断できる」[87]となる。たとえ図書館員が検閲を効果的に首尾一貫してできたとしても,それは民主主義の原則に反する。公立図書館はアメリカにおける最も民主的な機関と自負しているが,現在の管理方法では少数の図書館員や図書委員会の独裁になっている。図書館員が検閲者であるべきという考えは,図書館にたいする誤った認識からくる。すなわち,図書館の役割を,住民に道徳を教えることにおいている。正しくは,図書館は個人が自己学習をする一つの手段にすぎない。

翌1924年には,図書選択論で有名なロサンゼルス公立図書館のヘレン・ヘインズも選択の問題を取りあげ,「1922年調査ほど気の滅入るものはない」[88]と述べた。というのは,図書館員の全精力が図書がもつ道徳的な適否の判断に使われているからである。一方,諸団体も道徳を掲げて図書館に異議を申し入れる。ある館ではジーン・ファーブルの『昆虫界の社会生活』を隠していたが,これは地域の団体が,非常に情熱的な一つの章があると申し入れたためであった。ヘインズは,昆虫でさえ情熱的であってはならないコミュニティがあると述べている。図書館員や地域団体の次に問題としたのは,フィクション自体の変容である。1920年代は戦後の幻滅や悲観主義とともに,フラッパー,フロイトなどで代表される時代でもある。とくにフロイトの考えはフィクションにも流入しており,これを性的という理由で排除するのは問題であるとした。

ヘインズによれば,検閲は諸規範の変化を認めないところから生じる。ロスロックと同じように,児童には保護という観点からの検

閲が必要であるが,成人読者への利用制限はあってはならず,「成人はフィクションを自由に選択できる能力をもつと考えるべきである」[89]と断言した。しかし,この断言は消極的な意味ももつ。

> 排除という検閲は理想的には正しいかもしれない。しかし,実際には検閲は無益で,実行できず,危険である。検閲は禁書についての関心と要求が増大するために無益である。一貫して公平に適用できないために実行できない。思想の自由や,著述の自由を公的に制限する点で危険である。検閲は悪を防止する以上に,はるかに大きな脅威となる[90]。

この言はたしかに消極性が目立つ。しかし,排除を図書館員の使命とみなす考えとは,大いに変化している。ロスロックと同じように,成人については選択の自由を読者に委ねた点は注目に値する。1923～25年にかけての悪書追放運動は派手な運動であり,ニューヨーク州では立法による公的な検閲が試みられ,法案が上程されたりした。ニューヨーク州立図書館長ジェイムズ・ワイヤーは,この法案に反対する先頭に立っている。著者,書店,出版社,それに図書館員は反検閲で協力し,いままで図書の排除を主張してきた図書館員でさえも反対したのである。1920年代中葉は転換期であった。ロスロックやヘインズの主張,ワイヤーの実践のなかに,それまでの図書選択の方針を根本的に検討する必要性が述べられている。

4.4.3 公立図書館における知的自由の歴史的展開（2）

1938年にアイオワ州デモイン公立図書館理事会が決定した「図書館の権利宣言」をもとに,1939年にアメリカ図書館協会は「図書館

の権利宣言」を採択した。その全文が以下である[91]。

「図書館の権利宣言」(1939年版)

　今日，世界の多くの地域における徴候が，少数者と個人の権利に影響を及ぼすところの，増大しつつある不寛容と自由な言論の抑圧と検閲を暗示している。これに留意して，アメリカ図書館協会評議員会は，開放された公共図書館の奉仕に適用すべき，つぎのような基本的な方針において，その信念を公に確認する。

　1．公共の財源によって購入するために選択される図書およびその他読書資料は，地域社会の人々にとっての価値と利益のために選ばれるべきであり，いかなる場合も，選択が，その著者の人種，国籍，政治的あるいは宗教的見解により，影響されるべきでない。

　2．資料が入手できる限り，意見の相違がある問題についてのすべての側面は，公衆の利用のために購入される図書およびその他の読書資料の中に，公平かつ相当に入れられるべきである。

　3．図書館は，民主的生活のひとつの教育の場として，社会的に有益で，文化的な活動と時事問題の討論のために，図書館の集会場を使用することを，とりわけ歓迎すべきである。図書館の集会場は，その信念と友好関係にかかわりなく，その地域社会のあらゆる集まりに，同じ条件で利用されるべきである。

　語句の細かい意味は脇におき，「宣言」の特徴は以下にある。まず，前文は「宣言」採択にいたる社会的背景を暗示している。思想

や言論の自由への抑圧という指摘は，国際的にはナチスによる言論弾圧，国内的には道徳再武装運動や1938年に成立した下院非米活動委員会の狭量な姿勢を示していよう。同時に，国内の公立図書館のなかにもジョン・スタインベックの『怒りのぶどう』などを，下品な文句，不正確な事実，共産主義的プロパガンダといった理由で，自主的に排除している館もあった。「図書館の権利宣言」は，1920年代中葉から公立図書館界で伸びてきた排除を否定する動きが，国内外の社会状況や図書館状況を梃にして成立したと考えてよい。第二に，第1条と第2条は，「宣言」が図書選択の指針として成立したことを示している。それは前項で示したように，現在でいう公立図書館の知的自由が，図書の選択という狭い範囲の問題として把握されていたことによる。つづいて，第3条の集会室規定が重要なのは，アメリカには公民館がなく，とくに小さな町では公立図書館の集会室が地域住民の集まりの場である事実と関係する。第四に，図書館を民主的生活の「教育の場」と位置づけている。最後に，デモイン公立図書館の「宣言」が土台になったように，公立図書館を主たる対象にしている。以上の特徴をもつ1939年「図書館の権利宣言」は，知的自由を保障する公立図書館という考えへの第一歩を踏み出した点で画期的である。

　「図書館の権利宣言」は，1948年，1967年，1980年と3回の大改訂を経験する。冷戦下で多発した検閲を視野に入れた1948年の改訂では，たんに図書選択に限定せず，「図書館サービスの責任」という語を入れて展望を広めている。また，検閲にたいする姿勢を示した条項と，検閲への対処法を示した条項を追加した。前者は，道徳

や政治での意見の画一化を目指したり，アメリカニズムに基づく検閲にたいして，この種の検閲を許してはならないとしている。後者は，他の団体と協力して，検閲と闘うことの必要性を確認したのである。

1950年に朝鮮戦争が勃発すると，アメリカ各地で右翼団体が図書館の非アメリカ的な図書を激しく攻撃した。この攻撃は，上院議員ジョゼフ・マッカーシーが，1949年に組織した上院非米活動委員会による反共運動の一環である。マッカーシズムは，1953年7月のアイゼンハワー大統領の演説で否定され下火になっていく。

マッカーシズム期の特徴を端的に示すのが[92]，イリノイ州ペオリア公立図書館を舞台とするフィルム事件である。1950年の夏，ペオリアの在郷軍人会と一部の地元新聞は，公立図書館がもつ『人間の権利』『人類みな同胞』『人類愛』『ソビエトの生活』という四つのフィルムに抗議をした。以後2年間にわたり，牧師，ジャーナリスト，教師などを巻き込んで事件が展開された。国連が作成した『人間の権利』は人権の重要性を訴えている。『人類愛』『人類みな同胞』は，人類や国の分断の原因となっている人種偏見をなくすことを意図している。『ソビエトの生活』は政治的意図がないフィルムで，軍隊でもソビエトを理解するために頻繁に使われていた。また，各フィルムはアメリカ図書館協会の視聴覚委員会が推薦したものであった。図書館は『ソビエトの生活』を廃棄し，ほかのフィルムも館内での利用に限定する措置をとった。館長を解任する動きもでたが，1952年5月には「館長は職にとどまる」「フィルムは貸出す」「意見が分かれるフィルムには，情報ファイルを作成する」「利

用者にファイルの存在を知らせる」「政治，経済，社会，宗教にかんするフィルムについては，公開の試写会を実施してファイルの充実につとめる」「フィルムにラベリングはしない」という六つの決定をして解決にこぎつけた。テキサス州サンアントニオでは，1953〜55年にかけて検閲の問題があった。在郷軍人会が600点の図書リストを持ち込み図書館に抗議した。このリストは，議会の非米活動委員会で共産主義者と指摘された人をすべて取り出し，そうした人物の本を内容を問うことなしに一覧にしたものである。在郷軍人会は，この種の本を排除するなり，赤で印をつけることを要求した。リストのなかには，チョーサーの『カンタベリー物語』が入っていたが，これは著名な風景画家ロックウエル・ケントが挿絵をしていたからである。また，アインシュタインやトマス・マンの本も含まれていた。ボストンでも同種の問題から館長の解任問題がおこり，理事会はわずか一票差で館長の解任を否決している。

　これらの一連の動きをみると，次のような特徴が浮かびあがる。検閲者は，図書館が所蔵資料の内容を支持していると考えている。次に，検閲者は資料の内容をみていない。第三に，検閲者は自分たちの考えが正しいとの強固な意識をもち，とくに道徳や思想の守護者をもって任じている。同時に，自分たちがコミュニティの意見を代表していると考えている。第四に，図書館長は抗議主体者およびその支持者（ペオリアでは，一部のジャーナリズム，政治家，保守派，住民の感情的反応）に対峙すると同時に，図書館理事会を説得する必要があった。いずれの例も，館長解任が問題になっていることは，この点を物語っている。これらの特徴は，マッカーシズム期

だけでなく，多くの事例に共通している。マッカーシズム期については，攻撃がたんに共産主義や社会主義の資料ではなく，あくまで非アメリカ的資料であることに注意せねばならない。ペオリアの例のように，高度に国際強調を謳うもの，人類一般を強調するもの，普遍的な平和を求めるものも攻撃の対象になった。これらはいずれもアメリカ人を人類一般に解消する点で，アメリカ人意識を弱めると考えられたのである。そして，読者は情宣資料とまったく気づかないがために，この種の資料こそ最も巧妙な共産主義情宣資料になるのである。先にスタインベックに言及したが，この種の本が槍玉にあがったのは，西部開拓や未開の土地への移動から生じる共産的な生活が非アメリカ的だからでもあった。それゆえ，非アメリカ的という語の内容は非常に広いと考えてよい。さらに，マッカーシズムを少数右翼の運動と考えるのも当をえていない。この時期には共産主義への脅威は全国に蔓延しており，マッカーシズムを支える社会的背景が広範に存在したことを忘れてはならない。

「図書館の権利宣言」との直接的な関係では，ペオリアでの問題がもとになって，読書資料だけでなく，フィルムなどにも「宣言」が適用されるとの脚注が書き込まれた。また，ラベリング反対声明や，出版界と合同しての『読書の自由宣言』が出されている。

マッカーシズム期を乗り越えて1960年代に入っていくが，この時期の考えは61年の改訂や67年の大改訂にみられる。公民権運動の高まりによって，利用者や利用にたいする意識が鋭敏になってきた。1961年には，人種，宗派，国籍，政治的立場によって図書館利用の差別があってはならないと，新たな条項を設けている。67年にはこ

こに年齢を付け加えた。要するに，図書館利用における差別を撤廃することに重点がおかれたのである。

4.4.4 公立図書館における知的自由の歴史的展開（3）

公立図書館における知的自由の歴史的構図を，象徴的に図示したのが＜図3＞[93]である。

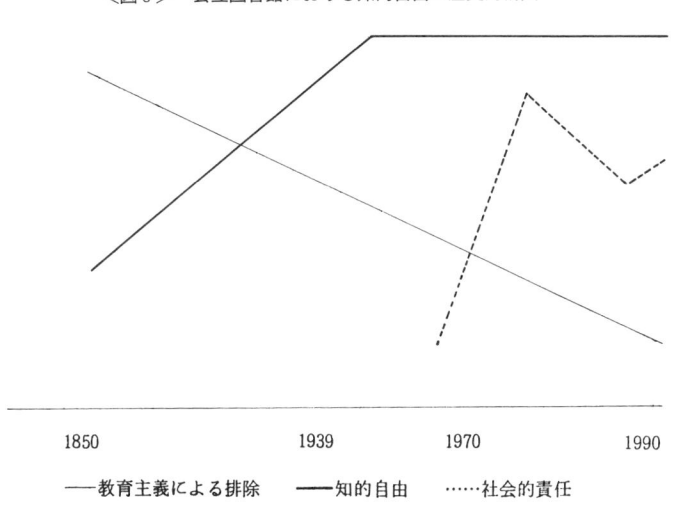

＜図3＞ 公立図書館における知的自由の歴史的構図

1850　　　　　　1939　　　1970　　　　　　1990
――教育主義による排除　　――知的自由　　……社会的責任

公立図書館成立当初から1920年代中葉までは教育主義にもとづく排除派が主流を占め，図書の検閲に使命感をいだく図書館員も多かった。一方，知的自由を限定づきで主張する者もあったが，それらは少数派であった。1920年代中葉から，この二つの考えは拮抗しはじ

め，1939年の「図書館の権利宣言」の採択は，後者の考えを館界として正式に表明したものであった。その後，図書館サービス全域に知的自由の考えを徹底させる取り組みが続き，検閲への対処，利用についての条項と，「宣言」は展望を広めていった。この方向は現在も続いている。ところで，1960年代後半から1970年代前半にかけて，図書館が果たすべき社会的役割への意識が高揚し，これが一面で「図書館の権利宣言」と抵触することとなった。この時期は，「純粋解釈派」と「社会的責任派」を軸として，知的自由の問題が論議されたのである。

「社会的責任派」は，公民権運動，公害運動，消費者運動といった社会動向を背景にもち，「アメリカ図書館協会は現代の重大な諸問題について会員の指針と援助をもたらすべく立場をすすんではっきりさせること，図書館が社会変化の効果的な機関となり得る方策を努力してつくりだすべきこと」[94]との考えを基礎においた。この「社会的責任派」の考えを，アメリカ図書館協会知的自由委員会の委員長を長くつとめたデイヴィド・バーニングハウゼンからみると次のようになる。環境問題や核戦争などについてしかるべき決議を館界としてあげ，それに応じる図書館サービスをすることが，「社会的責任派」の考えから生じてくる。これらの問題は人類の将来にとって重大な問題ではあるが，図書館はそうした行動を取るべきではない。まず，アメリカ図書館協会や図書館の目的は，政治的，社会的行動をとることになく，図書館業務の向上をはかることにある。次に，この種の行動は「図書館の権利宣言」，すなわち知的自由を擁護する図書館という原則を弱めることになる。要するに，バー

ニングハウゼンは，政治的，社会的問題についてアメリカ図書館協会が決議，すなわち何らかの価値判断を与えることは，価値判断自体が主観的，政治的側面をはらんでいるがゆえに，知的自由を守る公立図書館という根本原則と対立すると考えるのである。

　次のような事例は「純粋解釈派」の考えを理解する一助になる。1970年代後半，アメリカ・ナチ党が，ユダヤ人が多いイリノイ州スコーキーの町を制服でデモ行進すると発表した(95)。結局は，スコーキーではなく，シカゴ市内を行進することになり，シカゴ市にデモ行進の許可を求めている。市長はデモ行進を許可し，警察がナチ党のデモ行進を護衛した。これについては，市当局に多くの抗議がよせられた。アメリカ自由人権協会の事務局長は，ナチの迫害をうけたユダヤ人アライア・ニーであったが，ニーは差別や偏見と最も闘う同団体がシカゴ市の措置を支持した理由を述べている。それは，シカゴ市やアメリカ自由人権協会がナチ党を守ったのではなく，合衆国憲法修正第1条に示されている表現の自由を守ったということである。『ロサンゼルス・タイムズ』は「この措置は憲法の原則を守ろうとするものであり，そこにナチ党がからんだにすぎない。もし人権団体がなんらかの他の立場をとったならば，そうした立場は人権団体の基盤や目的と抵触することになる」と論評した。図書館においても，たとえば白人至上主義の保守的団体ＫＫＫが，図書館の集会室の利用を申し込んだ事例が多くある(96)。図書館が所蔵する反道徳的な図書に抗議するために，図書館の集会室を利用して，公開の討論会を開こうとした場合もある。いずれも，図書館長は集会室規定に合致する場合，すなわち公開で非営利な会合であることや，

集会室利用についての手続きがまっとうなら、集会室の使用を許可している。ある町では、当日になってＫＫＫに反対する住民が押しかけ、この集会をつぶし、同時に人種差別主義者で暴力的なＫＫＫに集会室を貸した図書館に抗議した。ここでも、図書館長は、何らＫＫＫを支持するのではなく、合衆国憲法修正第１条の表現の自由を守っているという論を展開するのである。

　バーニングハウゼンの場合、公立図書館は合衆国憲法修正第１条の表現の自由、知的自由を保障する機関であるという考えを基本にしている。ここで重要なのは次の二点である。まず、知的自由を最重視し、いかなる思想や論理も、この知的自由よりも下位におくということである。差別をなくすのは重要である。しかし、それがために、図書館の蔵書から差別的な図書を除いたり、差別主義者に集会室の利用を拒否したりするのは、知的自由や表現の自由を保障する図書館という原則をつぶすことになる。これに関連して、いま一つ重要なのは、この原則の不分割性、すなわち一つの例外も認めてはならないという点である。表現の自由や知的自由をおかすただ一つの例でも認めると、この原則はなしくずし的に崩壊する結果となる。端的にいえば、ＫＫＫの集会室利用を拒否した場合、他の団体が集会室を利用する適否についての論拠がなくなり、まさに政治的に決定されるということである。バーニングハウゼンによると、「社会的責任派」はこれらの二つの原則を破るものであり、とうてい許せないものであった。

　「純粋解釈派」と「社会的責任派」を対立する図式で捉えるのは問題があるものの、上のような考えがアメリカ図書館界で闘わされ

たのは重要な意味を持つ。こうした議論を経て，1980年に採択された「図書館の権利宣言」は次のようになっている[97]。

1980年「図書館の権利宣言」

　アメリカ図書館協会は，すべての図書館が情報や思想のひろばであり，以下の基本方針が，これからのサービスの指針となるべきであるということを確認する。

1．図書およびその他の図書館資源は，図書館が奉仕する地域社会のすべての人たちの関心，情報および啓蒙に役立つように提供されるべきである。資料は，その創造にかかわった人たちの生まれ，経歴，ものの考え方を理由として排除されてはならない。

2．図書館は，今日および歴史上の諸問題について，どのような観点にたった資料あるいは情報であっても，それを提供すべきである。資料は，党派あるいは主義のうえから賛成できないという理由で，締め出されたり取り除かれることがあってはならない。

3．図書館は，情報を提供し，啓蒙を行うという図書館の責任を達成するために，検閲を拒否すべきである。

4．図書館は，表現の自由や思想の自由の抑圧に抵抗することにかかわるすべての人および団体と協力すべきである。

5．図書館の利用に関する個人の権利は，その人の生まれ，年齢，経歴，あるいはものの考え方によって拒否されたり制限されることがあってはならない。

6．展示空間や集会室を一般の利用に供している図書館は，そ

れらの利用を求める個人や団体の信条,所属関係にかかわりなく,公平な基準で施設を利用させるべきである。

1939年に「図書館の権利宣言」が図書の選択に限定して成立した。つづいて検閲の条項が入り,さらに利用と利用者の条項が加えられた。この一つ一つに社会状況を背景とした,なまなましい事例があった。1939年「宣言」と1980年「宣言」を比較すると次のような変化がある。まず39年「宣言」はもっぱら公立図書館を意識していたが,80年「宣言」では「図書館の奉仕する地域社会」とすることで,大学図書館や学校図書館にも展望を広げた。いま一つの大きな変化は,教育的とか民主的といった語をまったく削除したことである。これらの主観的な意味をもつ語句を排除することで,80年の「宣言」は価値から解放されようとしている。それは同時に,表現の自由や知的自由を保障する図書館という考えを,「図書館の権利宣言」の上で徹底させようということである。この観点からみると,80年の「宣言」は,「社会的責任派」ではなく,知的自由をいかなる場合も最上位におき,その不分割性を主張する「純粋解釈派」の思想を展開したものと考えてよい。

4.4.5 1980年代以降の状況:図書館記録の秘密性を中心にして

アメリカ図書館協会知的自由部によると,1980年11月のレーガン政権誕生と共に検閲が飛躍的に増大したという。それまで知的自由部に報告される検閲数は毎週3〜5件であったが,1日に3〜5件と急増した[98]。レーガン政権の誕生は社会や政治の保守化を体現しており,以後1990年代に入ってもこの基調は変わらない。

この時代の一つの特徴は,利用者の読書の秘密にかかわる問題が浮上してきたことである。貸出記録が明かされるなら,読者は安心して本を借りられないし,特に正統でない見解を示す資料の利用に躊躇するであろう。図書館利用に萎縮効果をもたらし,図書館への信頼がゆらぐのは明白である。

この種の問題はまず1970年に生じた。1970年春,国税庁の調査員がクリーヴランド公立図書館をはじめ各地の図書館を訪問して,ヴェトナム反戦運動への対処から爆発物関係の貸出記録を調査したいと申し出た。図書館によって記録を提出したり,しなかったりした。アメリカ図書館協会はこの事件を契機に1971年1月に『図書館記録の秘密性に関する方針』を採択した。その骨子は,1)各館は貸出記録を秘密とする方針を採択すべきである,2)貸出記録はいかなる機関にも提供してはならない,3)例外は正当な形式と理由を持つ裁判所の命令や召喚状がある場合であるとなっている。この『方針』はその後,1983年,1988年に若干の改訂がされ,単に貸出記録だけでなく,利用者の名前と,資料,サービス,施設の利用を結びつけるあらゆる記録を含むようになった[99]。

この方針に関する重要な事件が1980年以降4件も生じている。1979年,アイオワ州で一連の牛の虐殺事件が生じた[100]。州刑事捜査局はオカルト儀式の一環とし,デモイン公立図書館にオカルトや魔法関係の図書の貸出記録の提出を申し出た。典型的な「証拠漁り」で容疑者はなかった。図書館が提出を拒否すると,文書提出召喚状が発せられた。図書館は召喚状の差止めを求めて州地裁に提訴したが認められず,州最高裁に上訴しても同じだった。争点になったの

は州情報自由法である。同法は市民が広く行政機関などの動きを知るために、市民に公的記録を検査する権利を付与している。この法には適用除外事項があり、その第13項に図書館の貸出記録が盛られていた。同時に、適用除外が適用されない場合として「裁判所の命令」などを規定していた。判決の骨子は以下である。まず情報自由法は「市民」に権利を付与したもので、適用除外は同法の全体的枠組みをもとに解釈せねばならず、法律にもとづく捜査権限をもつ刑事捜査局には適用できない。次に同法自体が「裁判所の命令」がある場合には貸出記録を明かしてよいとしている。この判決は重要な先行事例であり、結果は図書館に厳しいものであった。

1981年、宗教を基盤にする保守的な政治、道徳団体で、レーガンを支持したモラル・マジョリティ（1979年結成）が、ワシントン州立図書館を攻撃した[101]。同州の情報自由法にもとづいて、性教育フィルム『健全な性的成熟』を借り出した学校区名と職員名を求めたのである。州立図書館はアメリカ図書館協会の方針を手本に、貸出記録の秘密性をすでに方針として採択しており、マニュアルや新人研修に組み込むことで周知を図っていた。記録の提出を拒否した時、モラル・マジョリティは裁判に持ち込むと脅かし、実際に提訴した。しかし図書館は動じず、幹部、法律顧問、それに管理機関である州図書館委員会と連絡を密にして、一体となった見解と行動をとった。結局、モラル・マジョリティは裁判直前になって提訴を取り下げ、図書館は貸出記録を守れたのである。

1987年、連邦捜査局の捜査員がコロンビア大学図書館を訪問し、アメリカと敵対している国の利用者に関する情報を求めた。捜査員

は「図書館覚醒プログラム」[102]にもとづく活動だと説明した。その後，多くの図書館が類似の訪問を受けていることが判明した。このプログラムについては連邦議会も公聴会を開いたし，新聞も大きく取り上げた。アメリカ図書館協会は捜査局幹部との会談を試みたり，情報自由法による資料の請求をしたりしたが，いずれも成功しなかった。資料が明かされても機密との理由で多くが塗りつぶされていた。それに，「図書館覚醒プログラム」に批判的な図書館員266名を数値だけあげて「要監察者」としていた。捜査局は，1)図書館が諜報部員の勧誘場所になっている可能性があること，2)資料が盗まれている可能性があること，3)図書館員自身が外国の調査員の標的になっていることを指摘した。アメリカ図書館協会は数回にわたりプログラムを非難する決議を採択した。1988年の決議は，1)プログラムおよび図書館訪問の即時停止，2)利用者のプライバシーを守るために全力で対抗するといった内容である。このプログラムは1993年頃でも継続中とされるが[103]，うやむやな状態である。

　最後に，1990年にテキサス州ディカータ公立図書館で生じた事件は重要である[104]。警察は図書館に対して，幼児遺棄事件の捜査のために，過去9か月間に出産に関する本を借りた全利用者名と住所および電話番号，それに書名と著者名，さらには貸出返却日を提示するよう求めた。警察に容疑者はなく，貸出記録から犯人の割り出しを試みたのである。公立図書館はこの召喚状を無効にするために提訴した。裁判所は利用者がプライバシーという憲法上の権利を有すると確認した。さらに州の警察権能に関しては，プライバシーの侵害が妥当な場合があるものの，この事件の場合は侵害を正当化す

るにたる証拠がないと判断した。ディカータ事件の場合,館長の確固たる行動,それに市長などの支援は賞賛に値する。貴重な法的先例を導いたといえる。しかしながら,もしこうした行動を取らなかった場合,図書館はどうなったであろうか。警察は出産に関する本を借りた全利用者に,個別訪問したり電話で問い合わせたりしたであろう。図書館への信頼が失墜するのはいうまでもない。

　ここに示した各事件の結果は一様ではなかった。裁判所も相反する判断を下していた。それはともかく,ワシントン州立図書館の勝利は以下の要因に帰せられるという[105]。1)確固たる図書館の方針,2)図書館委員会の確かな姿勢,3)知的自由に関する資料の整備と活用,4)事件の本質を理解する職員,5)マスコミとの良好な関係,6)献身的な法律顧問の助言,7)公平な報道と図書館支持の論調,8)図書館関係者や団体の支援,9)市民による支援。ワシントン州立図書館の経験は,知的自由への取り組みが日常活動の中で常に意識され実践されねばならず,単に事件が生じた時だけの問題ではないことを示している。

4.4.6　1990年代以降の状況:利用者用インターネット端末の問題を中心にして

　公立図書館での利用者用インターネット端末の配置は,図書館システム単位にみて1994年の12%から,2000年5月には分館単位で95%にまで達した[106]。1995年頃は「最新」のサービスであったが,5年も経過しないうちにもはや「通常」のサービスになった。こうした状態にあるが,知的自由の問題も多く生じている。従来の活字

資料にかかわる知的自由の問題は,ほとんどがネットワーク上の情報資源に当てはまる。と同時に,ネットワーク情報資源に固有の問題が,公立図書館の基本思想との関連で新たに浮上してきたのである。

こうした状況を踏まえて,公立図書館と特にインターネット上の資源との基本的関係を定めたのが,1996年1月に「図書館の権利宣言」の解説文として採択された『電子情報,サービス,ネットワークへのアクセス』[107]である。これは電子情報と図書館との関係を示す基本文書で,「前文」,「利用者の権利」,「公平なアクセス」,「情報資源とアクセス」からなる。「前文」では,表現の自由を人間の絶対的権利,自治の土台と把握し,表現の自由には当然の結果として情報を受け取る権利を含むとした。図書館や図書館員の役割はそうした権利の行使を容易にすることにあり,電子情報についても既存のアメリカ図書館協会の方針にてらして対処せねばならない。次に「利用者の権利」では2点を強調している。まず利用者に憲法の保護下にある資料や情報へのアクセスを保障しなくてはならず,特に規則や業者との契約などがアクセスを阻害してはならないのである。いま一つは,利用者の秘密性とプライヴァシーを最大限に保護しなくてはならない。さらに「公平なアクセス」で最も重要なことは,無料原則の主張である。最後に「情報資源とアクセス」では,電子情報へのアクセスの保障を再確認するとともに,情報の消失の問題などを取り上げ,図書館として保存に取り組む必要があるとしている。また全体をとおして,未成年者の利用については,親が責任を負うとの従来からの原則を確認した。基本的に『電子情報,

サービス,ネットワークへのアクセス』は,電子情報に活字資料と同じ扱いを求めたのである。

ところで,利用者用インターネット端末の配置が進むとともに,インターネット上での不快な画像をめぐって問題が生じてきた。特にフィルターソフトの扱いが一つの焦点になってきたのである。たしかに解説文『電子情報,サービス,ネットワークへのアクセス』ですべてがおおわれているのだが,アメリカ図書館協会評議会は『図書館でのフィルターソフトの使用に関する決議』(1997)[108],この決議を具体的に説明する知的自由委員会の文書『図書館でのフィルターソフトの使用に関する声明』(1997)[109],解説文『電子情報,サービス,ネットワークへのアクセス』について具体的に問答形式で詳しく説明した知的自由委員会の文書「問答集」(1997−)[110],それに知的自由委員会の文書『公立図書館でのインターネット利用方針を作成する指針と考察』(1998)[111]など,矢継ぎばやに決議,声明,指針などを採択している。これらの諸文書をみると,アメリカ図書館協会のフィルターソフトにたいする姿勢は明確である。一言で述べれば,現状ではフィルターソフトは憲法の保護下にある言論をもブロックするがゆえに,公立図書館での導入は認められないというのである。また子ども用のインターネット端末についてもフィルターソフトの導入を否定し,基本的にその利用の責任を親に帰すという従来の原則を確認するとともに,子ども用のすぐれたページの作成,親と子どもへの教育といったことを主張した。

利用者用インターネット端末を配置した場合,そして図書館が資料や情報へのフリー・アクセスを目的としている場合,基本的には

4 公立図書館史 *219*

時間, 場所, 態様での合理的で, 狭く設定された規制は許される。したがって, 端末利用についての予約制や利用時間の制限は, 理にかなっている場合は妥当である。またインターネットの利用自体を有料にしている公立図書館は非常に少ないであろう。プリントアウトを有料にしている館はあり, これにはコピーと同じ論理が用いられる。現在, インターネットについて特に利用者との関連で争点になっているのはフィルターソフトの是非である。具体的な事件が多く生じているが, ここではラウドン公立図書館事件, ホランド事件, それにミネアポリス市立図書館事件を簡略に紹介しておく。

ラウドン公立図書館事件[112]：1998年にヴァージニア州連邦地裁は公立図書館とフィルターソフトに関する最初の裁判事件を審理した。同州ラウドン公立図書館は, すべての利用者用インターネット端末にフィルターソフトを入れたのだが, この措置にたいして住民グループが利用者の合衆国憲法修正第1条上の権利を侵害するとして提訴した。判決（2 F.Supp.2d 783; 24 F.Supp.2d 552）は公立図書館を制限的パブリック・フォーラムと把握し, 厳格審査の基準を用いることで, 修正第1条に関する被告図書館側の主張をすべて退けたのである。要するに憲法の保護下にある情報や資料をブロックするのは違憲であり, 子どもを理由にして成人の権利を削減するのは許されないのである。同時に判決は,「未成年者に有害」(harmful to minors) な資料をブロックすることに政府はやむにやまれない利益を持つとしたが, 図書館は狭く設定された最小限の制限をしていないと判示した。このラウドン判決は, フィルターソフトを拒否した点でアメリカ図書館協会の基本方針に合致するものの,

決して広く適用できる判決ではない。というのは図書館側はすべての端末にフィルターソフトを導入していたし，原告側は成人グループだったからである。

　ホランド事件[113]：ミシガン州ホランドでは住民グループが署名を集め，公立図書館へのフィルターソフト導入を求める住民投票に持ち込んだ。住民投票は2000年2月に実施され，4,379対3,626票でフィルターソフトの導入は否定されたのである。住民投票という一見すると民主的と思われる多数決の原理で，フィルターソフトの是非が決定された。フィルターソフトは修正第1条が規定する言論の自由にかかわり，言論や表現の主題や内容にもとづく制限で，さらにそうした制限を実質的に他者（私企業など）に委ねる。こうした性格を持つフィルターソフト論争そのものを，政治的に左右されかねない住民投票にかけること自体への問題提起が，司書職の業務や公立図書館の使命とのかかわりで提出されてよい。

　ミネアポリス公立図書館事件[114]：2000年2月に地元の有力新聞が，利用者が頻繁に通る場所にインターネット端末やプリンターが置かれ，利用者がポルノを見たり打ち出したりしており，対処を求めるという投書を掲載した。この投書は特筆に値しない。こうした苦情は各地で生じている。しかしこの投書を契機に，中央館の職員約140名の3分の1が署名した投書が，同紙に掲載されたのである。その内容を一言でいえば，アメリカ図書館協会や同館幹部はインターネットへのアクセスの制限を検閲としているが，第一線にいる職員はこうしたかたくなな姿勢を受け入れがたいというのである。そして図書館はもはや公的な場所にふさわしくない場になっており，

利用者や職員にたいして性的敵対的環境にあると論じた。この投書に図書館理事会が新聞への投書で応答し，図書館は修正第1条の保護下にあるあらゆる情報の提供を使命とする，子どもの利用の責任は親にあるという原則を確認している。同時に，子ども向けの良質のウェブサイトを作成していると主張した。これらはアメリカ図書館協会の方針に忠実に沿っている。その後も7名の図書館職員が連邦雇用機会均等委員会にハラスメントとして訴えたりした。こうした動きを受けて，5月の図書館理事会は利用者用インターネット端末の利用制限を強める方針を採択するとともに，図書館理事長と館長が謝罪声明を出している。ここでは2点を指摘しておきたい。これまで公立図書館は子どもが安心して利用できる数少ない公共施設であったが，そうした伝統が揺らいできているということである。いま一つは図書館職員が職場環境を問題にした点である。

このようにさまざまな従来にない具体的な問題が知的自由とのかかわりで出現してきている。これまでの検閲事件は，だいたいにおいて一過性の「事件」であった。しかし利用者用インターネット端末の問題は，一過性ではすまされない。そこでは現実の対処が求められると同時に，公立図書館が歴史的に展開してきた思想そのものの再確認，再検討が強いられている。

4.5 図書館における弱者の発見から現代へ

4.5.1 連邦による図書館立法とカーター演説

1951〜52年に，イギリスに留学したアメリカの図書館員は，「イギリスのほうがすぐれていることの一つは，公立図書館のアクセシ

ビリティである」と述べている。「イギリスの市民は、公立図書館サービスを受けるのに、1マイル以上歩く必要はない。ところが、合衆国では、2,600万人が公立図書館サービスを受けられないし、そのほかに、5千万人が極めて不十分なサービスしか受けていない」[115]のである。

合衆国憲法に教育条項はなく、州法が教育や公立図書館にかかわることを規定してきた。同時に憲法は、連邦が全般的な福祉にかかわる法を制定して、サービスを実施できると定めており、この条項を梃にして公立図書館を援助することは可能であった。第二次大戦前から図書館界は、連邦が人口希薄な地域へのサービスについて積極的役割を果たすことを期待していた。この期待を実現したのが1956年に成立した図書館サービス法であり、同法は公立図書館にかんする最初の連邦の立法である。この法律の目的は、公立図書館が存在しないか、あってもサービスが不十分な人口1万未満の地域にたいして、公立図書館サービスの促進を援助することにあった。同法は5年間の時限立法だったが、1960年の連邦議会は1966年まで期限を延長している。

連邦援助金は移動図書館などに多く使われたものの、同法の効果を疑問視する人も多い。同法は連邦が直接に図書館サービスをするのではなく、連邦の援助金を呼び水として与え、その後は州と農村の努力に期待した。しかし、援助金が打ち切られた時点で縮小されたり形骸化したサービスも多く、州によって法律の効果は大きく異なったと考えてよい。

実践結果からみて最も重要なことは、各州が図書館振興機関を設

置したことである。まず、連邦は各農村に直接的に援助金を出すのではなく、州に援助金を出す。次に、州に企画、連絡、調整の役割を担わせた。そして、援助金を得るには、州レベルの図書館振興機関を設置し、この機関が公立図書館の整備計画を作成せねばならない。この規定によって、州の図書館振興機関が強化されたり、アリゾナ州などではあらたに振興機関が設置されたりした。そして、1961年のインディアナ州を最後に、全州が援助金を獲得している。州が同法運営の主体を担うことで、州全域での図書館サービスの状況が把握され、州内でのサービスの格差や、州としてのサービスのレベルに関心が高まることとなった。

1963年1月、ケネディ大統領は、教育にかんする特別教書のなかで、公立図書館の現状について次のように指摘した。

> 公立図書館は継続教育のために重要な機関である。それにもかかわらず、1,800万の国民が依然として公立図書館サービスを受けていないし、1億1千万人以上が不十分なサービスしか受けていない。アメリカの公立図書館建築は古いものが多くて、10年間に2％しか改築されていない。中西部の、ある豊かな州でも、全公立図書館の85％は1920年以前に建てられたものである[116]。

ケネディは、農村だけでなく都市部にも法を適用すること、図書館の建設にも補助金を出すことを主張した。これを受けて、1964年2月には図書館サービス法にかわって、図書館サービス・建設法が成立した。同法は改正や延長をくり返しているが、1977年に改正された法の内容は次のとおりである。

州が同法にもとづいて連邦補助金を受ける事業を執行する。州の図書館振興機関は，州内の図書館発展にかんする基本計画，長期計画，単年度計画を作成して，連邦教育局長に提出する。計画作成には，連邦教育局の図書館計画担当の職員と協議するとともに，各種の図書館の代表および利用者の代表が加わり，構成員の少なくとも3分の1は消費者でなければならない。この法律は，「図書館サービス」「公立図書館の建設」「図書館の相互協力」「高齢者サービス」で構成され，「図書館サービス」は次のような項目からなっている。1)不利益をこうむっている人へのサービス。識字学級，成人教育学級，遠隔の地や外出困難な人へのサービスなどが含まれる。2)施設収容者へのサービス。刑務所，感化院，精神病院，療養所，老人ホームなどへのサービスを指す。3)身体障害者へのサービス。補助金を使って，視覚障害者向けに図書館が制作した番組をラジオ放送で流したり，聴覚障害者のためにテレタイプを設置した図書館もある。4)英語をよく使えない人へのサービス。スペイン語を使用する住民が多い地域で，スペイン語の本を多くそろえた館は多い。また，少数民族の出で図書館学を専攻する学生に奨学金を設けたりした。5)州の図書館振興機関の強化。6)大都市公立図書館の充実。州が資料センターとして指定した大都市の図書館の整備充実にも補助金が使用できる。以上のように図書館サービス・建設法は人口1万未満という制限をとりはずすとともに，大都市公立図書館に注目したのである。

1974年，連邦議会は「図書館と情報サービスにかんするホワイトハウス会議」を1978年に開催するという決議を採択した。ホワイト

4 公立図書館史 *225*

ハウス会議というのは，特定の問題に関心をもつグループの考えと政治的な訴えを聞くために，大統領が時おり使う方法である。フォード大統領は会議の開催に要する予算を認めず，そのために会議の開催は当初の予定より遅れて，カーター大統領の下で1979年に開かれた。会議の目的は，1980年代以降の図書館の歩むべき道を明らかにし，とくに連邦の果たすべき役割を勧告することにあった。ワシントンでの本会議にさきだち，各州ごとに予備会議が開催され，その段階で選ばれた代表者を含めて911人が本会議に参集した。規定によって，参加者の3分の2は図書館および情報サービスに関係していない素人である。この会議は，図書館利用者のための会議であって，図書館員のためのものではない。

カーター大統領は開会式で図書館の役割にふれ，図書館員の穏健で筋道の通ったガイダンスが得られるかどうかが，成功と失敗の分かれ道になることがあると述べた。さらに，情報への接近を保障することについての政府の責任に言及し，意思決定過程から一般市民を閉め出すことの危険性を強調した。そして，カーターは次のようにつづけたのである。

> この社会で，多くの人が〔情報への接近の点で〕孤立している。聴覚障害者や視覚障害者，寝たきりの人，苦境にある人，遠隔地の住民は，明確な例である。しかし，孤立した人は他にもいる。仕事や生活が狭小な範囲内にあるものの，考え方を広げようとか，周囲の社会や人びとを理解しようとか，さまざまな機会を知りたいと願っている人がいる。こうした人も，身体的，物理的な孤立者と同じカテゴリーにはいる[117]。

大統領は，新設の教育省において図書館担当の部局を強化すると言明したが，それ以上の約束はしなかったし，具体的な計画も示さなかった。会議は，五つのテーマ別部会に分かれて討議を進め，多くの決議をした。その決議の一つとして，今後とも10年間に1回のホワイトハウス会議を開くことを決定している。

4.5.2　図書館思想の転換と弱者の発見
(1)　図書館思想の転換

ボストン公立図書館が成立したのち1890年までは，各自治体が公立図書館を設立してきた。1890年頃から，州が図書館サービスへの介入に乗り出し，州レベルの図書館委員会を設置することで，巡回文庫や小さな町での図書館設立に刺激を与えた。また，カーネギーは小さな自治体での図書館建設に大きな貢献をした。この頃までは州の巡回文庫をのぞいて，州が刺激を与えつつも，基本的には各自治体が図書館を設立していた。また，人口希薄な地域には図書館がなかった。そこで，カウンティ・ライブラリーが出現した。カウンティ・ライブラリーは，付随的に既存の小さな公立図書館にサービスを深める手立ても提供した。このように考えると，人口1万未満の人口希薄な地域を対象とした図書館サービス法は，公立図書館が成立したのち一貫して続いてきた空白地帯の解消を目指す，最大の切り札として構想され実践されたと考えてよい。と同時に，地域でのサービスの偏在や格差をなくすために，連邦という最大の行政の区域の介入を試みたともいえる。以上のことから，1850～1950年代までの図書館整備，図書館利用者，図書館空白地帯についての図書

4　公立図書館史　227

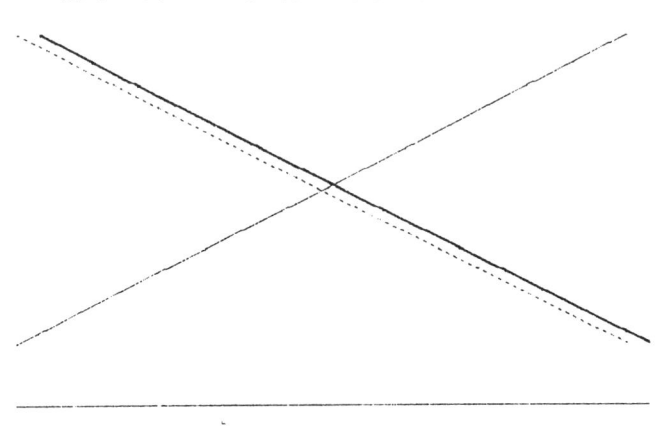

<図4＞　「すべての人」に向けての図書館界の認識の構図(～1960)

―― 図書館整備　……空白地帯　━━ 図書館を利用できない人

館界の認識の構図は，象徴的に＜図4＞であらわすことができる。
　すなわち，図書館整備が進むとともに空白地帯は減少し，図書館を利用できない人も減じていくという，きわめて自然な考え方であった。しかし，図書館サービス法から図書館サービス・建設法への転換，さらにカーター演説をみると，上の図式が崩れているのがはっきりする。公立図書館は都市部から周辺部，そして人口希薄な地域に進展していった。これは図書館史上の一つの法則といえるであろう。となれば，図書館サービス法は人口1万未満の農村部を対象とし，図書館サービス・建設法が農村部という枠を外すとともに，むしろ歴史的に最も図書館整備が進んでいる大都市に重点を移したのは奇異な感じさえする。ここでの図書館界の認識の構図は，＜図

<図5>　「すべての人」に向けての図書館界の認識の構図

```
                                        1960
―― 図書館整備　　……空白地帯　　━━ 図書館を利用できない人
```

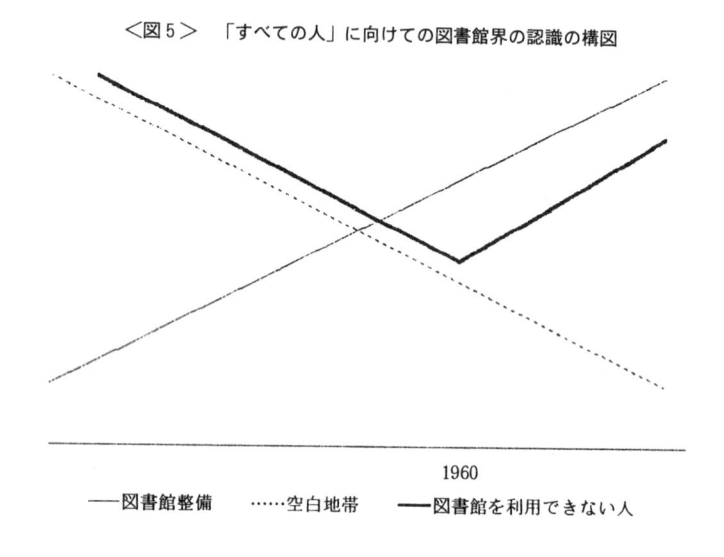

4＞における空白地帯の減少と図書館を利用できない人の減少を示すグラフの乖離で表現できる。1960年を境に，図書館界の認識の構図を象徴的に図式化したのが＜図5＞である。

これは，図書館界の意識を図示したものであるが，この転換は大きなものであった。1960年代の図書館活動は，一見この矛盾する現象を真摯に受け止め，それを克服するための試みである。

(2)　**人口構成の変化と図書館利用**

1970年頃のアメリカの都市の状況を，国勢調査などにもとづいて概観すると以下のようになる。合衆国の人口の28％が10万人以上の市に住んでいる。これらの主要都市は，人口構成の変化によって性格が変化してきた。貧困，教育の荒廃，スラム，犯罪，公害，交通

機関の不備，不十分な公共サービスで悩んでいる。

　1950年代中葉から，交通機関の発達によって，都市から郊外へと人口の分散が生じた。中産階級は郊外に住むにたる収入があった。都市中心部の空白地域には，貧しい人や不利益をこうむっている人がなだれこんだ。これは相乗効果を生み，中産階級の脱出に拍車をかけた。都市の新しい住民には合衆国の生活様式に慣れていない移民グループもあり，彼らは集団をなして住みついた。また，田舎からは，多くの貧しい黒人などが大都市に流入した。黒人，プエルトリコ人，メキシコ人などが大都市に集中してきたのである。

　大まかにいって，都市部人口のうち少なくとも6分の1が劣悪な環境下に住んでいる。2,270万の黒人のうち74％は大都市圏域に住み，その78％は大都市圏域の中心都市に住んでいる。さらに，1千万のスペイン系人口のうち80％が都市部に住んでいる。1950〜60年の10年間に中心都市の白人人口は5.7％しか増加しなかったが，非白人は50.6％増加した。1960〜70年の10年間に中心都市の白人人口は0.2％減じ，非白人人口は32.1％増加した。これらの数字は大都市の変化を示している。ニューヨーク，ワシントンD・C，フィラデルフィア，シカゴ，クリーヴランド，ロサンゼルス，および大部分の南部の大都市では，公立学校の生徒の約70％が労働者階級の子弟であり，その約2分の1はスラムの児童である。

　教育，衛生，福祉，警察，消防など，あらゆる公共サービスの充実が求められている。しかし，新しい住民，人口構成が変化した大都市は，これらを十分に賄うだけの財力がない。市の歳入には固定資産税が大きな役割を果たしているが，その動きをみても，自治体

財政が次第に苦しくなっていく様子がわかる。まず,中産階級の流出により,税収が減じるとともに,都市中心部の住宅地の固定資産評価額が低減した。次に,州法が自治体の課税権を制限している。また,高速道路や都市再開発で課税できる土地が減少した。さらに,公的機関や非営利団体による公有地の買収,多くの建物や家の老朽化なども固定資産税の減収となった。

一方,周辺の地域は中心都市より4倍も人口が増し,財政力も強力になっている。そのため,以前は中心都市に存在した良質のサービスを,独自に提供できるようになった。中産階級の流出は商工業の分散と同時進行している。郊外は固定資産税が安く,労働力も豊かで,さらに豊かな市場でもあるため,大規模な郊外型の商店街や工場が建設されてきた。ニューヨーク市の郊外は今や労働者の2分

<表17> クリーヴランド公立図書館の貸出冊数の変化

登録者数	1935年	1955年	1970年
中央館	82,868	80,814	100,291
分館	225,676	185,995	150,871
移動図書館	5,689	7,841	7,772
計	314,233人	274,650人	258,934人

貸出	1935年	1955年	1970年
中央館	1,566,104	692,756	734,904
病院や施設	440,080	324,263	270,459
視覚障害者部門	21,915	71,981	242,728
分館	5,794,952	3,215,814	1,971,925
計	7,623,051冊	4,304,814冊	3,220,016冊

の1もニューヨーク市に送りこんでおらず、これは市の歳入を大幅に減じている。また、近郊での商工業の発達は、大都市住民の仕事の機会を奪うこととなった。郊外の商工業地は、貧しい人が頼みにする公共交通機関では非常に不便な位置にある。さらに、公共交通機関がサービスしていない所に立地する工場も多い。

このような変化の結果、大都市の図書館利用は大幅に減少した。たとえばクリーヴランド公立図書館の1935年、1955年、1970年の利用統計は＜表17＞[118]のようになっている。

中央館の場合、1935年と比べて1970年の登録者は増しているが、貸出冊数は半減している。この低下は、1950年代に中央館が通俗書の貸出図書館から学術図書館へ変化したことにもよるが、貸出冊数の低下には目を見張るものがある。しかし、重要なのは36の分館である。1935〜70年までに、登録者数は3分の2に減じ、貸出にいたっては3分の1に減少している。地域住民の利用の第一線に位置する分館での利用が、1950年代から急速に減じていったのである。いうまでもなく、貸出冊数の激減は人口構成の変化が原因である。

これはクリーヴランドに特有な状況ではない。そして、この状態は1970年までにとどまらず1970年代を通じておこっている。全国的にみた場合、1961〜70年の間に貸出冊数は18％増加した。しかし、人口100万以上の大都市では12％減じている。1970〜79年でも同様である。全国的には9％の伸びを示したが、43の大都市では10％減であった[119]。試みに、七つの大都市とそれを取り巻く郡との比較を示したのが＜表18＞[120]である。

クリーヴランドを例にとると、1970〜77年の間に市の人口は19％

<表18> 大都市とその周辺の郡との貸出冊数の比較

	人口の変化[a]	貸出冊数の変化[b]
クリーヴランド	−19%	−37%
クヤホガ郡	− 2	+21
ボルティモア	−11	−40[c]
ボルティモア郡	+ 3	+71
オークランド	− 8	+18
アラメダ郡	+ 8	+36
セントルイス	−17	−33
セントルイス郡	+ 3	+16
サンディエゴ	+15	−20
サンディエゴ郡	+34	+66
シアトル	− 8	+10
キング郡	+ 7	+25
ワシントンD·C	−10	−42
フェアファックス郡	+ 8	+34

[a]1970〜1977　[b]1970〜1978　[c]1969〜1978

減少し，1970〜78年までに貸出冊数は37%低下した。一方，クリーヴランドを取り巻くクヤホガ郡では，同じ時期に人口は2%減少したが，貸出は21%増加したのである。この表には，シカゴ，デトロイト，ロサンゼルスといった大都市の数値はでていないが，同じ傾向にあったと考えてよい。クリーヴランド，ボルティモア，セントルイスなどではたしかに人口の減少もあるが，貸出冊数は33〜40%も減じたのである。一方，周辺の郡はいずれも大幅な貸出冊数の増加を示している。

　以上のことから，貸出冊数の伸びについては次のように結論できる。まず，1960年以降の伸びは全国的に生じたのではなく，とくに

大都市周辺の郡で顕著な伸びを示している。いうまでもなく,大都市周辺の郡は,大都市を脱出した豊かな白人中産階級の住宅地である。一方,とくに非白人が多く住む大都市での貸出冊数の激減は,白人中産階級の脱出と人口の減少にくわえて,流入する非白人や低所得者層を利用者に転化できなかったことを示している。

(3) 差別と図書館

1896年のプレッシィ対ファーガソン事件[121]において,合衆国最高裁は「各人種に与えられた施設や設備が平等であれば,人種を理由に黒人と白人を強制的に隔離しても,そのこと自体は合衆国憲法修正第14条の平等保護条項に違反しない」との判決をくだした。この判決によって「分離すれど平等」の法理が確立した。この原則は日常生活のすみずみにまで浸透し,教育の分野では人種別学が確立した。この法理を覆すには60年間を必要とした。1954年のブラウン対教育委員会事件[122]において,合衆国最高裁は「分離は本質的に不平等である」という判決を下し,新たな法理を打ち立てた。しかし,判決後10年を経過した1964年の時点をみても,南部11州では2.25％の黒人生徒が,白人との共学を経験しているにすぎなかった。1964年公民権法の意図は,黒人を中心とするすべての非白人を対象に,平等取り扱い問題の解決を促進することにあった。

1963〜64年の社会状況をみると,1963年2月にケネディ大統領は公民権にかんする特別教書を発表した。4月と5月には,アラバマ州バーミンガムで人種差別反対デモが起こり,連邦軍が出動する。6月には,有色人種向上協会の指導者M・エヴァーズがミシシッピ州ジャクソンで射殺され,大規模な抗議デモが起こっている。8月

に実施された「自由の行進」には20万人が参加した。11月にケネディが殺され、ジョンソンが大統領に就任する。1964年1月、ジョンソンは年頭教書で貧困の追放を強調し、5月には偉大な社会の建設を発表した。7月に1964年公民権法が成立し、またハーレムやニューヨーク州ロチェスターで暴動が起こっている。対外的にはベトナムを抱え、国内では以上のような状況がつづくのであった。

　こうした社会的動きは図書館界にも影響を与える。アメリカ図書館協会は差別に敏感な団体ではなかったが、図書館利用上の差別について1960年頃から認識を高めていく。1962年のアメリカ図書館協会の大会では、利用上の差別にかんする研究を進めることが決定され、最終的に国際研究所がこの委託研究を引き受けた。1963年に調査報告『公立図書館へのアクセス』を公表したが、同書はアメリカ図書館協会の出版史のなかで最も大きな論争をひきおこす結果となった。この報告書の目的は、1) 人種隔離の範囲と型の解明、2) 統合へ向けての変化の解明、3) 統合を阻害、あるいは促進している要因の抽出、4) 人種隔離と法律の役割の考察、5) 人種隔離にたいする図書館員や図書館委員会の態度の解明にあった[123]。

　まず、同報告は差別を「直接的差別」と「間接的差別」に大別した。「直接的差別」とは、中央館の利用を白人に限定していたり、白人と黒人との利用規定が異なっている場合をいう。一方、「間接的差別」は、黒人と白人の地域で施設や資料に顕著な差が生じている場合などをいう。報告書は多くの分析をしているが、ここではいくつかの例を示しておく。まず、白人地域と黒人地域での図書館設置率の比較、およびそうした館での蔵書冊数の比較であり、それが

<表19> 白人, 非白人地域における図書館設置率と平均蔵書冊数

	分館設置率			平均蔵書冊数		
	白人	黒人	倍率	白人	黒人	倍率
南 部						
バーミンガム	26	7	3.7	22,152	10,234	2.2
ワシントンD・C	21	7	3.0	35,382	19,593	1.8
メンフィス	9	5	1.8	20,458	11,370	1.8
アトランタ	17	11	1.6	16,943	10,924	1.6
ニューオリンズ	6	8	0.8	21,316	16,099	1.3
ジャクソンビル	20	29	0.7	34,127	14,793	2.3
その他						
フィラデルフィア	12	2	6.0	31,507	36,270	0.9
デトロイト	8	3	2.7	26,311	16,811	1.6
ニューヨーク	8	9	0.9	31,608	20,646	1.5
サンフランシスコ	20	33	0.6	19,084	21,163	0.9

＜表19＞[124]である。

＜表19＞の「地域」とは1960年国勢調査の区割を示している。区割は,「統計的目的のために, 大都市および周辺地域を分割した小さな地域」であり, 各地域は「人口, 特性, 経済状況, 居住環境などの点で比較的均一である」ように工夫されている。各地域は約4千人の住民を擁し, 白人地域とは住民に占める白人の比率が80％以上の地域をいう。アトランタを例にとると, 白人地域は66あり, それらの地域に11の分館があった。したがって, 白人地域の図書館設置率は11÷66×100＝17(％)となる。一方, 非白人地域は27あり分館数は3なので, 設置率は11％である。それゆえ, 白人地域の方が17÷11＝1.6(倍)多く図書館が設置されていることになる。

まず，南部6都市のうち4都市では，白人地域の図書館設置率が非白人地域の1.5倍以上であった。分館の平均蔵書冊数は，各都市で白人地域が大きくうわまわっている。ニューオリンズとジャクソンビルでは非白人地域での図書館設置率の方が高いが，各館の平均蔵書冊数は，白人地域がジャクソンビルで2.3倍，ニューオリンズで1.3倍となっており，非白人地域の図書館は弱体である。なお，バーミンガムとワシントンD・Cでは差が顕著で，設置率に3倍以上，蔵書冊数で2倍前後の差があった。

南部以外の都市でも同じ状況にある。フィラデルフィアでは，白人地域の設置率は非白人地域の6倍に達している。南部を除いて非白人の比率が最も高いデトロイトの場合，白人地域の設置率は2.7

＜表20＞ 所得の高低による図書館設置率と平均蔵書冊数

	分館設置率			平均蔵書冊数		
	高い	低い	倍率	高い	低い	倍率
南　部						
バーミンガム	17	8	2.1	23,362	10,234	2.3
ワシントンD・C	20	0	—	38,163	—	—
メンフィス	15	10	1.5	29,740	29,546	1.0
アトランタ	18	14	0.8	19,709	11,928	1.7
ニューオリンズ	3	3	1.0	16,724	15,913	1.1
ジャクソンビル	33	17	0.5	43,427	14,793	2.9
その他						
フィラデルフィア	4	12	3.0	35,796	32,435	1.1
デトロイト	3	8	2.7	29,820	17,138	1.7
ニューヨーク	10	7	0.7	35,529	26,438	1.3
サンフランシスコ	12	20	1.7	22,559	18,895	1.2

倍，蔵書冊数は1.6倍にのぼっていた。サンフランシスコを例外として，全体的にみると白人地域の方が設置率が高く，また蔵書冊数も多かった。

次に，所得の高低による図書館設置率の比較，およびそうした館での平均蔵書冊数の比較が＜表20＞[125]である。

＜表20＞で「高い」地域とは，各都市の国勢調査の区割のうち，家庭の平均年収が全区割の上位5分の1を占める区割をいう。「低い」地域は下位5分の1を占める区割である。バーミンガムを例にとると，所得が高い地域での図書館設置率は17％，低い地域は8％なので，高い地域の倍率は2.1倍となる。また，平均蔵書冊数では高い地域は低い地域の2.3倍となっている。ニューオリンズは，所得の地域差による，設置率，蔵書冊数に差はなく，その意味では図書館は公平に分布している。しかし，図書館設置率が非常に低く，蔵書冊数もたいへん少ない。前者についてみれば，33の地域に一つの分館しかなく，一つの地域を4千人とすれば，約13万人に一つの図書館となる。ワシントンD・C，バーミンガム，メンフィス，フィラデルフィア，デトロイト，サンフランシスコについては，設置率および平均蔵書冊数ともに高所得の地域が有利にある。とくにワシントンD・Cでは，高所得の地域では20％，すなわち約2万人に一つの図書館があるものの，低所得の地域にはまったく図書館が存在しない。アトランタ，ジャクソンビル，ニューヨークでは低所得の地域の方が設置率は高かったが，平均蔵書冊数では高所得地域の75～30％でしかなく，弱体な図書館を多く擁していた。以上の点から，全体的には，高い所得の地域に頻繁に図書館があり，またす

<表21> 人種, 学歴, 所得による分館の平均蔵書冊数

			白人地域	非白人地域
南　部	高　学　歴		28,759	該当地域なし
	低　学　歴		22,891	17,867
南　部	高　所　得		29,736	該当地域なし
	低　所　得		15,205	12,058
他地域	高　学　歴		35,952	16,706
	低　学　歴		27,620	22,027
他地域	高　所　得		33,599	該当地域なし
	低　所　得		33,837	22,080

べての市で低所得の地域よりも蔵書冊数が多かった。

最後に, ＜表21＞[126]は, 人種, 学歴, 所得による平均蔵書冊数の相違を示している。

＜表21＞は南北両地域でのサービスに格差があること, 南北を問わず, 白人地域の図書館の方が蔵書冊数の面で強力であること, 同じ白人地域のなかでも高学歴や高所得の地域の方が, 全体的に蔵書量が多いことを示している。差別は重層的なのである。

同報告が導いた結論の一部に次のようなものがある。1)直接的差別は南部16州に限られている。そして,「公立図書館におけるあらゆる直接的差別は, 明らかに合衆国憲法に違反する」[127]と結論した。すなわち, 直接的差別はブラウン判決に反しているということである。2)南部での差別は, 大都市よりも小さな町や農村部で強い。3)間接的差別は全国的にみられ, とくにバーミンガム, ワシントンD・C, デトロイトなどで目立っている。以上の分析を踏まえつつ,『公立図書館へのアクセス』は以下のように総括した。

非白人地域と比べて,白人地域は図書館を設置している可能性がはるかに高い。非白人地域に図書館があるとしても,それらは市の図書館システムのなかで,最も劣悪な図書館群となっている。少ない図書館数と貧弱な資料が重なりあってもたらす影響,これが非白人地域への差別の典型である[128]。

すなわち,『公立図書館へのアクセス』は間接的差別の実体を浮き彫りにし,図書館利用について白人が非常に優位な立場にあることを立証した。そして,間接的差別も明白な差別と把握し,この形態の差別は全国におよんでいると結論したのである。この結論が意味することは明快である。公立図書館は情報への接近において,白人と非白人に差をつけてきた。差別を助長し温存することで,両者の間の社会的,経済的,知的な差を拡大してきたのである。

この報告書が公表されたとき,議論は北部の大都市分館での間接的差別に集中した。批判された北部の大都市は,事実や方法について反論を展開した。結局のところアメリカ図書館協会は8ページにわたるコメントを報告書すべてに貼りつけるように指示している。その内容は,1)過度に一般化しすぎている,2)南部についての調査結果と結論は妥当である,3)北部については方法と分析が不十分で信頼できない,4)いっそう精緻な調査研究が必要であるといった諸点を含んでいる。さらにアメリカ図書館協会会長フレデリック・ワグマンは,調査対象館にこの報告書を送るときに,北部の分館についての結論は妥当性を欠いているとの手紙をそえた[129]。これらの措置について,図書選択論や知的自由の論客として有名なリーロイ・メリットや1966年度のアメリカ図書館協会会長ロバート・ヴォ

スパーは強烈な反論を展開した。彼らは，図書館は地域の団体が声明文の添付を申し入れたときには拒否しているのに，図書館協会自体がこの措置をとることは，自らラベリングを実践していることにほかならないと論じたのである。こうした論争の熱がさめたときに客観的な論評があらわれ，概して調査結果と結論は妥当であると考えられている。

(4) アウトリーチ

1965年の調査によると，クリーヴランドでは25歳以上の成人の半数以上が第6学年以下の読書能力しかなかった。大筋において，クリーヴランド公立図書館は，読める住民を前提として図書館サービスを展開してきた。しかし，この時期になると読めない人への取り組みを考慮せねばならなかった。州からの援助金をえて，読書センターを実験的に三つ開設した。この試みによって，クリーヴランド公立図書館は，歴史上はじめて直接的に教育という役割を担当したのである。1968年にこのサービスの評価がされたが，満足よりも失望の方が大きかった。注ぎこまれた資金や精力と比較して，効果はあまりに小さいものであった。当然ながら，読みを教えることが図書館の正当な機能かという疑問がだされ，正当な機能でないと考える職員が多かった。こうした職員は，図書館は読むことができ，読む欲求をもつ人を対象にすると強く考えていた。現実主義者もこの原則に同意したものの，実践になると態度は変化した。彼らは，民主主義や図書館は多数の読める住民を前提とすると考えていた。そして，学校が読む力と読書の動機づけに失敗しているからには，図書館もこの状況の打開に挑戦せねばならないと訴えた。

4　公立図書館史　*241*

　クリーヴランド公立図書館は視覚障害者や病院へのサービス，学術資料，それに児童サービスなどで全国的に有名であった。しかしながら，この市にも大きな人口構成の変化が生じていた。1960年頃には白人が多数を占めていたが，1970年になると黒人が59％，スペイン系20％，白人20％，アメリカン・インディアン１％という構成になっていた。住民の75％は経済的に苦しく，英語をまったく，あるいは不十分にしか読み書きできない住民も多かった。1971年のクリーヴランド公立図書館の報告書は，「〔この80％の〕人びとに有効な図書館サービスを与えることに失敗してきた」[130]と過去の取り組みを総括している。非白人にサービスする目的で，図書館サービス・建設法からの援助金をえて，地域サービス部門が新たに設置された。この新しい部門の活動目標は，不利益をこうむっている人びとに適切なサービスをすること，諸団体と協力して図書館サービスを浸透させること，適当な分館を選んで新しい企画を実験的に実施することにあった。パートタイマーも含めて，総勢18名で出発している。

　スペイン系住民への取り組みをみると，カーネギー・ウエスト分館にスパニッシュ・ライブラリーを設置して，このライブラリーを拠点に実験的な活動をしている。1971年当時，クリーヴランドには約２万５千人のスペイン系住民がいた。そのうち，１万８千人がプエルトリコ人，残りの大多数がキューバ人とメキシコ系アメリカ人である。彼らの共通点は言語と宗教だけである。

　すでに1968年に，クリーヴランド公立図書館はリブロスという企画をはじめていた。これはプエルトリコ人を対象にしており，他の

スペイン系住民の流入とともに，リブロス自体を再検討する必要が生じてきた。地域サービス部門がリブロスを吸収し，より広いサービスが検討された。その結果，リブロスがもつプエルトリコ人向けの全資料を，カーネギー・ウエスト分館に集中した。この分館はスペイン系住民の密集地域にあり，建物もすぐれていた。次に，広報活動を強力に進めている。通常の広報活動に加えて，スパニッシュ・ライブラリーの諮問委員会にボランティアを募ったり，スペイン系社会のあらゆる団体との個人的な接触を展開した。11名の諮問委員会は八つの国を代表する住民からなり，この委員会の活動によって資料の利用はたちまち増加した。スペイン語の資料の貸出は1か月の間に，過去3か月の貸出冊数よりも100％増加したのである。また，スペイン系住民は英語の本も驚くほど多く利用したということである。

カーネギー・ウエスト分館のスパニッシュ・ライブラリーが実施した活動は多彩である。スペイン系の音楽，歌，ダンスについての文化会では，すべてのラテン・アメリカの国旗を掲げ，簡単な民族料理を用意した。スペイン系以外の成人を対象に，スペイン系の文化や歴史の理解を深める目的で，学習会を開催した。刑期が近い若者を対象に少年院で文化会を組織した。そこには15～30歳までのプエルトリコ人やメキシコ系アメリカ人の若者が集まり，各々の国の文化や歴史，言語，非行の防止などを学んだのである。図書館の集会室はスペイン系住民の団体に自由に公開した。また，翻訳サービスも実施している。さらに，福祉機関や就職斡旋機関などとの接触がうまくできない人に，積極的な助力をあたえた。夏期には8週間

4 公立図書館史　*243*

にわたり映画会を試み，多くの背景をもつ児童600名以上が参加した。カーネギー・ウエスト分館に加えて，まもなく他の二つの分館も実験に参加した。これら三つの館は，過去5年間に平均して57％の貸出減に悩んでいたのである。二つの分館は実験に積極的ではなかったものの，地域サービス部門の職員が主導権をにぎり，従来のサービスの点検と新しいサービスの導入を実施した。いままで図書館を知らなかった地域住民が大挙して利用するとともに，図書館員の意識も変革したという。

　もちろん，カーネギー・ウエスト分館や地域サービス部門の取り組みはより広範である。学校中退者が通う学校，矯正施設，文化施設にも小さな蔵書をおいてサービスした。図書館カードなしでの貸出や，視聴覚資料を使っての活動が実施された。視聴覚資料はスラムの児童には珍しいものであり，人気があったという。また，文章作成や劇のグループを組織したりした。地域サービス部門の報告書は次のようにまとめている。

　　まさに未利用者に到達した。彼らと一対一でまみえ，一対一で話し，要求を引き出し，それらを全力を尽くして提供しようとした。．．．．地域サービス部門の職員は最下層地域を恐れずに歩き，図書館の新しいサービスを説いてまわった。．．．．三つの分館でサービスをしたが，利用者はいままで図書館の存在を知らなかった人びとであった。利用者は，図書館が自分たちのものであって，図書館員のものでないことをはじめて知った。．．．．分館の正職員の態度は地域住民の態度と同じくらい変革を遂げた。こうした結果，図書館職員と地域住民とは図書館史上はじ

めて有意義な関係となった[131]。

クリーヴランドが実施したサービスは、総称的にアウトリーチ・サービスと呼ばれる。1943年に刊行のアメリカ図書館協会『図書館用語集』[132]には、この語はでていない。1983年刊行のアメリカ図書館協会『図書館情報学用語集』ではじめて、「図書館サービスが全くおよんでいない特定の集団の情報ニーズを満たす目的で、開発され企画されたサービス....」[133]と定義づけられた。この場合、「特定の集団」というのが重要で、図書館空白地帯への図書館設置、たんなる移動図書館サービスの提供などは、アウトリーチに入らない。アウトリーチとは、公立図書館のサービス・エリアのなかに存在しながら、サービスを享受していない、あるいはサービスを享受できない「特定の人びとの集団」へのサービスをいう。クリーヴランドの例をみると、「特定の集団」として、視覚障害者などの障害者、入院患者、非識字者、少数民族、スラム地域の住民、受刑者などがあらわれている。この他に、高齢者、老人ホームなどの入居者、寝たきりの人を加えると、「特定の人びとの集団」をほぼ網羅できる。前述の『図書館情報学用語集』では、施設収容者、高齢者、未利用者を例示している。未利用者一般を「特定の集団」と捉えることは焦点をぼかすきらいがある。アウトリーチは、いわゆる不利益をこうむっている人を強く意識していると考えてよい。

アウトリーチは、人口構成の変化や図書館利用の低下、差別への意識の高揚、「偉大な社会」の建設や「貧困との闘い」といった連邦政府が掲げた政策を直接的な背景として、1960年代の中葉から本格的に取り組まれた。たとえば、下層地域や少数民族の密集地域で

は，たんに資料を持ち込めばよいとの考えは成立しない。施設，目録，分類，配架，利用規則などの全面的検討が必要である。なによりも図書館員が地域を理解しなくてはならない。また，黒人やスペイン系の図書館員を養成しなくてはならない。スペイン系住民の密集地域で，スペイン系の図書館員がいなくなって貸出が激減した事例がある。また，スペイン系住民にサービスするのに，英語しか話せない白人の図書館員だけで乗り出して失敗した例もある[134]。このように考えると，図書館員の養成も重要な問題になり，一朝一夕には十分なサービスが実施できない。クリーヴランドでの実践でみたように，アウトリーチでは次の点が重視される。1)住民の日常生活に密着した最新の資料や情報の提供，2)地域の諸機関（医療，社会福祉，住民，教育などの諸機関，地域のさまざまな文化的な団体や教会など）との協力と連携，3)図書館員が積極的に地域に飛び込み，住民や団体と個人的に接触するという姿勢と実践，4)図書館や読書に引きつける前提としての，日常的，文化的プログラム（たとえば，離婚の手続きについての法律協会と共同しての講演会，ダイエットの方法，各民族の歴史と文化についての講演や映画会）の実施，5)積極的な広報活動。

　刑務所や病院といった施設収容者へのサービス，さらに老人ホームや寝たきりの人へのサービスをみると，図書館全体の方針としてこれらのサービスを位置づけて実践したところでは，いずれも非常に高い貸出密度をほこっており，利用者にとって図書館サービスが欠かせないものになっていることがわかる。寝たきりの人や障害者へのサービスに成功している事例をみると，1)正規の図書館員を配

置し,この職員が多くの個人や団体を組織化し調整している,2)社会福祉機関やソーシャル・ワーカーとの密接な関係をもっている,3)対個人サービスを重視している,4)積極的な広報活動を実施している(地元新聞はこの種のサービスに好意的で率先して力をかしている),5)ボランティアの有効な活用といった共通点がある。アウトリーチは利用者数や貸出冊数を増すための試みではなく,利用者「層」の広がりを求める試みと理解すべきである。

4.5.3 1970年代以降の図書館状況:図書館財政を中心にして

アウトリーチや前節で示した「社会的責任」論は図書館史上の重要な提言や実践であり,その思想は今後の図書館で無視できないで

<表22> 大都市の歳出と図書館費の変化

	市の歳出総額			図書館費総額		
	計	各市の平均	上昇比率	計	各市の平均	上昇比率
1961	6,388,121	148,560		96,524	2,244	
1962	6,791,688	157,946	6.3%	101,747	2,366	5.4%
1963	7,196,375	167,357	12.7	106,024	2,465	9.8
1963/64*	7,523,160	174,957	17.8	114,041	2,652	18.1
1964/65	8,055,469	187,336	26.1	123,956	2,882	28.4
1965/66						
1966/67	9,762,403	227,032	52.8	133,691	3,109	38.5
1967/68	11,242,557	261,454	76.0	149,059	3,466	54.4
1968/69						
1969/70	14,868,284	309,755	108.5	195,228	4,067	81.2
1970/71	17,592,105	366,502	147.0	215,061	4,480	99.6

注 単位は千ドル.*は会計年度の変化による.

あろう。しかし、アウトリーチが本格的に開始された1960年代後半は、同時に図書館財政が苦しくなる時期に相当する。大都市の歳出と図書館費との関連を1961年を起点としてまとめたのが＜表22＞[135]である。

1961～1968／69年度までは43の大都市、それ以後は48の大都市についての結果である。各大都市の歳出の平均額は1961～1970／71年の間に147.0％増加したが、図書館費の伸びは99.6％にとどまっている。1961年当時、43の大都市公立図書館はおのおの224万ドルの図書館費をもっていた。もし、この10年間に市の歳出と同じ147.0％の上昇があったとすると、1970／71年の図書館費は約553万ドルになる。しかし、448万ドルしか得ていないので、各館につき100万ドル以上の減収となっている。かりに1ドル200円と計算した

＜表23＞ ハードカバーの本の価格の変化

	平均定価	上昇率
1961	5.81ドル	
1962	5.90	2％
1963	6.55	13
1964	6.93	19
1965	7.65	32
1966	7.94	37
1967	8.43	45
1968	8.47	46
1969	9.50	64
1970	11.66	101
1971	13.25	128

場合,これは2億円に相当する。当然,市の歳出に占める図書館費の比率も低減している。1961年には1.5％であったが,1970／71年には1.2％に低下した。もともと図書館費の比率はとるにたらないほど小さいので,この0.3％の低下は非常に大きい。

　物価上昇率なども考えねばならないが,ここではハードカバーの本を取り上げてみた。それが＜表23＞[136]である。

　＜表22＞と＜表23＞を突き合わせると,1965年くらいまでは,市の歳出,図書館費,ハードカバーの上昇率は平行を保っている。しかし,1960年代後半から図書館費は市の歳出の上昇率から大幅に遅れはじめ,1970年頃からはハードカバーの上昇率からも大きく遅れを取るようになる。＜表22＞と＜表23＞から,1961年当時の市の歳出に占める図書館費の比率を100とし,1961年のハードカバーの価格を100とすると,1970／71年度の資料費は約50になる。表にあらわれた以外の条件を等しいと考えると,1961年当時とくらべて2分の1の資料しか買えない結果となる。

　アウトリーチが始まったときから,図書館費は次第に苦境に陥っていたと考えてよい。大都市公立図書館を対象にした1972年調査[137]は,各館がかかえる問題を端的に示している。回答館51館のうち35館が財政難からサービスを削減したと答えている。その分野は,職員,開館時間,資料費,行事,アウトリーチなどである。資料費が40％削減された館もあった。10館は中央館の開館時間の削減を実施し,分館の開館時間の削減をあげた館も10館あった。移動図書館の削減や廃止を指摘した館もあった。また,昇給を停止している館,職員数を削減した館,新たな採用をしないことで職員数の削

減を目指した図書館もあった。図書館費が削減されない館でも現状維持が精一杯であり，新しいサービスに乗り出す余裕はなかった。アウトリーチ・サービスの継続に心配する館もあった。オハイオ州のアクロン公立図書館は，新しい企画に乗り出すことはできないと答えた。サンディエゴ公立図書館も，現状の予算では新しいプログラムをもてないと回答した。ボルティモア公立図書館は，職員と開館時間の削減のため利用者へのサービスは低下していると述べ，さらに児童へのストーリー・テリング，ブック・トーク，学校訪問を削減していた。アラバマ州のモビール公立図書館は最低限の運営で汲々としており，不利益をこうむっている人，施設収容者，高齢者へのサービスは苦境にあるとした。ロサンゼルス公立図書館は，「当館の信念と今日の要求の優先順位からして，不利益をこうむっている人の利用を促進させようと，全努力をしている。しかし，資金がない」[138]と報じている。バッファロー公立図書館は学術図書の購入が重大な危機に瀕していると述べ，クリーヴランドは「図書費が次第に低減しており，連邦援助金を学術資料の購入に使わねばならないかもしれない」[138]と報告した。

　こうした状況は年とともに深刻になっていく。10年を経過した1982年の状況をみると[139]，ボストン公立図書館は立派な新館を完成していたが，土曜と日曜とを休館にしていた。さらに，いくつかの分館を閉鎖し，多くの分館で開館時間を短縮していた。ロサンゼルスの中央館の場合，1982年3月には週55時間のサービスを提供していたが，7月には週46時間に削減している。シアトル公立図書館では，中央館，分館の開館時間の削減，参考図書館員の削減，資料

費の15%削減，分館でのさまざまなプログラムの全廃，高齢者や療養所へのサービスの削減，地域的な行事の削減を1982年1月1日から実施していた。

　このような過程で，アウトリーチは思想的にはともかく実際的には縮小や廃止を余儀なくされている。1960年代のアメリカ社会は公民権運動，公害闘争，大学闘争，消費者運動など，国内的にみても騒然とした時代であった。しかし，これは同時に理想主義の活気に満ちた時代でもある。旧来の図書館思想や実践が批判され，未熟ではあるが多様な思想がだされ，また模索しつつ多くの実験的なサービス活動がされた。1970年代のとくに後半からは，財政難が最大の課題になり，社会も理想主義から保守主義になっている。それは同時に現実的になることでもある。この現実主義は，数字の重視，効率主義，すぐに結果としてあらわれるサービスを重視する一面をもつ。こうした状況下にあって，経済効率が最も悪いアウトリーチが切り捨てられる結果が生じたりした。また，図書を中心とする伝統的サービスに戻る主張，図書館は読める住民にサービスをすればよいといった主張，さらに受益者負担との観点から有料制が主張されることもあった。

4.5.4　1980年代以降の状況：サービスの拡大と深化の一側面

　1980年代に入っても経済不況という基調は変わらず，図書館財政は苦境にある。しかし1980年代後半からは，技術革新の影響や社会状況の変化を受けて新しいサービスが生じてきた。

(1) 新しい形態の資料：ビデオ

　1980年代に入り図書館はビデオなどを導入した。それを意識して『ライブラリー・ジャーナル』は1985年を起点に数回の基礎的実態調査をしている[140]。結果によるとビデオを有する館が圧倒的で，さらに増強を希望していた。最新のポピュラーな映画と児童向けのあらゆるビデオが最も利用される。貸出は3分の2が2〜3日で，3分の1は料金や保証金を取り，実に5分の4が貸出を成人に限っていた。多くの館では新しい利用者が出現したという。1986年11月発表の3回目の調査は，ビデオは確固たる図書館資料になったと報じた。80年代後半からの図書館関係雑誌はビデオの記事に満ちている。そして議論は理念から実践，全体から個別に移っていく。すなわち選択基準，選択手段，業者，技術の各論，予算，著作権といったことで，料金徴収，年齢制限，貸出点数制限なども含めて，新しい形態の資料が出現したときに広く見られる現象である。

(2) ホームレスへのサービス

　社会や経済の状況を反映してホームレスの問題が浮上してきた。1988年にニューヨーク・パブリック・ライブラリーのM・ゴンザレスは，この10年間にニューヨーク市を訪問したことのない人が最近訪問すれば，街路やシェルターに住む多くの人をみて驚くだろうと述べている[141]。都市部の多くの館は資料や情報の提供を中心にホームレスへのサービスをしている。オクラホマ州タルサでは1980年代半ばからホームレスが目立ち，市が宿泊場所を教会が給食を供してきたが，ホームレスは昼間に行き場がなく図書館に入ってきた。冬になると毛布と持ち物袋を持って中央館に入り，寒い日には6階

建ての建物の大多数の席を占めたという。タルサの場合,図書館は福祉機関や警察と協力して居場所を設けるのに中心的役割を果たしたし,生活に直結する情報の提供に努力した[142]。ダラス公立図書館はホームレスへのサービスを調整する団体の設立会員で,資料と情報の提供に尽力し,居場所の確保自体は管轄外と考えている[143]。ニューヨーク・パブリック・ライブラリーの場合,ホームレスが劣悪な状態で居住している施設(福祉ホテル)の各室を訪問してサービスを宣伝し,施設に文庫本や絵本を置いている。また生活情報の提供やお話し会なども実施した[144]。最後にマサチューセッツ州ハヴァーヒル公立図書館は,市役所と複合施設となる新館建設に際して,同市のホームレス150名を意識して20名分のホームレス用の部屋を設計した。1989年1月19日号の『ニューヨーク・タイムズ』は,「ソファー,安楽椅子,テレビ,コーヒーメーカーを用意している。机には新聞,雑誌,それに市が提供する福祉関係の小冊子を備えている」[145]との記事を載せた。

ホームレスへのサービスは,住所不定者への図書館カードの発行や延滞料の扱いといった現実問題がある。またホームレスの利用に苦情が出たり,職員自身も苛立ったりするという。そうした問題はあるとしても,都市部の図書館は各館の力量の許す範囲でサービスの広さと深さを検討し,サービスを展開している。

(3) エイズ関係の情報や資料の提供

図書館もエイズと無縁ではなかった。たとえば1985年にフロリダ州ブラワード・カウンティでは,カウンティの方針によってエイズを理由に図書館職員が解雇された。また1987年にはテネシー州レイ

クシティの生徒が，公立学校への出席停止となった。事態を重視したアメリカ図書館協会は，1988年に「身体的，精神的な障害者による，図書館や情報へのアクセスに関する決議」を採択した[146]。これは特にエイズを意識した決議で，図書館や情報へのアクセスの保障を訴えている。図書館協会の方針や地元の状況を受けて，積極的な活動に取り組む図書館もある[147]。

　ヒューストン公立図書館のモントローズ分館は，エイズに関する図書，パンフレット，カセット，雑誌，ニュースレターを備えている。医療や栄養に関する情報，エイズ関係団体についての情報が頻繁に利用されて，諸機関に照会する場合も多いという。同性愛団体やエイズ関係団体が主催する企画には，進んで集会室を供している。そのことによって地域の団体との接触が保たれ，個人ベースのきめ細かいサービスが可能になる。分館長は，利用者の話を共鳴をもって聞き，求めていることの理解に努め，情報要求に最大限に応えることが重要だと強調した。

　ロサンゼルス・カウンティ・ライブラリーのウエスト・ハリウッド図書館は，全米でもエイズの率が高い地域にある。多くの機関がエイズ情報を与えているが，ほとんどは同性愛の男性を対象としていた。ある活動家が図書館にエイズ情報センターの設置を提案し，市議会とカウンティ・ライブラリーの幹部が承諾した。1989年にエイズ情報センター（HIV Information Center）が出発したが，計画段階で職員が恐怖を抱いたという。エイズの人が入館することへの懸念，それに資料を媒介としての伝染に対する不安で，いずれも研修によって克服したのである。図書，雑誌，パンフレット，ビデ

オをそなえ，エイズ情報に関するデータベースも活用している。しかし1991年には図書館予算全体の削減によって館自体が週2日しか開館できず，センターも同じ状態になった。資料費も50％削減され，図書とAV資料に5,000ドル，雑誌に5,000ドルになってしまった。最も頻繁に利用するのはレポートを書く生徒や学生である。

公立図書館で最も大規模なのはフィラデルフィア公立図書館のエイズ情報ネットワーク（AIDS Information Network）である。1987年に館長J・カニンガムの主導で"AIDS Library of Philadelphia"として出発したが，"library"では図書と研究というイメージが強く名称を変更した。1993年の時点をみると，5.5名分の職員配置と60名以上のボランティアを有し，予算は40万ドル，週36時間の開館で，1992年には3万件の質問に応えたのである。センターは全米でも有数の蔵書を誇り，図書，雑誌，ニュースレター，パンフレット，クリッピング，ポスター，ビデオ，それにCD-ROMのデータバンクを提供している。全国の諸団体が作成するエイズや麻薬や同性愛に関するパンフレットや小冊子を無料配布している。最も価値あるのは情報ファイルで，1981年以降の75,000点を超える情報が入っており，常に最新の状態に保っている。エイズ関係資料はすぐに古くなるが，研究資料としての価値は大きく廃棄しない。ポスターや情報ファイルについても同様である。資料提供，情報サービス，照会サービスに加えて，たとえば「安全なセックス」（Safe Guard）と名づけた企画を定期的に供している。これは男性同性愛者を対象にした安全なセックスについてのプログラムで，市のどの機関も実施していないので組み込んだという。さらにニュースレ

ターを発行している。利用者はさまざまである。ダウンタウンにあるため，一般の利用をはじめ，法律や保健の専門家，教師，政策立案者，社会科学の研究者など，エイズに関心のある人が幅広く利用している。エイズ関係団体との結びつきが重要で，これは利用者を知ることに結びつくという。

　三つの図書館の取り組みをかいま見たが，モントローズは伝統的な図書館サービスの枠内で，エイズを意識したサービスをしていた。ウエスト・ハリウッドはセンターを設けて，地域に密着したサービスを心がけていた。フィラデルフィアの場合は，地域はもちろん全国的なセンターになっていた。こうした相違はともかく，いくつかの共通点を見つけることができる。重要なことはいずれも地域住民全体を対象とし，エイズに対する正しい知識の提供と啓蒙に最大の目的を置いていることである。次に，エイズ関係団体や同性愛団体との接触に積極的で，そこからサービスのあり方や利用者個人を知ることができるという点である。さらに，最新の情報が提供できる手立てを講じると共に，定評ある参考図書を重視している。最後に図書館幹部の確固たる姿勢と，それを支える職員の真摯な取り組みである。

4.5.5　1990年代以降の状況：利用者用インターネット端末の登場

　公立図書館での利用者用インターネット端末の配置は，図書館システム単位にみて1994年の12.7％から，1996年には27.8％，1997年60.4％と急激に伸び，1998年には分館単位で73.3％となっている。

さらに2000年5月の調査では，94.5％にまで達した[148]。1995年頃は「最新」のサービスであったが，もはや「通常」のサービスになった。

とはいえ，過渡期の状況ともいえるが，次のようなことは意識する必要がある。たとえば筆者が2000年11月に実施したネブラスカ州全公立図書館の調査は，同州274館を対象に，利用者用インターネット導入の実態と知的自由の問題に焦点を絞ったものである。回答総数は193館（70.4％）であった。そして有効回答数190館のうち151館（79.4％）が利用者用インターネット端末を提供しており，提供していないのは39館（20.5％）となっていた。この利用者用インターネット端末を提供していない39館の場合，そのうちの1館は大きな公立図書館の分館で，複合施設の他の部分で端末を提供していた。この一つの館を除いた38館について，サービスの人口を調べてみた。その結果は総計20,914人で，利用者用インターネット端末を提供していない図書館の平均人口は550.3人（最大1,470，最小140）となる。また『ネブラスカ州公立図書館統計』によると，週開館時間は2時間から40時間の間にあり，平均すると13.1時間であった。正規職員に換算して1名を超えるのは，32館のうち2館にすぎない。資料数は10,000以上が11館で，最大は約13,000となっている。貸出密度の最大は76.35，10館は10から20の間にあった。このように利用者用インターネット端末の未提供館は，非常に小さな図書館に集中している。逆に回答館190館の方からみると，「1,000人未満」，「1,000－3,000人」，「3,000－10,000人」，「10,000人以上」といった人口別での提供状況は，サービス人口3,000人以上の図書

館では45館すべてが端末を提供しており，1,000人から3,000人の場合でも，64館のうち58館（90.6％）が提供している。一方，1,000人未満の場合は，72館のうち40館（55.5％）となっており，1,000人を境にして提供率が大きく低下していることが理解できる[149]。

このように図書館サービスの提供は均一に分布しているのではない。特に新しいサービスについては，比較的に豊かな図書館から普及し，たとえ一時的であれ，自治体や図書館単位での情報提供の格差が大きくなるということが生じうる。

最後に，アメリカにおける公立図書館での利用者用インターネット端末の社会的役割について，その一端に触れておきたい。2000年にアメリカ商務省（Department of Commerce）は国民のインターネット利用について大規模な調査を実施した[150]。それによると，2000年8月の時点で，インターネットを「利用しない人」55.6％，「家でのみ利用する人」25.0％，「家以外の場でのみ利用する人」8.7％，それに「両方で利用する人」10.7％となっている[151]。しかしこの数値については，例えば「アジア系アメリカ人」「白人」と「ヒスパニック」「黒人」で差が大きい。前者では「利用しない」が約50％にたいして，後者では「ヒスパニック」が76.3％，「黒人」70.7％に上り，「家でのみ利用」は前者では30％に近いが，後者では約13％になっている[152]。このように，経済力や就業状況，学歴などとからんで，インターネットの利用は横断的かつ均一に分布しているのではない。

ところで，この調査で「家以外の場」として調査者が用意したのは，「職場」，「高校以下の学校」，「その他の学校」，「公立図書館」，

それに「他者のコンピュータ」である。その場合,「職場」,「他者」,「公立図書館」での利用については, 以下の＜表24＞[153]のような結果になっている。

「家以外の場」でインターネットを利用する人の場合, 50,000ドルから74,999ドルの収入の人は,「職場」が70.2%,「他者のコンピュータ」10.5%,「公立図書館」7.7%ということである。この表からわかるように, 収入の高い者は「職場」での利用が多く, 収入の低い者は「他者のコンピュータの利用」と「公立図書館」が多くなっている。この差は非常にはっきりとしていると考えてよい。また人種や民族別にみても,「ヒスパニック」「黒人」（おのおの13.6, 17.9%）は,「白人」や「アジア系」（おのおの8.2, 9.5%）にくらべて,「公立図書館」の利用が目立って高くなっている。また具体

＜表24＞ インターネットの利用：場所と人種

	職　場	他　者	公立図書館
75,000＋	76.9	6.1	5.4
50,000－74,999	70.2	10.5	7.7
35,000－49,999	63.0	16.6	10.0
10,000－14,999	23.9	29.0	23.2
5,000－ 9,999	22.1	30.8	21.8
－ 4,999	19.5	27.2	16.5
白　　　人	65.8	13.6	8.2
アジア系	63.4	10.5	9.5
ヒスパニック	45.9	16.8	13.6
黒　　　人	51.1	14.4	17.9

注.「50,000－74,999」は50,000ドルから74,999ドルまでの家庭収入を示している。

的数値を指摘しないが,「学歴の低い者」,「18歳以下の子どもを持つ女性家庭」などでも,「公立図書館」の利用が目立つ。調査報告は特に失業者との関連に言及し,「公立図書館はインターネット利用について,失業者にとって重要な場になっている。2000年8月の時点,有職者の1.8％が公立図書館のインターネットを使っているが,失業者の場合は4.2パーセントである」[(154)]と報告した。

　こうした調査結果は,公立図書館が情報格差を縮めるセーフティ・ネットとしての役割を果たしうるし,果たしていることを示している。これはアメリカの公立図書館界にとって心強い調査結果であろう。アメリカ公立図書館の役割として,アメリカ図書館協会は個人間の情報格差の是正を常に訴えてきたからである。ただし,このセーフティ・ネットとしての公立図書館の役割を主たる役割として主張することはなかろう。それは白人中産階級の公立図書館への支持を失いかねないからである。

　重要なことは,商務省のこの調査にしても,図書館調査ではないほかの全国調査にしても,公立図書館が項目に入るという単純な事実である。これはアメリカ公立図書館が遍在していることによる。遍在という事実が,全国的な情報政策を考える場合に,公立図書館に注目させるのである。ひるがえって日本の公立図書館界が情報格差との関連で全国レベルの施策を考える場合に最も基本になるのは,町村での公立図書館の設置という積年の課題を追求していくことに他ならない。

注

はしがき
1. バトラー, ピアス『図書館学序説』(藤野幸雄訳, 日本図書館協会, 1978) p.23.
2. 山口源治郎 "図書館史研究の歴史と現状"(図書館情報学ハンドブック編集委員会編『図書館情報学ハンドブック』丸善, 1988) p.151, 153.

序論(目的と用語)
1. Quincy, Josiah. *The history of the Boston Athenaeum* (Cambridge, Metcalf, 1851)
2. *ibid.*, p.175.
3. *ibid.*, Ⅵ.
4. *ibid.*, Ⅴ.
5. Tyler, Moses C. "The historic evolution of the free public library....," *Library journal* [*LJ*] vol.9, 1884, p.40-47.
6. Wellard, James H. *Book selection* (London, Grafton, 1937)
7. *ibid.*, p.73.
8. *ibid.*, Ⅹ-ⅩⅣ.
9. Joeckel, Carleton B. *The government of the American public library* (Univ. of Chicago Press, 1935) Ⅹ
10. シェラ, ジェシー『パブリック・ライブラリーの成立』(川崎良孝訳, 日本図書館協会, 1988) p.18.
11. Jewett, Charles C. *Notices of public libraries in the United States of America* (Washington D.C., GPO, 1850) p.189.
12. U.S. Bureau of Education. *Public libraries in the United States...., special report* (Washington D.C., GPO, 1876)
13. ALA. *Glossary of library terms* (Chicago, ALA, 1943) p.108.

14. Perkins, Frederic B. "Public libraries and the public," *LJ,* vol.10, 1885, p.223.
15. Billings, John S. "The public library" *LJ,* vol.28, 1903, p.293.
16. Dewey, Melvil. "On libraries for librarians" (*New international encyclopedia* [New York, Dodd, Mead! 1904]) p.197.
17. ALA. *op.cit.,* p.108.
18. Harrod, L.M. *The librarians' glossary* (London, Andre Deutsch, 4th revised ed., 1977) p.673.
19. Gardner, Frank K. *Public library legislation* (UNESCO, 1971) p.19.
20. UNESCO. *Public library manifest* (UNESCO, 1949)
21. 詳しくは,シェラ *op.cit.,* 第6章を参照。
22. Tapley, Harriet. *Salem imprints* (Salem, Essex Institute, 1927) p.245.
23. Jewett. *op.cit.,* p.189.
24. Joeckel. *op.cit.,* p.2-8.
25. シェラ *op.cit.,* p.65.

1. 図書館における近代の成立

1. この章で使用したブレイの原著は, *Maryland Historical Society Fund Publication,* の No.37 (1901) に転載されており,それを使用した。『提言』とは *Proposals, for the encouragement and promoting of a religion and learning in the foreign Plantation....* (1695) で,同書 p.202-205である。『教区図書館』は *Bibliothecaparochialis....* (1697) で p.191-201 に部分的に転載された。『論考』は *An essay towards promoting all necessary and useful knowledge....* (1697) で p.57-70, 『キリストへの愛』*Apostolick charity....* (1697) は p.72-97である。最後に『回状』*A circular letter....* (1701) は二つのものが, p.125-141, p.146-156に示されている。
2. Adams, James T. *Provincial society, 1690-1763* (New York, Macmillan, 1927) p.2.
3. *ibid.,* p.152.

4. Morison, Samuel E. *The Oxford history of the American people* (New York, Oxford Univ. Press, 1964) p.91.
5. アメリカ学界編『原典アメリカ史』第一巻（岩波, 1950）p.42.
6. Perry, William S. *The planting and growth of the American colonial church* (Boston, James R. Osgood., 1885) p.137.
7. Bray. *Bibliotheca parochialis. op.cit.,* p.198.
8. Thompson, H.P. *Thomas Bray, 1658-1730* (London, SPCK, 1954) p.6.
9. Bray. *Bibliotheca parochialis. op.cit.,* p.199.
10. Bray. *Essay, op.cit.,* p.53.
11. Salley, A.S. (ed.) *Journal of the Commons House of Assembly of South Carolina* (Columbia, S.C., Historical Commission of S.C., 1914) p.13-14, 28, 33, 36.
12. Trott, Nicholas. *Laws of the province of South Carolina* (South Carolina, Lewis Timothy, 1736) p.77-81.
13. Pennington, Edgar. *The beginning of the library in Charles Town* (Worcester, Mass., David Press, 1935) p.12-18.
14. Oldmixon, John. *John Oldmixon's description of South Carolina 1708* (Johnson & Sloan [eds.] *South Carolina,* 1971) p.67.
15. Laugher, Charles T. *Thomas Bray's grand design* (Chicago, ALA, 1973) p.39.
16. Trott. *op.cit.,* p.77-81.
17. Bray. *Essay. op.cit.,* p.56.
18. *ibid.,* p.59.
19. *ibid.,* p.65.
20. *ibid.,* p.64.
21. Bray. "Memorial....," *Maryland Historical Society Fund Publication,* No.37. op.cit., p.188.
22. Bray. *Circular letter. op.cit.,* p.149.
23. *ibid.,* p.148.
24. ビアード, チャールズ『アメリカ合衆国史』（松本重治他訳, 岩波, 1964）p.58.

25. Labaree, Leonard W. (ed.) *The papers of Benjamin Franklin*, vol.1 (New Haven, Yale Univ. Press, 1959) p.320-321.
26. フランクリン『フランクリン自伝』(松本慎一，西川正身共訳，岩波, 1957) p.98.
27. フランクリン "相互の向上のために設立されたクラブの会則"(池田孝一訳『ベンジャミン・フランクリン』研究社, 1975) p.34-35.
28. 『フランクリン自伝』*op. cit.*, p.100.
29. *ibid.*, p.114.
30. 定款の全文は, Grimm, Dorothy F. *A history of the Library Company of Philadelphia, 1731-1835* (unpublished dissertation, Univ. of Penn., 1955) p.274-281に転載されている。
31. Labaree. (ed.) *op. cit.*, p.248-249.
32. *ibid.*, p.320-321.
33. Wolf, Edwin., 2nd. "The first books and printed catalogues of the Library Company of Philadelphia," *Pennsylvania magazine of history and biography* [*PMHB*], vol.78, 1954, p.51-52 のあいだの図。
34. 1732年契約書は, Labaree (ed.) *op. cit.*, p.250-252；1734年契約書は, *ibid.*, p.359-361；1741年目録は, Library Company of Philadelphia. *Catalogue of the Library Company of Philadelphia*, 1741. VI
35. 以下の資料を主に使用した。Grimm. *op. cit.*, p.25-34；*Dictionary of American biography*；『フランクリン自伝』；Packard, Francis R. *Charter members of the Library Company of Philadelphia* (Library Company of Philadelphia, 1942)

　　さらに以下も参考にした。Dulles, Charles W. "Sketch of the life of Dr. Thomas Cadwalader," *PMHB*, vol.27, 1903, p.262-278；Jordan, John W. "William Parsons," *ibid.*, vol.33, 1909, p.340-346；Bloore, Stephen. "Joseph Breintnall," *ibid.*, vol.59, 1935, p.42-56.
36. Labaree. (ed.) *op. cit.*, p.208-210.
37. 『フランクリン自伝』*op. cit.*, p.98, 105.
38. *ibid.*, p.99.
39. *ibid.*, p.98-99.
40. *ibid.*, p.99.

41. *ibid.*, p.105.
42. Gillingham, Harold E. "Philadelphia's first fire defenses," *PMHB*, vol.56, 1932, p.362, 365.
43. 『フランクリン自伝』*op. cit.*, p.99-100.
44. カーチ, マール『アメリカ社会文化史』上巻(龍口直太郎他訳, 法政大学出版局, 1954) p.80-81.
45. 1732年3月31日の図書注文リストは, Grimm. *op. cit.*, p.52-53 に転載されている。
46. 『フランクリン自伝』*op. cit.*, p.28.
47. *ibid.*, p.25-26.
48. *ibid.*, p.28.
49. Grimm. *op. cit.*, p.56.
50. Keys, Thomas E. "The colonial library and the development of sectional differences," *Library quarterly*, vol.8, 1938, p.372, 381.
51. Krause, Joe Walker. *Book collections of five colonial college libraries* (unpublished dissertation, Univ. of Illinois, 1960) p.109, 179, 184, 196.
52. 小倉親雄 "フランクリンとフィラデルフィア図書館会社"『図書館界』vol.11, 1959, p.113.
53. Brooks, Van Wick. *America's coming of age* (Garden City, N.Y., Anchor, 1958) p.5-10.
54. Rossiter, Clinton. "The political theory of Benjamin Franklin," *PMHB*, vol.76, 1952, p.259-293.
55. 『フランクリン自伝』*op. cit.*, p.92-93, 132-133 など。
56. 大塚久雄『社会科学における人間』(岩波, 1977)とくに第3章;ウェーバー, マックス『プロテスタンティズムの倫理と資本主義の精神』(大塚久雄他訳, 岩波, 昭和30);福田歓一『近代の政治思想:その現実的・理論的前提』(岩波, 1970) 特に第3章。
57. Bolton, Charles. *American library history* (Chicago, ALA, 1911) p.8.
58. Thompson, Charles S. *Evolution of the American library history, 1653-1876* (Washington D.C., Scarecrow, 1952) p.35.

59. フランクリン "相互の向上のために ...." *op.cit.*, p.34.
60. カーチ *op.cit.*, p.103.
61. Wheeler, Joseph. "The layman's library and the provincial library," *Maryland historical magazine,* vol.35, 1940, p.73.
62. 大槻春彦 "イギリス古典経験論と近代思想"(『世界の名著：ロック，ヒューム』中央公論，昭和43) p.19；生得論についてはロック『人間知性論』(大槻春彦訳，岩波，1972)の第1巻「生得思念について」を参照。
63. Locke, John. *A collection of several pieces* [1720] (*Works,* vol.10, London, 1823, p.312-314). フランクリンは1732年に同書をLCP.に寄付している。また，ロックのクラブについては『人間知性論』*op.cit.*, p.19, 289-291 を参照。
64. フランクリン "相互の向上のために ...." *op.cit.*, p.36.
65. ロック『人間知性論』*op.cit.*, p.130.
66. *ibid.,* p.128.
67. 『フランクリン自伝』*op.cit.*, p.113.
68. 「理性的人間」については，福田歓一 *op.cit.* を参照。
69. 小倉親雄 *op.cit.*, p.112.
70. Labaree. *op.cit.*, vol.Ⅲ, p.118-119. 日付は1747年3月28日。
71. 『フランクリン自伝』*op.cit.*, p.260.
72. Crane, Verner W. *Benjamin Franklin and a rising people* (Boston, Brown, 1954) p.43.
73. フランクリン "アメリカにおけるイギリス植民地のあいだに有用な知識を増進せしめるための提案"(池田孝一訳 *op.cit.*) p.40.
74. Labaree. *op.cit.*, vol.Ⅲ, p.118-119.
75. Doren, Carl V. *Benjamin Franklin* (New York, Viking Press, 1938) p.700.

2. 公立図書館成立前史
1. シェラ *op.cit.*, p.279.
2. *ibid.,* p.63, 73.
3. *ibid.,* p.83.
4. general permissive legislation を，一般的 (general) 任意 (per-

missive) 法と訳しておいた。この場合, 一般的とは, 特定の図書館を対象として法を採択した (special) のではないこと, 任意とは, 義務的でないことを示している。
5. ペンシルヴァニアについては以下を参考にした。Lamberton, E. V. "Colonial libraries of Pennsylvania," *PMHB*, vol.42, 1918, p.193-234 ; McMullen, Haynes. "The founding of social libraries in Pennsylvania, 1731-1876," *Pennsylvania history*, vol.32, 1965, p.130-152.
6. シェラ *op.cit.*, p.74.
7. *ibid.*, p.76.
8. <表9><表10>は *ibid.*, p.111 ; Keys. *op.cit.*, p.377, 382 を参考に組みなおした。
9. 本書ではフィクションという言葉で小説を主に意識している。
10. シェラ *op.cit.*, p.99.
11. *ibid.*, p.126.
12. Sullivan, Larry E. "The reading habits of the nineteenth-century Baltimore bourgeosie," *Journal of library history* [*JLH*], vol.16, 1981, p.229.
13. シェラ *op.cit.*, p.110-115.
14. Yeatman, Joseph L. "Literary culture and the role of libraries in democratic America," *JLH*, vol.20, 1985, p.356 ; Sullivan. *op.cit.*, p.229.
15. シェラ *op.cit.*, p.254.
16. 徒弟図書館については以下を参考にした。シェラ *ibid.*, p.251-252 ; Ditzion, Sidney. "Mechanics' and mercantile libraries," *Library quarterly*, vol.10, 1940, p.197-208 ; Thompson. *op.cit.*, p.80-95 ; 1850年当時の統計は Jewett. *op.cit.*, p.27-28, 94, 124-125.
17. フィラデルフィア徒弟図書館については, Lewis, John F. *History of the Apprentices' Library of Philadelphia, 1820-1920* (Philadelphia, Apprentices' Library, 1924) の p.1-34 を参考にした。
18. Ditzion. *op.cit.*, p.202.
19. シェラ *op.cit.*, p.252.
20. Shattuck, Lemuel. *Census of Boston, for the year of 1845* (Boston,

John H. Eastburn, 1846) p.75.
21. 商事図書館については以下を参考にした。Ditzion. *op.cit.*, p.208-217 ; シェラ *op.cit.*, p.253 ; Thompson. *op.cit.*, p.96-116 ; Yeatman. *op.cit.* ; 1850年当時の統計は Jewett. *op.cit.*, p.26, 84-86, 123, 133-134.
22. ホレス・マンにかんしては，渡部晶『ホーレス・マン教育思想の研究』(学芸図書，1981) の解釈を採用した。
23. "The school library," *Common school journal* [*CSJ*] vol.1, 1839, p.177-181. ここでの論文名は"school library"を使っているが，これは学校区図書館のことである。
24. *ibid.*, p.178.
25. その結果は以下に詳細に報告されている。*Third annual report of the secretary of the Board of Education* (1839年12月26日付) in *CSJ*. vol.2, 1840, p.114-153.
26. ＜表11＞＜表12＞は，*ibid.*, p.123-125 をもとにまとめた。
27. *ibid.*, p.126.
28. *ibid.*, p.142.
29. *First annual report of the Board of Education* (1838年2月1日付) in *CSJ*, vol.1, 1839, p.241-246.
30. *Second annual report of the Board of Education* (1838年12月28日付) in *CSJ*, vol.1, 1839, p.310-311.
31. *Third annual report of the secretary of the Board of Education* (1839年12月26日付) in *CSJ*, vol.2, 1840, p.120.
32. マン，ホレース『民衆教育論』(久保義三訳，6版，明治図書，1972) p.47.
33. "The legislation of 1842," *CSJ*, vol.4, 1842, p.97.
34. *Sixth annual report of the secretary of the Board of Education* (1842年) in *CSJ*, vol.5, 1843, p.223-224.
35. *Seventh annual report of the secretary of the Board of Education* (1843年) in *CSJ*, vol.6, 1844, p.68-69.; *Eighth annual report of the secretary of the Board of Education* (1844年) in *CSJ*, vol.7, 1845, p.91.
36. *First annual report of the Board of Education, op.cit.*, p.244.

37. *Second annual report of the Board of Education, op.cit.,* p.311.
38. *Third annual report of the secretary of the Board of Education, op. cit.,* p.126-137.
39. "District school library," *CSJ,* vol.2, Mar. 1840, p.65-72.

3. 公立図書館の成立

1. シェラ *op.cit.,* p.200-201.
2. 同演説は, "Our common school system, No.15, public libraries," *CSJ,* vol.13, 1851, p.257-264 に掲載された。
3. *ibid.,* p.258.
4. 1850年8月7日付のボストン市長への手紙は, 川崎良孝 "アメリカ図書館史学の史的考察3"『図書館界』vol.33, 1982, p.224 の訳を参照；1851年6月7日付のボストン市長への手紙は, *ibid.,* p.224-225；1851年7月26日付のティクナへの返信は, *ibid.,* p.228；1852年7月6日付の『ボストン公立図書館理事会報告』は, シェラ *op.cit.,* 付録Ⅴ；1858年の新館開館演説については, "Mr. Everett's address," *Proceedings at the dedication of the building for the public library of the city of Boston* (Boston, Rand and Avery, 1858) p.87-104.
5. 1851年7月14日付のエヴァレットへの手紙は, 川崎良孝 *ibid.,* p.226, 228；1852年7月6日付の『ボストン公立図書館理事会報告』は, *ibid.,* 付録Ⅴ；1860年4月16日付の図書館理事会への手紙は, *Eighth annual report of the Trustees of the Public Library,* 1860, p.34-37；遺言は, Ticknor, George. *Life, letters and journals of George Ticknor,* vol.Ⅱ (Boston, James R. Osgood, 5th ed., 1876) p.508-510.
6. 『ボストン公立図書館理事会報告』*ibid.,* p.304.
7. Ticknor. *Eighth annual report. op.cit.,* p.37.
8. *ibid.,* p.25.
9. シェラ *op.cit.,* p.79-82.
10. Jewett. *op.cit.,* p.190-191. 一館当たりの冊数は加えた。
11. "Free town libraries," *CSJ,* vol.13, 1851, p.302-303.
12. シェラ *op.cit.,* p.200.
13. *ibid.,* p.265.

14. Green, Martin. *The problem of Boston* (New York, Norton, 1966) p.73.
15. シェラ *op.cit.*, p.265.
16. Fletcher, William I. "The public library movement," *Cosmopolitan*, vol.18, 1894, p.103.
17. 河井弘志『アメリカにおける図書選択論の学説史的研究』(日本図書館協会, 1987) p.18-19 を参照。
18. シェラ *op.cit.*, p.200.
19. カーチ *op.cit.*, 中巻, 1956, p.109.
20. Everett, Edward. "The importance of education in a republic," (Everett, Edward. *Importance of practical education and useful knowledge* [New York, Harper & Brothers, 1854]) p.335.
21. Everett, Edward. "General diffusion of knowledge," *ibid.*, p.220.
22. Ticknor. *Life, letters....*, vol.II, *op.cit.*, p.14.
23. パドーヴァー, ソール・K. 編『ジェファソンの民主主義思想』(富田虎男訳, 有信堂, 1961) p.12.
24. *ibid.*, p.108.
25. *ibid.*, p.13-14. および同書の第2章と第5章を参照。
26. Everett. "The importance of eduction....," *op.cit.*, p.337.
27. Everett. "General diffusion of knowledge," *ibid.*, p.222.
28. Ticknor. *Life, letters....*, *op.cit.*, p.234-235, 1848年7月17日付のGeorge S. Hillard 宛の手紙。
29. *ibid.*, p.236. 1848年7月30日付の手紙。
30. Everett. "The importance of education....," *op.cit.*, p.338.
31. *ibid.*, p.338-339.
32. シェラ *op.cit.*, p.240.
33. Fish, Carl R. *The rise of the common man, 1830-1850* (New York, Macmillan, 1927) p.10.
34. 河井弘志 *op.cit.*, p.32.
35. 以下の富裕者層とエリートの説明は, Rich, Robert. "A wilderness of Whigs," *Journal of social history*, vol.4, 1971, p.263-276 を中心としている。

36. Deusen, Glyndon G. Van. "Some aspects of Whig thought and theory in the Jacksonian period," *American historical review*, vol. LXIII, 1958, p.308.
37. Tyack, David B. *George Ticknor and the Boston Brahmins* (Harvard Univ. Press, 1967) p.206.
38. *ibid.*, p.207.
39. Prescott, William H. *The correspondence of William Hickling Prescott, 1833-1847* (New York, Da Capo Press, 1970) p.458. この手紙は1844年4月10日付。
40. *Dictionary of American biography*, vol.9, p.528.
41. Brooks, Van Wyck. *The flowering of New England, 1815-1865* (New York, E.P. Dutton, 1936) p.331；石川欣一訳『花ひらくニューイングランド』(復刻, 名著普及会, 1987) p.363 も参照。
42. Green. *op.cit.*, p.80.
43. Donald, David. *Charles Sumner and the coming of the civil war* (New York, Alfred A. Knopf, 1965) p.47.
44. *ibid.*, p.71.
45. *ibid.*, p.100.
46. *ibid.*, p.94.
47. Ticknor, *Life, letters....*, vol.II, *op.cit.*, p.199. この手紙は1848年7月17日付の George S. Hillard 宛。
48. Tyack. *op.cit.*, p.196.
49. *ibid.*, p.197.
50. Ticknor, *Life, letters....*, vol.II, *op.cit.*, p.187-188. この手紙は1838年10月17日付の Earl Fitzwilliam 宛。
51. *ibid.*, p.216-219. この手紙は1843年12月14日付の Mr. Lyell 宛。
52. *ibid.*, p.446-449. この手紙は1862年2月11日付の Mr. Lyell 宛。
53. *ibid.*, p.146. 1838年3月29日付のティクナの日記。
54. *ibid.*, p.188.
55. *ibid.*, p.188-189. 日付は1839年3月6日。
56. Tyack. *op.cit.*, p.205.
57. Ticknor. *Life, letters....*, vol.II, *op.cit.*, p.235. この手紙は1848年

7月17日付の George S. Hillard 宛。
58. *ibid.*, p.240-241. この手紙は1849年3月15日付の Mr. Lyell 宛。
59. Tyack. *op.cit.*, p.223.
60. Handlin, Oscar. *Boston's immigrants* (Harvard Univ. Press, revi. and enlarged ed. 1981) p.20.
61. *ibid.*, p.242 (Table 5)
62. *ibid.*, p.240, 256 (Table 3, 21)
63. この段落は, *ibid.*, p.114-117, 330 を中心とした。
64. *ibid.*, p.121; "Statistics of crime in Boston," *CSJ*. vol.14, 1852, p.337-339.
65. Tyack. *op.cit.*, p.222.
66. *ibid.*, p.208-209.

4. 公立図書館史

1. Jewett, Charles C. "Opening address of the president," *Norton's literary and educational register for 1854*, p.58.
2. Frost, John. "The library conference of 1853," *JLH*, vol.2, 1967, p.156.
3. Lee, Robert E. *Continuing education for adults through the American public library, 1833-1964* (Chicago, ALA, 1966) p.10-11.
4. O'loughlin, O.P. *The emergence of American librarianship* (unpublished dissertation, Columbia Univ., 1971) p.202, 213 をもとに分析した。1876年大会については, この論文を多く参照した。
5. *ibid.*, p.213.
6. *American library journal*, vol.1 (Nov. 30, 1876) p.95. これには1876年大会の全発表が掲載されており参考にした。
7. *ibid.*, p.143.
8. *American library journal*, vol.1 (Sep. 30, 1876) p.14.
9. O'loughlin, *op.cit.*, p.213.
10. *American library journal*, vol.1 (Sep. 30, 1876) p.12.
11. Bergamini, John D. *The hundredth year* (New York, Putnam's Society, 1976) p.279.

12. Adams, Charles F. "Public library and the public school," (in Adams, Charles F. *Public library and the common schools* [Boston, Estes and Lauriet, 1879]) p.8. アダムズの講演は1876年5月19日。
13. Taylor, Frederick W. *The principles of scientific management* (New York, Harper and Row, 1911)
14. 小倉親雄『アメリカ図書館思想の研究』(日本図書館協会, 1977). 特に第2章を参考にしている。
15. Dewey, Melvil. "The library as an educator," *Library notes*. vol. 1, 1886, p.43-53. なお、アメリカ・メートル法協会, 綴り字改良協会, ALA は、機関としては1876年に成立していた。
16. *ibid.*, p.50.
17. Adams, Charles F. "Fiction in public libraries and educational catalogues," (Adams, Charles F. *op.cit.*) p.16-30.
18. Dewey, Melvil. "Libraries as related to the educational work of the state," *Library notes*. vol.3, 1888, p.333-347.
19. Dewey, Melvil. "The relation of the state to the public library (1898)," (Bostwick, A.E. [ed.] *The library and society*. [Freeport, New York, Books for the Libraries Press, repr. 1968]) p.185-192.
20. Dewey, Melvil. "What a library should be and what it can do," in *ibid.*, p.77.
21. Dewey, Melvil. "On libraries for librarians," *op.cit.*, p.197.
22. Cramer, C.H. *Open shelves and open minds* (Press of Case Western Reserve Univ., 1972) p.50. 以下、本書でクリーヴランドの記述は主に同書にもとづいている。児童については、ハリエット・ロング『アメリカを生きた子どもたち』(古賀節子監訳, 日本図書館協会, 1983) の第4部がある。
23. *ibid.*, p.52.
24. *ibid.*, p.53.
25. *ibid.*, p.61.
26. *ibid.*, p.64-65.
27. Rathbone, Josephine A. "The modern library movement," *Public libraries*, vol.13, 1908, p.198.

28. Bobinski, George S. *Carnegie libraries* (Chicago, ALA, 1969) p.14.
29. *ibid.*, p.13.
30. *ibid.*, p.3.
31. Carnegie, Andrew. "The best fields for philanthropy," *North American review*, 1889, p.682-698.
32. *ibid.*, p.692.
33. *ibid.*, p.688.
34. *ibid.*, p.690.
35. Adams, Herbert B. "Public libraries and popular education," *Home education bulletin,* no.31, 1900, p.63-64.
36. Carnegie, Andrew. "Wealth," (Boorstin, Daniel. [ed.] *An American primer*. New York, Mentor Books, 1968), p.523.
37. *ibid.*, p.519.
38. Rossiter, Clinton. *Conservatism in America* (New York, Vintage Books, 2nd. ed., 1962) p.134.
39. Sumner, William G. *What social classes owe each other* (Caldwell, Idaho, Caxton Printers, 1970) p.145. 原著作は1883年。
40. *ibid.*, p.144.
41. *ibid.*, p.145.
42. Bobinski. *op.cit.*, p.143-160 にあるジョンソン報告のまとめによる。
43. *The Williamson reports of 1921 and 1923* (Metuchen, N.J., Scarecrow Press, 1971)
44. Shera, Jesse H. "Failure and success," *LJ,* 1976, p.284.
45. バトラー *op.cit.*; Joeckel. *op.cit.*: Wilson, Louis R. *The geography of reading* (Chicago, ALA, 1938); Spencer, Gwladys. *The Chicago Public Library* (Univ. of Chicago Press, 1943); シェラ *op.cit.*; Berelson, Bernard. *The library's public* (Columbia Univ. Press, 1949).
46. Learned, William S. *The American public library and the diffusion of knowledge* (New York, Harcourt, 1924) p.72-73.
47. ALA. "Chicago, midwinter meetings," *ALA bulletin,* vol.16, 1922,

p.11.
48. ALA. "Standards for public libraries," *ALA bulletin,* vol.27, 1933, p.513-514.
49. ALA Committee on Post-War Planning. *Post-war standards for public libraries* (Chicago, ALA, 1943) p.10.
50. Joeckel. and Winslow, Amy. *A national plan for public library service* (Chicago, ALA, 1948) p.18.
51. ALA. *Public library service* (Chicago, ALA, 1956) p.7.
52. 邦訳『公共図書館システムの最低基準』(稲川薫訳, 日本図書館協会, 1971)
53. 金子善次郎『米国連邦制度』(ぎょうせい, 1977) p.9.
54. Long, Harriet C. *County library service* (Chicago, ALA, 1925) p.31-32.
55. Woodford, Frank B. *Parnassus on main street* (Detroit, Wayne State Univ. Press, 1965) p.347. 本書のデトロイトの記述は同書を中心にしている。
56. *ibid.,* p.349.
57. Cramer. *op.cit.* p.166.
58. *ibid.,* p.170.
59. *ibid.,* p.167.
60. *ibid.,* p.171.
61. Woodford. *op.cit.* p.360.
62. *ibid.,* p.361.
63. *ibid.,* p.362.
64. *ibid.,* p.365.
65. *ibid.,* p.351.
66. Ahern, Mary E. "The librarians in European distress," *Public libraries,* vol.19, 1914, p.344-346.
67. "Editorial," *LJ,* vol.39, 1914, p.657.
68. Bowerman, George. "How far should the library aid the peace movement....," *LJ,* vol.40, 1915, p.477-481.
69. Esterquest, Ralph T. "War attitudes and activities of American

libraries, 1914-18," *Wilson library bulletin,* vol.15, 1941, p.621-636.
70. "Is your library a slaker," *Wisconsin library bulletin,* vol.14, 1918, p.39-40.
71. Young, Arthur P. *The American Library Association and World War I* (unpublished dissertation, Univ. of Illinois, 1976) p.33. 第一次大戦とアメリカ図書館協会については，この論文にもとづいている。
72. *ibid.,* p.126.
73. *ibid.,* p.127. 新聞は『デトロイト・ニュース』
74. "Improper books," *LJ,* vol.20, 1895, p.32-37 ; Learned, Walter. "The line of exclusion," *LJ,* vol.21, 1896, p.320-324 ; Peck, A.L. "What may a librarian do to influence the reading of a community," *LJ,* vol.22, 1897, p.77-80.
75. Learned. *ibid.,* p.323.
76. Swift, Lindsay. "Paternalism in public libraries," *LJ,* vol.24, 1899, p.610.
77. Bostwick, Arthur E. "The librarian as a censor," *LJ,* vol.33, 1908, p.257-264. ボストウィックについては，河井弘志 *op.cit.,* p.147-149 にもとづいている。
78. 河井弘志 *ibid.,* p.148-149 を参考にした。
79. Bostwick. *op.cit.,* p.257.
80. "What shall libraries do about bad books," *LJ,* vol.33, 1908, p.349-354.
81. *ibid.,* p.349.
82. *ibid.,* p.352.
83. *ibid.,* p.353.
84. *ibid.,* p.354.
85. Feipel, Louis N. "Questionable books in public libraries, 1, 2," *LJ,* vol.47, 1922, p.857-861, 907-911.
86. Rothrock, Mary U. "Censorship of fiction in the public library," *LJ,* vol.48, 1923, p.454.
87. *ibid.,* p.455.
88. Haines, Harren E. "Modern fiction and the public library," *LJ,*

vol.49, 1924, p.458.
89. *ibid.*, p.461.
90. *ibid.*, p.459.
91. 大滝則忠"選書指針としての図書館憲章の成立"『現代の図書館』vol. 12, 1974, p.54. 本項目については大滝論文のほかに, 河井弘志"アメリカの知的自由の思想と組織活動"『図書館の自由を考える資料集Ⅰ』(図書館問題研究会東京支部, 1975) p.1-26 を参考にした。
92. ペオリアなどについては, Sigler, Ronald F. *The film censorship controversy at Los Angeles County Public Library, 1971* (unpublished dissertation, Florida State Univ., 1977); Berninghausen, David K. *The flight from reason* (Chicago, ALA., 1975) p.37-44 などを参考にした。
93. <図3><図4><図5>とも, 各グラフにさまざまな変動があるのが正しいが, そうした点は無視している。
94. 塩見昇"図書館の自由と知る権利"『図書館評論』no.18, 1977, p.125. この段落については塩見昇"ALA「図書館の権利宣言の改訂」"『図書館の自由第4集』(日本図書館協会, 1981) p.52-65 も参考にした;バーニングハウゼンの考えは *The flight from reason, op.cit.* にまとめられている。
95. ナチについては, Berninghausen, David K. "Intellectual freedom in librarianship," *Advances in librarianship,* vol.9, p.8 にもとづいている。
96. 最近の例では "War on ALA, KKK joins fight over gay library books," *Newsletter on intellectual freedom,* vol.32, 1983, p.29 にこの種の事例がある。
97. 塩見昇"ALA「図書館の権利宣言の改訂」"*op.cit.,* p.52-53.
98. Fields, Howard. "ALA's Krug : book censorship attempts have tripled since election day," *Publishers Weekly,* 219 (Feb. 20, 1981) p.32.
99. アメリカ図書館協会知的自由部編纂『図書館の原則:図書館における知的自由マニュアル(第3版)』(川崎良孝, 佳代子訳, 日本図書館協会, 1991) p.144-149.

100. *Brown* v. *Johnston,* 328 N.W. 2d 510 (Iowa, 1983) ; 塩見昇 "知る権利とプライバシーの擁護"『大阪教育大学　教育学論集』1988, p.42-43.
101. Fontaine, Sue. "Dismissal with prejudice," *LJ,* vol.106, 1981, p.1273-1277 ; 塩見　*ibid.,* p.46-47.
102. Foerstel, Herbert. *Surveillance in the stacks* (Westport, Conn., Greenwood, 1991)
103. Office for Intellectual Freedom of the American Library Association. *Intellectual freedom manual,* 4th. ed. (Chicago, American Library Association, 1993) xxi.
104. "From the bench, library, Decatur, Texas," *Newsletter on intellectual freedom,* Sep. 1990, p.167-168 ; *Intellectual freedom manual,* 4th. ed., *ibid.,* xxi-xxii.
105. Fontaine, Sue. *op. cit.,* p.1277 ; 塩見　"知る権利とプライバシーの擁護" *op. cit.,* p.47.
106. 公立図書館での利用者用インターネット端末の配置については以下を参照。川崎良孝, 高鍬裕樹『図書館・インターネット・知的自由』(京都大学図書館情報学研究会発行, 日本図書館協会発売, 2000) p.1-18 ; John Carlo Bertot, Charles R. McClure. *Public Libraries and the Internet 2000 : Summary Findings and Data Table* (NCLIS Web Release Version, September 7, 2000) p.3.
107. 『電子情報, サービス, ネットワークへのアクセス』の全訳は以下を参照。アメリカ図書館協会知的自由部編纂『図書館の原則・改訂版：図書館における知的自由マニュアル（第6版）』(川崎良孝, 川崎佳代子, 村上加代子訳, 日本図書館協会, 2003) p.81-84.
108. 『図書館でのフィルターソフトの使用に関する決議』の全訳は以下を参照。*ibid.,* p.241-242.
109. 『図書館でのフィルターソフトの使用に関する声明』の全訳は以下を参照。*ibid.,* p.243-247.
110. 「問答集」の全訳は以下を参照。*ibid.,* p.85-94.
111. 『公立図書館でのインターネット利用方針を作成する指針と考察』*ibid.,* p.283-291.

112. ラウドン公立図書館事件については以下を参照。川崎良孝, 高鍬裕樹『図書館・インターネット・知的自由』*op.cit.*, p.119-145 ("フィルターソフトをめぐって：ラウドン公立図書館事件")；前田稔 "フィルターソフトを用いた公立図書館による『わいせつ物』インターネット利用規制の合憲性：ルーデューン判決の評価"『筑波法政』No.29, 2000, p.131-161.
113. ホランド事件については以下を参照。川崎良孝 "〈座標〉フィルターソフトの是非をめぐる住民投票"『図書館界』2000.11, p.189.
114. ミネアポリス市立図書館事件については以下を参照。"コラム：インターネットをめぐる館長と職員の対立"『図書館界』2001.3, p.312-313.
115. 森耕一『公立図書館の歴史と現在』(日本図書館協会, 1986) p.16. 原資料は Vollans, Robert F. (ed.) *Libraries for the people* (London, LA, 1968) p.239-240；この項目は, 同書と山本順一 "アメリカ連邦図書館立法に関する一考察"『図書館学会年報』vol.32, 1986, p.1-10 にもとづいている。
116. 森耕一 *ibid.*, p.14. 原資料は Fry, James W. "LSA and LSCA, 1956-1973," *Library Trends*, vol.24, 1975, p.14.
117. Carter, Jimmy, "White House Conference on Libraries and Information Services," *Weekly compilation of presidential document, Mo, Nov. 19, 1979*, vol.15, p.2129.
118. Cramer. *op.cit.*, p.217.
119. White, Lawrence J. *The Public library in the 1980's* (Lexington, Mass., Lexington Books, 1980) p.25.
120. *ibid.*, p.26.
121. *Plessy* v. *Ferguson*, 163 U.S. 537 (1896)
122. *Brown* v. *Board of Education*, 347 U.S. 483 (1954)
123. International Research Associates. *Access to public libraries* (Chicago, ALA., 1963) viii
124. *ibid.*, p.58.
125. *ibid.*, p.60.
126. *ibid.*, p.66-67.
127. *ibid.*, xxi
128. *ibid.*, p.57-58.

129. Thomison, Dennis. *A history of the American Library Association, 1876-1972* (Chicago, ALA, 1978) p.221-223 にもとづいている。
130. Hanna, Patricia B. *People make it happen* (Metuchen, N.J., Scarecrow Press, 1978) p.95.
131. *ibid.*, p.98-99.
132. ALA. *Glossary of library terms, op.cit.*
133. ALA. *Glossary of library and information science* (Chicago, ALA, 1983) p.160.
134. Hanna. *op.cit.*, p.78
135. Palmini, Cathleen. *A study of urban library needs* (Graduate School of Library Science, Univ. of Illinois, 1972) p.39.
136. *ibid.*, p.38.
137. *ibid.*, p.41-42.
138. *ibid.*, p.41.
139. 1982年の状況については，川崎良孝 "アメリカ公立図書館と財政危機"『みんなの図書館』1983年2月号, p.38-39.
140. Lettner, Loretta. "Videocassettes in libraries," *LJ*, Nov. 1985, p.35-37 ; Avallone, Susan. "A commitment to cassettes," *LJ*, Nov. 1986, p.35-37.
141. Gonzalez, Mario. "Libraries services to the city's homeless," *Bookmark*, Summer 1988, p.229.
142. Woodrum, Pat. "A haven for the homeless," *LJ*, Feb. 1988, p.55-57.
143. Greiner, Joy. "The homeless : PLA members' consensus is for equitable services and respect," *Public libraries*, May/June 1989, p.138.
144. Gonzalez, Mario. *op.cit.*, p.229-232.
145. "At library, a room for the homeless," *New York Times*, Jan. 19, 1989, C3.
146. アメリカ図書館協会知的自由部編纂『図書館の原則』*op.cit.*, p.156-157.
147. Lukenbill, Bernard. *AIDS and HIV programs and services for*

libraries (Englewood, Colo., Libraries Unlimited, 1994) p.135-140.
148. 公立図書館での利用者用インターネット端末の配置については注106を参照。
149. 川崎良孝,高鍬裕樹,村上加代子『インターネットと知的自由:ネブラスカ州全公立図書館調査(2000年11月)』(京都大学大学院教育学研究科図書館情報学研究室, 2001.3) p.19-21 ; Yoshitaka Kawasaki, Hiroki Takakuwa, Kayoko Murakami, "Public Libraries and the Internet : Findings of the 2000 Nebraska Survey," *Lifelong Education and Libraries,* No.2, March 2002, p.149-151.
150. U.S. Department of Commerce. *Falling Through the Net : Toward Digital Inclusion : A Report on Americans' Access to Technology Tools* (National Telecommunications and Information Administration, Economic and Statistics Administration, Department of Commerce, 2000).
151. "Figure II-13, Internet Access by Location," *ibid.,* p.46.
152. "Figure II-14, Internet Use by Location and Race/Ethnicity," *ibid.,* p.46.
153. "Figure A33, Percent of U.S. Persons Using the Internet Outside the Home by Incomes, by Selected Places," *ibid.,* p.110 ; "Figure A34, Percent of U.S. Persons Using the Internet Outside the Home by Race/Hispanic Origin, by Selected Places," *ibid.,* p.110.
154. *ibid.,* p.47.

学習のために

　本書はアメリカ公立図書館の成立と発展を巨視的に概観し，思い切った図式化を試みることで，図書館史全体を系統だてて理解できるように力を注いだ。その結果，過度に簡略化しすぎた点，あるいは簡略化がかえって理解を難しくした箇所もあるだろう。以下に示す文献は，さらに深い学習のための文献一覧である。点数は限定して，引用文献や参考文献が詳細なものを中心とした。また，邦文文献に限定したが，そうした文献がない場合は，代表的な洋文文献を一点に限り示しておいた。なお，星印をつけたものは，本書では論文全体を要約したり加筆したりして，直接使用した文献である。

序論（目的と用語）
常盤　繁　"図書館史研究の現状と方法"（日本図書館学会研究委員会編『図書館学の研究方法』日外アソシエーツ，1982）p.79-117.
森　耕一　『公立図書館原論』（全国学校図書館協議会，1983）p.1-37.
川崎良孝　"アメリカ図書館史学の史的考察(1)～(6)"『図書館界』vol.33(2)，1981，p.41-55；33(4)，1981，p.171-183；33(5)，1982，p.217-229；34(2)，1982，p.164-175；34(6)，1983，p.360-371；35(2)，1983，p.54-68.
バトラー，ピアス『図書館学序説』（藤野幸雄訳，日本図書館協会，1978）

1．図書館における近代の成立
小野泰博　"フイランスロピー思想とトーマス・ブレイの図書館活動"『図書館情報大学研究報告』vol.5(1)，1986，p.79-96；5(2)，p.103-122.
川崎良孝*　"トマス・ブレイの図書館思想とその発展(1)～(3)"『図書館界』vol.29(3)，1977，p.75-90；29(4)，1977，p.135-157；29(5)，1978，p.175-194.
小倉親雄　"フランクリンとフィラデルフィア図書館社"『図書館界』

vol.11(3), 1959, p.107-115.

後藤純郎 "フィラデルフィア図書館会社の成立"『日本大学人文科学研究所研究紀要』no.10, 1967, p.184-196.

川崎良孝* "公共図書館成立への思想的起源"『図書館界』vol.27(4), 1976, p.91-106.

川崎良孝* "図書館における近代の成立"『京都大学教育学部紀要』no.27, 1981, p.202-212.

2．公立図書館成立前史

小野泰博 "アメリカにおける商業図書館の盛衰について"『図書館短期大学紀要』no.16, 1979, p.123-133.

岸本幸次郎 "アメリカに於ける図書館制度の発展"『広島大学教育学部紀要』no.6, 1958, p.243-258.

シェラ，ジェシー『パブリック・ライブラリーの成立』(川崎良孝訳，日本図書館協会, 1988)

岸本幸次郎 "アメリカ学校図書館発達史，その1"『図書館学会年報』vol.2, 1955, p.104-110.

川崎良孝* "図書館史における学校区図書館の意義(1)～(2)"『図書館学会年報』vol.33(4), 1987, p.145-156 ; 34(1), 1988, p.19-30.

川崎良孝解説・訳『公教育と図書館の結びつき：ホーレス・マンと学校区図書館』(京都大学図書館情報学研究会発行，日本図書館協会発売, 2002)

3．公立図書館の成立

小倉親雄 "アメリカの公共図書館"『図書館界』vol.19(5), 1968, p.186-200.

中林隆明 "19世紀アメリカ公共図書館成立の一側面"『参考書誌研究』no.24, 1982, p.1-14.

川崎良孝 "公立図書館の起源"（森耕一『公立図書館原論』全国学校図書館協議会, 1983) p.38-77.

川崎良孝解説・訳『ボストン市立図書館は，いかにして生まれたか』(京都大学図書館情報学研究会発行，日本図書館協会発売, 1999)

ホワイトヒル, ウォルター『ボストン市立図書館100年史：栄光, 挫折, 再生』(川崎良孝訳, 日本図書館協会, 1999)

4. 公立図書館史

4.1 図書館界の成立とメルヴィル・デュイ
小倉親雄　『アメリカ図書館思想の研究』(日本図書館協会, 1977)
埜上　衞　"1876年公共図書館特別報告書の刊行"『近畿大学短大論集』13(2), 1980, p.103-130.
埜上　衞　"1876年以前設立アメリカ公共図書館一覧"『近畿大学短大論集』17(1), 1984, p.167-173.
埜上　衞　"1876年以前設立アメリカ公共図書館の各館史（翻訳）(1)～(2)"『近畿大学短大論集』19(1), 1986, p.63-112；19(2), 1986, p.59-105.

4.2 サービス, 図書館数の拡大とアンドリュー・カーネギー
ロング, ハリエット『アメリカを生きた子どもたち』(古賀節子監訳, 日本図書館協会, 1983)
森　耕一　"巡回文庫の創始者デューイ"『図書館学会年報』vol.32(1), 1986, p.28-32.
村上美代治　"慈善家アンドリュー・カーネギー"『ライブラリアンシップ』no.13, 1982, p.16-27.
川崎良孝*　"アンドリュー・カーネギーの図書館思想"『図書館界』vol.32(2), 1980, p.33-50.

4.3 両大戦と大恐慌の時代
福島寿男　"Williamson 報告の背景"『図書館学会年報』vol.28(1), 1982, p.1-11.
河井弘志　"シカゴ学派の図書館学論"（弥吉光長先生喜寿記念会編,『図書館と出版文化』日本古書通信社, 1977) p.161-181.
Held, Ray H. *The rise of the public library in California* (Chicago, American Library Association, 1973)
村上美代治　"第一次世界大戦と図書館活動"『大図研論文集』no.13,

1986, p.39-50.

Scott, Kramp R. *The great depression: its impact on forty six large American public libraries* (unpublished dissertation, Univ. of Michigan, 1975)

King, Daniel F. (ed.) *Studies in creative partnership: federal aid to public libraries during the New Deal* (Metuchen, N.J., Scarecrow, 1980)

4.4 公立図書館における知的自由の歴史的展開

河井弘志 『アメリカにおける図書選択論の学説史的研究』(日本図書館協会, 1987)

大滝則忠 "初期アメリカ図書館員の検閲観(1)〜(2)"『参考書誌研究』no. 17, 1979, p.1-10 ; no.25, 1982, p.50-59.

大滝則忠 "選書指針としての図書館憲章の成立"『現代の図書館』vol.12 (2), 1974, p.53-57.

河井弘志 "アメリカの知的自由の思想と組織活動"(図書館問題研究会東京支部, 『図書館の自由を考える資料集第1集』, 1975) p.1-26.

塩見 昇, 天満隆之輔 "マッカーシズム下の図書館"『図書館界』vol.20 (5), 1969, p.156-170.

塩見 昇 "60年代アメリカ右翼と「図書館の自由」"『図書館界』vol.24 (1), 1972, p.2-10.

塩見 昇 "「図書館の自由」と「知る権利」"『図書館評論』no.18, 1977, p.123-130.

塩見 昇 "ALA「図書館の権利宣言」の改訂"(日本図書館協会, 『図書館と自由第4集』1981) p.52-65.

塩見 昇 "知る権利とプライバシーの擁護"『大阪教育大学 教育学論集』1988, p.41-50.

アメリカ図書館協会知的自由部編纂『図書館の原則・改訂版:図書館における知的自由マニュアル(第6版)』(川崎良孝・川崎佳代子・村上加代子訳, 日本図書館協会, 2003)

ロビンズ, ルイーズ・S.『検閲とアメリカの図書館:知的自由を擁護するアメリカ図書館協会の闘い 1939-1969年』(川崎良孝訳, 日本図書館研

究会，1998).
ウィーガンド，ウェイン・A．編著『『図書館の権利宣言』を論じる』(川崎良孝，藥師院はるみ訳，京都大学図書館情報学研究会発行，日本図書館協会発売，2000)

4.5 図書館における弱者の発見から現代へ

森　耕一『公立図書館の歴史と現在』(日本図書館協会，1986)
村上美代治 "アメリカ公共図書館の発展と法 LSA, LSCA"『ライブラリアンシップ』no.11, 1980, p.1-16.
山本順一 "アメリカ連邦図書館立法に関する一考察"『図書館学会年報』vol.32(1), 1986, p.1-10.
シーモア，ホイットニー・ノース『だれのための図書館』(京藤松子訳，日本図書館協会，1982)
川崎良孝 "アメリカ公立図書館と The Disadvantaged"『現代の図書館』vol.21(1), 1983, p.32-56.
川崎良孝* "アメリカ"(埜上衞編著『世界の公立図書館』全国学校図書館協議会, 1986) p.124-148.
川崎良孝 "アメリカ公立図書館と財政危機"『みんなの図書館』1983年2月, p.36-53.
薬袋秀樹 "「社会実践主義」か「伝統的サービス」か"『社会教育学・図書館学研究』no.6, 1982, p.52-58.

その他

小倉親雄 "アメリカの公共図書館における主題別部門制の発展"『図書館界』vol.12(6), 1961, p.161-168.
川崎良孝『アメリカ公立図書館成立思想史』(日本図書館協会，1991)
川崎良孝『図書館裁判を考える：アメリカ公立図書館の基本的性格』(京都大学図書館情報学研究会発行，日本図書館協会発売，2002)
川崎良孝，高鍬裕樹『図書館・インターネット・知的自由：アメリカ公立図書館の思想と実践』(京都大学図書館情報学研究会発行，日本図書館協会発売，2000)
竹中靖雄 "米国図書館委員会制度に関する若干の考察"『図書館界』vol.9

(4), 1958, p.129-143.

常盤 繁 "アメリカ公共図書館における教育的サーヴィスの発達" *Library and information science*, no.15, 1977, p.107-119.

堀川照代 "米国における公共図書館児童サービスの発達"『図書館学会年報』vol.32(2), 1986, p.49-63.

山本順一 "アメリカ図書館法概説"『早稲田政治公法研究』no.15, 1985, p.107-131.

マクロッサン, J.A.編『アメリカにおける州の図書館振興行政』(都立中央図書館翻訳グループ, 全国公共図書館協議会, 1980)

ローススティーン, サミュエル『レファレンス・サービスの発達』(長沢雅男訳, 日本図書館協会, 1979)

ディツィオン, シドニー『民主主義と図書館』(川崎良孝ほか訳, 日本図書館研究会, 1994)

ウィリアムズ, P.『アメリカ公共図書館史』(原田勝訳, 勁草書房, 1991)

パンジトア, バーナ『公共図書館の運営原理』(根本彰ほか訳, 勁草書房, 1993)

レイデンソン, アレックス『アメリカ図書館法』(山本順一訳, 日本図書館協会, 1988)

ギャリソン, ディー『文化の使徒』(田口瑛子訳, 日本図書館研究会, 1996)

ヒルデンブランド, スザンヌ『アメリカ図書館史に女性を書きこむ』(田口瑛子訳, 京都大学図書館情報学研究会発行, 日本図書館協会発売, 2002)

索　引

*この索引は五十音順に排列してある。
*『　』は書（誌）名をあらわす。

〔あ行〕

アウトリーチ……………………240-50
アクロン(公立図書館, Ohio)……… 249
アスター, ジョン(アスター図書館)… 5, 109-10, 164
アセニアム……………………… 10, 14
アダムズ, チャールズ… 145-47, 150-52
アトランタ(公立図書館)……197, 235-37
アメリカ学術協会… 37, 41-44, 61-63, 78
アメリカ教育局………………… 137, 140
アメリカ図書館協会……… 139-40, 142, 148, 174, 189, 191-94, 201-02, 204, 208-09, 211-15, 217-21, 234, 239, 253, 259
アレゲニー・シティ(公立図書館, Penn.)……………………………… 162
イエール・カレッジ(大学, 図書館)………………………………50, 110
イートン, ジョン……………………… 141
インターネット …………216-21, 255-59
インディアナポリス(公立図書館)……………………………………… 135
ウイスコンシン州巡回文庫…………… 197
ウイリアム・アンド・メリー・カレッジ(図書館)………… 4, 50-51
ウイリアムソン, チャールズ……… 172
ウイルソン, ルイス ……………… 172-73
ウインザー, ジャスティン…… 136-37, 139, 141, 144
ウエイランド(図書館, Mass.) ………98
ウェラード, ジェイムズ…………… 6-8
ヴォスパー, ロバート……………239-40
ウォバーン青年会図書館(Mass.) ……73
ウースター(公立図書館, Mass.)… 147, 156
ウッド, ウイリアム……………… 77, 81

英国図書館協会…………………140-42
エイハーン, メリー…………… 189
エヴァレット, エドワード…… 99-102, 105-06, 109-17, 120-22, 125
エンダウド・ライブラリー………3, 5, 11
オヴィアット, ルーサー……… 153, 155
王立協会…………………23, 40, 49, 61-63
小倉親雄………………………… 51-52, 147
オークランド(公立図書館, Calif.)… 232

〔か行〕

会員制図書館…10, 15, 31, 60, 64, 66, 135, 165
カウンティ・ライブラリー…175-79, 226
カウンティ・ライブラリーの法律 (1909, 1911) ……………………… 177
カーター, ジミー………… 221, 225, 227
学校区図書館…3-6, 10, 17, 84-95, 103, 107-08, 114, 178
学校区図書館法(1837, 42, Mass.)… 4, 87, 91-93, 107, 113
カッター, チャールズ ………… 140-41
カニンガム, J. ………………… 254
カーネギー, アンドリュー……111, 153, 159-71, 226
カーネギー財団…………160, 170-72, 186
カロライナ法(1700, 1712) ……23-26, 29
ギリス, ジェイムズ………………… 176
ギルド, ルービン………………… 135
クウィンジー(公立図書館, Mass.)…146
クウィンジー, ジョサイア… 1-3, 5, 128
グラント, セス………………… 135
グランド・ラピッズ(公立図書館, Mich.) ……………………… 198
クリーヴランド(公立図書館)…111, 135, 153-58, 170, 179-84, 186, 188-89,

197, 213, 230-32, 240-45, 249
グリーン, サミュエル……………139, 147
グレートフォールズ製造会社(NH)
　……………………………………75
工場付設の図書館……………75-77, 79-80
『公立図書館へのアクセス』
　(国際研究所)……………………234-39
個人文庫………………3, 4, 6, 10, 22, 50
『コモン・スクール・ジャーナル』…86, 95, 113, 131
コロンビア大学(図書館)………………214
コロンビア大学図書館学校………………157
ゴンザレス, M……………………………251

〔さ行〕

サクラメント(公立図書館)……………176
サンアントニオ(公立図書館)…………205
サンディエゴ(公立図書館)………232, 249
サンフランシスコ(公立図書館)…235-37
シアトル(公立図書館)……………232, 249
シェラ, ジェシー……15, 66, 69, 106-07, 172, 173
シカゴ(公立図書館)…135-36, 153, 173, 232
シカゴ大学大学院図書館学部………172
辞書体目録編成規則(カッター)……141, 142, 143
「社会的責任派(論)」…208, 210, 212, 246
ジャクソンビル(公立図書館, Flo.)
　………………………………235-37
ジャントー……36-37, 40-43, 55-56, 59, 61
ジューエット, チャールズ…9-11, 14, 134-36
「純粋解釈派」……………………208-10, 212
商事図書館…10, 14, 68-69, 75, 81-84, 137
情報自由法………………………………214-15
商務省…………………………………257, 259
ジョッケル, カールトン…9, 15, 173, 175
職工学校(図書館)………………10, 14, 88
職工図書館……………………………72, 77-81

所有者図書館…………………15, 66, 74
ジョンソン, アルヴィン(報告, 1915年)……………170-73, 175, 179
シンシナチ(公立図書館)……111, 135-36
「身体的, 精神的な障害者による, 図書館や情報へのアクセスに関する決議」(ALA)…………253
スウィフト, リンドセイ………………195
スティーヴンスン, バートン…………191
スペンサー, ガウレディズ……………173
スポフォード, アインスワース……139
スミス, ロイド……………………137, 141
スミソニアン・インスティチューション……………………………134
「製造業者と村の図書館」(NH.)
　………………………………………75-76
青年会(図書館)………………10, 14, 68-69, 75
セイラム・ソーシャル・ライブラリー(Mass.)……………………………13
戦時図書館サービス(ALA, 第一次大戦)……………………191-94
戦後図書館サービス計画(ALA, 第一次大戦)………………………192
セントルイス(公立図書館)……111, 135, 144, 158, 232
ソーシャル・ライブラリー……3, 4, 10, 13-17, 38, 65-84, 88-92, 94-97, 103, 106-08, 118

〔た行〕

大学図書館…………………3, 4, 137, 212
タウン・ライブラリー………………88, 92
ダラス(公立図書館)……………………252
ダラム図書館会社(Conn.)………65-66
タルサ(公立図書館, Okla.)…………251
ディカータ(公立図書館, Texas)
　……………………………………215-16
ディカーナル・ライブラリー……29-32, 34-35, 58, 64
ティクナ, ジョージ……100-07, 109-11,

113, 115-17, 120, 123-33
ディープリヴァ青年会図書館(Conn.)
  ································73
テイラー，モウゼズ··············· 3-6
デトロイト(公立図書館)···111, 135, 179, 181-82, 184-89, 232, 235-38
デモイン(公立図書館, Iowa)···201, 203, 213
デュイ，メルヴィル··· 12, 134, 137, 139, 140-53, 155, 157
『電子情報，サービス，ネットワークへのアクセス』(ALA) ······217-18
『特別報告』(教育局) ········ 10-11, 14, 140-43
図書館委員会(州)····················· 160
図書館員大会(1853)···113, 134-35, 137-40
図書館員大会(1876)··· 135-42, 144, 147, 194
図書館員大会(1877，英国)······ 141, 153
「図書館覚醒プログラム」(連邦捜査局) ···································· 215
『図書館記録の秘密性に関する方針』(ALA) ···························· 213
図書館サービス・建設法(1964)······223-24, 227, 241
図書館サービス法(1956)··· 222-23, 226-27
『図書館情報学用語集』(ALA, 1983) ···························· 244
図書館振興機関(州)············223-24
図書館調査(1839)······88-91, 94, 106, 113
『図書館でのフィルターソフト使用に関する決議』(ALA) ············218
図書館と情報サービスにかんするホワイトハウス会議················224-26
図書館の権利宣言(1939)··· 188, 201-03, 206, 208, 212
図書館の権利宣言(1948, 61, 67)···203, 206

図書館の権利宣言(1980)············203, 211-12, 217
図書館法(1851, Mass.) ······96, 108-09, 111, 113, 119, 135
『図書館用語集』(ALA, 1943)
  ································ 10-13, 244
図書選択の調査(1908)·············197-99
図書選択の調査(1922)··········· 199, 200
徒弟図書館······ 68-69, 75, 77-81, 83, 137
トレントン図書館会社(NJ) ············ 42
トンプソン，チャールズ············ 55-56

〔な行〕

日曜学校図書館···························· 103
ニューアーク(公立図書館, NJ) ······197
ニューオリンズ(公立図書館)······235-37
ニューヘイヴン・ソーシャル・ライブラリー(Conn.) ································73
ニューベドフォード(公立図書館, Mass.) ································ 197
ニューポート職工図書館(RI) ········73
ニューヨーク(パブリック・ライブラリー)·········111, 158, 193, 235-37, 251-52
ニューヨーク州図書館学校············ 155
ニューヨーク州立図書館··············· 143
ニューヨーク商事図書館············83, 137
ニューヨーク・ソサエティ・ライブラリー·······································72
『ニューヨーク・タイムズ』············ 252
ニューヨーク徒弟図書館············ 77-80
『ネブラスカ州公立図書館統計』······ 256

〔は行〕

ハーヴァード・カレッジ(大学，図書館)······················ 4, 9, 50, 110, 143
ハヴァーヒル(公立図書館, Mass.)
  ································ 252
バウワーマン，ジョージ··············· 190
パーキンス，フレデリック···············11

パシフィック工場(Mass.) ………75-77
バッファロー(公立図書館)………… 249
パトナム、ハーバート……………192-93
バトラー、ピアス………………… 172
バーニングハウゼン、デイヴィド
　………………………………208-10
バーミンガム(公立図書館)………235-38
パロキアル・ライブラリー……19-24, 35
ハロッド、L. ………………………12
ビアーズリー、アイラド………… 153
ピッツバーグ(公立図書館)………… 167
ヒューストン(公立図書館)………… 253
ビリングズ、ジョン…………………11
フィラデルフィア(公立図書館)……111,
　235-37, 254-55
フィラデルフィア商事図書館……… 137
フィラデルフィア図書館会社… 4, 6, 11,
　15-16, 35-64, 107, 118
フィラデルフィア徒弟図書館…68, 77-80
フォルサム、チャールズ…………… 135
プラット、イノック……… 111, 164, 166
『フランクリン自伝』……………40-43, 47
フランクリン、ベンジャミン…13, 35-64,
　80-81, 118, 162
プール、ウイリアム…136-141, 144, 155,
　194
ブレイ、トマス……16, 18-35, 51, 56-58,
　60-61, 64, 117
ブレット、ウイリアム…153-58, 180, 182,
　188, 197
プロヴィンシャル・ライブラリー
　……………………… 23-30, 34-35
ヘインズ、ヘレン…………………200-01
ペオリア(公立図書館, Ill.)…… 204-05,
　206
ベレルソン、バーナード…………… 173
ボストウィック、アーサー…196-97, 199
ボストン(公立図書館, 公立図書館
　の成立)… 3, 11, 13, 16, 96-133, 135-
　36, 153-54, 157-59, 205, 226, 249

ボストン・アセニアム… 1-3, 14-15, 66,
　74, 88, 106, 109-10, 137
『ボストン公立図書館理事会報告』
　(1852)……100-04, 106-07, 111, 113,
　132-33
ボストン商事図書館………………81
ボストン職工学校…………………80
ボストン職工徒弟図書館…77-79, 81
ポートランド(公立図書館)………197-98
ポートランド職工図書館……… 77-78
ホームズ、ヘンリー……………… 140
ホランド (Mich.) …………………220
ボルティモア(公立図書館)……111, 164-
　66, 170, 232, 249
ボルティモア商事図書館………… 82-83
ボルティモア図書館会社………73-74, 82
ボルトン、チャールズ…………… 55-56

〔ま〜わ行〕

マン、ホレス……84-95, 106-08, 113-14,
　122, 152
ミネアポリス(公立図書館) ……… 220
ミルウォーキー(公立図書館)……158-59
メリット、リーロイ……………… 239
メンフィス(公立図書館)…………235-37
モビール(公立図書館, Alab.) …… 249
モラル・マジョリティ…………… 214
ユニオン(図書館, RI) ………………73
ユネスコ・パブリック・ライブラ
　リー宣言……………………………12
『ライブラリー・ジャーナル(アメリ
　カン)』…140-42, 189, 194, 197, 199,
　251
『ライブラリー・ノート』………… 148
ライブラリー・ビューロー…140, 142-43
ラウドン(公立図書館, Vir.) ………219
ラスボーン、ジョセフィン……… 157
ラッシュ、チャールズ…………… 188
ランク、サミュエル……………198-99
ラーンド、ウイリアム……………… 174

ラーンド，ウォルター……………… 194
レイポルト，フレデリック………… 137
レイマンズ・ライブラリー… 32–35, 58, 64
レッドウッド図書館(RI) ……………66
ロサンゼルス(公立図書館) ……170, 249
ロサンゼルス・カウンティ・ライブラリー……………………………… 253
ロスロック，メリー ……………199–201
ロック，ジョン……… 58–59, 66, 117–18

ロードアイランド・カレッジ(図書館)
　………………………………………50
ワイト，ジョン…96–98, 106–08, 111–14, 120
ワイヤー，ジェイムズ……………… 201
ワグマン，フレデリック…………… 239
ワシントン(州立図書館)……… 214, 216
ワシントンＤ・Ｃ(公立図書館)……232, 235–38

著者略歴

1949年生。京都大学大学院教育学研究科博士課程満期退学。
椙山女学園大学短期大学部を経て，現在，京都大学大学院教育学研究科教授。
■主要著書に『パブリック・ライブラリーの成立』（訳・日本図書館協会，1987），『アメリカ公立図書館成立思想史』（日本図書館協会，1991）がある。

視覚障害その他の理由で活字のままでこの本を利用できない人のために，営利を目的とする場合を除き「録音図書」「点字図書」「拡大写本」等の製作をすることを1部に限り認めます。その際は著作権者，または日本図書館協会までご連絡ください。

図書館員選書・31　　　　　　　　定価　本体1,900円
図書館の歴史　アメリカ編　増訂第2版　　　　　（税別）
The History of the Public Library Movement in America

1989年 1月10日　初版第1刷発行
1995年 8月21日　増訂版第1刷発行
2003年 9月 1日　増訂第2版第1刷発行
2007年 2月20日　増訂第2版第2刷発行©

著　者　川﨑　良孝
　　　　　かわ　さき　よし　たか

発　行　社団法人　日本図書館協会
　　　　東京都中央区新川1-11-14
　　　　電　話　03(3523)0811

JLA 200634　　Printed in Japan　　　船舶印刷

ISBN978-4-8204-0311-1　C3300　Y1900E

本文の用紙は中性紙を使用しています。

"図書館員選書" 刊行にあたって

　図書館法が発効してから35年が経過した。この間, わが国の図書館は戦後の廃墟の中から大きな発展を遂げた。この発展を支えてきたのがそれぞれの現場で仕事を積みあげてきた図書館員たちであり, われわれの先輩たちであった。これらの図書館員たちは日本図書館協会に結集し, その蓄えた知識と理論を共有し広めるため, 1966年「シリーズ・図書館の仕事」を発刊した。あれから20年,「シリーズ・図書館の仕事」は25巻を発行する中で図書館の仕事の基本を示し, 若い図書館員を育て, 経験豊かな図書館員を励まし, そして, 今, 新しい時代にふさわしく「図書館員選書」として生まれかわった。

　めまぐるしく変わる情報技術, 求められる新しい図書館経営のあり方, そのような社会的情況の中で「利用者の要求を基本」とする図書館のあり方を探る「図書館員選書」は新しく図書館学を学ぼうとする人, 日常の仕事の中で手元において利用する人, 研究の入門書として使用する人々のためにつくられたものである。

　願わくは「シリーズ・図書館の仕事」の成果と先人の意志を受けつぎ多くの図書館員や研究者がそれぞれの現場での実践や研究の中から新たな理論を引き出し, この「図書館員選書」を常に新鮮な血液で脈打たせてくれることを希望して刊行の辞としたい。

1985年12月

日本図書館協会出版委員会

委員長　大　澤　正　雄